应用型经管类主干课程系列规划教材

管理学原理

Principles of Management

- 主　编　胡凌云
- 副主编　王其和　邱少春　陈　媛
- 参　编　田　姗　周　游

WUHAN UNIVERSITY PRESS
武汉大学出版社

图书在版编目(CIP)数据

管理学原理/胡凌云主编 . —武汉:武汉大学出版社,2013.8(2017.7 重印)

应用型经管类主干课程系列规划教材
ISBN 978-7-307-11335-0

Ⅰ.管… Ⅱ.胡… Ⅲ.管理学—高等学校—教材 Ⅳ.C93

中国版本图书馆 CIP 数据核字(2013)第 155489 号

责任编辑:唐 伟 责任校对:刘 欣 版式设计:马 佳

出版发行:**武汉大学出版社** (430072 武昌 珞珈山)
(电子邮件:cbs22@ whu. edu. cn 网址:www. wdp. com. cn)
印刷:湖北省荆州市今印印务有限公司
开本:787×1092 1/16 印张:16.5 字数:388 千字 插页:1
版次:2013 年 8 月第 1 版 2017 年 7 月第 4 次印刷
ISBN 978-7-307-11335-0 定价:30.00 元

版权所有,不得翻印;凡购买我社的图书,如有质量问题,请与当地图书销售部门联系调换。

前　言

　　管理是人类的基本活动之一，它广泛地存在于现实生活之中，并成为一切组织活动中必不可少的组成部分。管理学不仅系统地研究管理的规律、基本原理和一般方法，它还是一门深奥的艺术。尽管管理学和管理科学并不十分完整准确，但不可否认管理活动是人类的一项重要活动，同时，管理也是促进现代社会文明发展的三大支柱（管理、科学、技术）之一，管理作为第三生产力在现代社会发展中起着日益重要的作用。任何一个人，只要存在于一定的组织或社会中，那么他不是管理者就是被管理者，或者是自我管理者。作为管理者，不论他是在管理一个组织或组织中的一个单位，还是在管理某一群人或者某一项工作，都需要熟练地掌握这门学问。

　　为了满足高等院校管理学课程的教学需要，编者在多年教学、科研、实践经验及大量参阅国内外有关管理学资料文献的基础上，精心编写了这本教材。本书全面、系统地阐述了管理学的基本概念、基本原理及一般方法。在写作过程中，编者力求理论联系实际，历史分析与现状分析相结合，系统分析与重点分析相结合，同时也注意吸收国外某些管理领域的最新研究成果与发展经验。全书以管理职能为主线，内容上详略得当，难易适宜，编写中也将一些新的管理成果引入教材，使学生能更多地了解管理学的前沿动态。本书共分十章，内容丰富，条理清晰，不仅适合作为高等院校有关专业教材，也可供企业管理人员培训和自学使用。

　　本书由胡凌云担任主编，王其和、邱少春、陈媛担任副主编，田姗、周游参编。其中第一章、第二章、第三章、第七章由胡凌云编写，第四章和第六章由陈媛编写，第五章由周游编写，第八章由王其和编写，第九章由邱少春编写，第十章由田姗编写。

　　由于编写水平有限，本书难免存在不足之处，恳请广大读者批评指正。

胡凌云

2013 年 3 月

1

目　录

第一章 | 管理活动与管理理论

☞**学习目标：**

　　掌握管理的定义、管理者的技能结构、古典管理理论和行为科学理论；理解管理的属性、职能、中国近代管理思想；了解管理学的研究方法、中国古代管理思想、西方近代管理思想。

☞**教学重点：**

　　管理的定义、属性、职能等，古典管理理论和行为科学理论，中国古代和近代管理思想。

◎**开篇案例**

　　有 7 个人组成了一个小团体共同生活，其中每个人都是平凡而平等的，没有什么凶险祸害之心，但不免自私自利。他们想用非暴力的方式，通过制定制度来解决每天的吃饭问题——分食一锅粥，但并没有称量用具和有刻度的容器。

　　他们尝试了多种方法，但每种方法都不成功。大体说来主要有以下几种：

　　方法一：拟定一个人负责分粥事宜。很快大家就发现，这个人为自己分的粥最多，于是又换了一个人，总是主持分粥的人碗里的粥最多最好。阿克顿勋爵作的结论是：权力导致腐败，绝对权力导致绝对的腐败。

　　方法二：大家轮流主持分粥，每人一天。这样等于承认了个人有为自己多分粥的权力，同时给予了每个人为自己多分的机会。虽然看起来平等了，但是每个人在一周中只有一天吃得饱而且有剩余，其余 6 天都饥饿难耐。这种方式导致了资源浪费。

　　方法三：大家选举一个信得过的人主持分粥。开始这品德尚属上乘的人还能做到基本公平，但不久他就开始为自己和溜须拍马的人多分。不能放任其堕落和风气败坏，还得寻找新思路。

　　方法四：选举一个分粥委员会和一个监督委员会，形成监督和制约。公平基本上做到了，可是由于监督委员会常提出多种议案，分粥委员会又据理力争，等分粥完毕时，粥早就凉了。

　　你能想出一个分粥的好方法吗？你的好方法蕴涵了什么道理？

第一节　管理活动

一、管理的定义及属性

（一）管理的定义

说管理是人类所有活动中最重要的活动之一，大概没有人会反对。自人们开始形成群体以完成个人无法完成的任务、实现个人无法实现的目标以来，管理工作就成为协调个人、群体、组织活动必不可少的因素。由于人类社会日益依赖集体的力量来完成任务，同时许多组织起来的群体也日益壮大，因此管理人员的管理工作就变得越来越重要。所以我们有必要了解什么是管理，为什么要进行管理活动，怎样才能进行有效的管理。

管理是一个广义的名词。它的适用范围十分广泛，如政治、军事、文化、教育、经济、企业等领域的管理。虽然这些领域都有自己的具体对象，但在管理的含义上却有着共性。由于考察角度不同，人们对管理含义的解释也不尽相同，主要有以下几种：

（1）哈罗得·孔茨、海因茨·韦里克：管理是设计并保持一种良好的环境，使人在群体中高效率地完成既定目标的过程。该观点强调"环境"的重要性以及内外环境的区别。

（2）斯蒂芬·P. 罗宾斯：指同别人一起，或通过别人使活动完成得更有效的过程。该理论强调"人"的重要性以及管理是一个"过程"。管理是活动的过程，是科学的、有规律的活动，而非拍脑子活动。

（3）路易斯·古德曼·厄特：切实有效支配和协调资源，并努力实现组织目标的过程。该定义强调组织的"资源"如人、财、物、信息的重要性。

（4）西蒙：管理就是决策。该定义强调"决策"的重要性，认为管理的过程就是决策的过程，决策正确与否关系到企业的成败。

（5）穆尼：管理就是领导，管理的有效性取决于领导的有效性。这个定义强调"领导"。认为领导是组织的关键人物，领导水平的高低、领导性的好坏决定管理的有效性。领导是一门艺术，领导水平的高低取决于实践经验的积累和对环境的认识程度。

（6）徐国华：管理是通过计划、组织、控制、激励和领导等环节来协调人力、物力和财力资源，以期更好地实现组织目标的过程。该定义强调了管理的五种职能及资源的配置。

（7）杨文士、张雁：管理是"组织中的管理者，通过实施计划、组织、人员配备、指导与领导、控制等职能来协调他人的活动，使别人同自己一起实现既定目标的活动过程"。该定义强调了"人"的作用以及管理的职能。

管理一词还有很多定义，这些定义既反映了人们研究立场、方法、角度的不同，也反映了管理科学的不成熟性和发展性。综合以上关于"管理"的定义，本书对"管理"有如下定义：管理是指在特定的环境条件下，为了实现个人无法实现的预期目标，通过计划、组织、领导和控制等工作，对组织所拥有的资源（包括人、财、物、时间、信息）进行合理配置和有效使用的过程。这一定义主要包含以下几个方面的含义：

①管理的载体是组织。

②管理的本质是分配、协调活动或过程。

③管理的对象是包括人力资源在内的一切可以调用的资源。

④管理的职能是信息获取、决策、组织、领导、控制、创新。

⑤管理的目的是为了实现既定的目标，而该目标仅凭单个人的力量是无法实现的。

⑥管理的作用在于它的有效性：既要讲究效率，又要讲究效益。

⑦管理的核心是协调。

⑧管理具有一般性：无论是组织的哪一个层次，管理者都履行管理职能；无论是何种典型的组织，在大多数情况下，管理者的工作是相同的。

（二）管理的属性

人们发现，在实践中，管理工作是一项十分困难的社会活动。一个基本的事实是，人们都希望本组织的领导是一位优秀的管理者，但这个基本的要求并不那么容易实现。原因在于管理工作自身所固有的一些性质。因此，在学习和研究管理时，必须对以下属性给予充分关注。

1. 管理的科学性与艺术性

管理既是一门科学，又是一门艺术，是科学与艺术有机结合的产物。

（1）管理的科学性

管理的科学性是指管理活动存在一系列客观规律，这表现在管理活动的过程可以通过管理活动的结果来衡量，同时它具有行之有效的研究方法和研究步骤来分析问题、解决问题。因此，从管理的科学性特征来看，管理是一门研究管理活动基本规律和管理方法的科学，有一套分析问题、解决问题的科学的方法论。

（2）管理的艺术性

管理的艺术性就是强调管理活动除了要掌握一定的理论和方法之外，还要灵活运用这些理论和方法的技巧和诀窍。表现在管理的实践性上，就是发挥管理人员的积极性、主动性和创造性，因地制宜地采取措施，为有效地进行管理创造条件。从管理的艺术性特征来看，一个成功的管理者应该既注重管理的基本理论的学习，又能够在实践中因地制宜地将其灵活运用。

管理的科学性和艺术性是相辅相成、有机统一的。对管理中可预测、可衡量的内容，可用科学的方法去测量；而对管理中某些只能感知的问题，某些内在特性的反映，则无法用理论分析或逻辑推理来估量，可通过管理的艺术来评估。所以，管理的科学性和艺术性并不相互排斥。随着社会的不断发展，管理的科学性将不断增强，而艺术性也不会降低。

2. 管理的二重性

马克思认为，任何社会的管理都具有两重属性：自然属性和社会属性。管理的二重性是相互联系、相互制约的关系。

（1）管理的自然属性

管理的自然属性也称管理的生产力属性或管理的共性。管理的自然属性是与生产力相联系的，表现为合理的组织生产力。管理的自然属性无阶级性。

在管理过程中，为了有效实现目标，要对人、财、物等资源进行合理配置，对产供销及其他职能活动进行协调，以实现生产力的科学组织。这种组织生产力的管理功能，是由生产力的发展引起和决定的，反映了人同自然的关系，故称为管理的自然属性。比如，无论是资本主义社会还是社会主义社会，只要进行社会化大生产，就要合理地进行计划、组织、领导和控制等，要最有效地利用人力、物力和财力资源，以提高经济效益。从这个意义上说，管理不具有明显的意识形态色彩，不会随着社会形态的变化而变化，故又称为管理的共性。

（2）管理的社会属性

管理的社会属性也称管理的生产关系属性或管理的个性。管理的社会属性是与生产关系相联系的，表现为调节各种生产关系，主要体现着管理者的意志和利益。管理的社会属性具有一定的阶级性。

在管理的过程中，为了维护生产资料所有者的利益，需要调整人们之间的利益分配，协调人与人之间的关系。这是一种调整生产关系的管理工作。它反映的是生产关系与社会制度的性质，故称为管理的社会属性。管理的社会属性是由管理所处的生产关系和社会制度的性质决定的。从这个意义上说，管理具有明显的意识形态色彩，在不同的社会制度、不同国家、不同民族之间具有较大差异，故又称为管理的个性。

正确认识管理的两重性具有非常重要的现实意义。

第一，全面认识管理的任务，既要合理组织生产力，提高经济效益，又要努力改善生产管理，兼顾社会责任。

第二，对国外管理理论和思想要正确评价和学习，要结合中国国情有所选择，不能生搬硬套。

二、管理的职能

怎样才能保证做好"对的事情"？管理理论认为，通过做好一系列的基本工作，即运用管理职能可保证做好"对的事情"。管理的职能即管理的职责和权限。管理的职能有一般职能和具体职能之分。管理的一般职能源于管理的二重性，就是合理组织生产力和维护一定的生产关系的职能。管理的具体职能是指一般职能在管理活动中的具体体现。

管理具有哪些具体职能？经过一百年的研究，至今没有统一的结论。本书讲述的管理职能包括以下几个方面：

（一）计划职能

计划是管理的首要职能。广义的计划职能是指管理者制订计划、执行计划和检查计划执行情况的全过程；狭义的计划职能是指管理者事先对未来应采取的行动所作的谋划和安排。计划是我们现在所处的位置和将来预期实现的目标之间的一座桥梁。有了计划就能将无法成为现实的事物变成现实。虽然计划不能准确地预测未来，而且难以预见的情况可能干扰编制出来的最好计划，但是，如果没有计划，组织的各种工作就会打乱仗。在管理实践中，最重要的和最基本的因素莫过于使人了解他们面临的目标及需完成的任务以及为完成任务所应遵循的指导原则。如果想使集体的努力有成效，人们必须了解组织希望他们完成的工作、任务是什么。

计划职能的重要性主要体现在以下几个方面：

①计划是实施管理活动的依据。

②计划可以增强管理的预见性，规避风险，减少损失。

③计划有利于在明确的目标下统一员工思想、行动。

④计划有利于合理配置资源，提高效率，取得最佳经济效益。

（二）决策职能

决策就是为了实现组织目标，运用科学的理论和方法，拟出两个以上的可行性方案，从中选择或综合出一个优化方案并付诸实施的活动总称。

决策在管理的各职能中占有重要地位。决策是组织行动前必不可少的管理活动，决策正确与否，决定着组织行动的成败。决策的实质是对未来行动方向、路线、措施等的选择，正确的决策能指导组织沿着正确的方向、合理的路线前进，遇到困难、问题，可以采取有效的措施予以解决；错误的决策，会使组织走上错误的道路，发展下去可能会导致组织的失败、消亡。

决策前要先分析外部环境，分析自身的长处和短处，对未来的形势作出基本的判断。由于未来的形势受到很多因素影响，绝大多数情况下是不确定的，因此必须进行预测。预测是以概率统计为基础的，很难十分准确，因而决策就必然有一定风险。为了提高预测与决策的准确性，依靠数字模型、计算机进行科学的计算和模拟就显得非常必要。另外，由于社会经济形势十分复杂，各种因素相互制约，实际上找到真正优化的方案是非常困难的，只能是比较满意而已。可见，虽然正确的选择是行动成功的前提，但对于管理者而言，作出正确的选择是一项十分困难的任务。此外，面对同样的事实前提，不同的决策者可能作出完全不同的选择，这与决策者的价值观和追求的目标有关。

决策贯穿于管理的全过程。管理的决策职能不仅分布在各项管理活动中，并且各个层次的管理者都有。无论是计划、控制、组织，还是领导、人事、沟通、激励，都不可能离开决策职能。任何社会组织的管理活动从最高层的管理者到最基层的工作者都有决策职能，一切管理人员都是决策者，每一个职能管理者都必须掌握决策职能和运用决策职能，都必须在自己的职责范围内作出决策、实施决策，不同的只是决策内容的差别而已，越往高层战略性决策越多，越往基层执行性决策越多。大多数战略性决策是非程序性的，比较复杂、难度较大；大多数执行性决策是程序性的，难度相对较小。

（三）组织职能

在管理学中，组织的含义可以从静态和动态两个方面来理解。从静态意义上讲，指组织结构，即组织是反映人、职务、任务以及它们之间的特定关系的网络。从动态意义上讲，指维持与变革组织结构，以完成组织目标的过程。

组织职能是指按计划对企业的活动及生产要素进行分派和组合，其主要内容是：根据组织目标，在任务分工的基础上设置组织部门；根据各部门的任务性质和管理要求，确定各部门的工作标准、职权、职责；制定各部门之间的关系、联系方式和规范，等等。

组织还是管理的基础性工作。任何部门、任何层次的管理者都首先表现为组织中各部门的人员构成部分；管理者进行管理的信息指令都要借助于组织各部门按特定次序传递；管理的目标要通过合理的组织设计和有效的组织行为来实现。可见，组织不仅是管理的职能，而且是管理的基础。组织职能是管理活动的根本职能，是其他一切管理活动的保证和依托。

（四）领导职能

领导职能是指领导者运用组织赋予的权力，组织、指挥、协调和监督下属人员，完成领导任务的职责和功能。计划与组织工作做好了，还不一定能够保证组织目标的实现，因为组织目标的实现要依靠组织全体成员的努力。配备在组织机构中各个岗位上的人员，在个人目标、需求、喜好、性格、素质、价值观及工作职责和掌握信息量等方面存在很大差异，在相互合作中必然会产生各种矛盾和冲突。因此就需要有权威的领导者进行领导，指导人们的行为，沟通人们之间的信息，增强相互之间的理解，统一人们的思想和行动，激励每个成员自觉地为实现组织目标共同努力。

管理的领导职能是一门非常深奥的艺术，它贯穿于整个管理活动中。不仅组织的高层领导、中层领导要实施领导职能，基层领导，如工厂的车间主任、医院的护士长也担负着领导职能，都要做人的工作，重视工作中人的因素的作用。

（五）控制职能

最早给管理控制下定义的是法约尔。他说："在一个企业中，控制就是使得所发生的每一件事都符合所制订的计划、所发布的指标以及所确定的原则。其目的就是要指出计划实施过程中的缺点和错误，以便加以纠正和防止重犯。控制对每件事、每个人、每个行动都起作用。"

控制是指按照既定的计划和标准对企业的生产经营活动进行监督、检查，发现偏差，及时采取纠正措施使工作按照原计划进行，或者改变和调整计划，以达到预期目的的管理活动。计划为控制提供目标和标准等前提条件，而控制则是顺利实现计划的手段。没有控制就不能保证企业的生产经营活动同计划规定的预期目标相一致。

管理工作的控制职能是对下属的业务工作进行计量和纠正，以保证企业的目的和计划得以实现，因此，控制是自经理至基层管理人员的职能。虽然各级主管人员的控制范围不尽相同，但他们都担负着为实现目标而执行计划的责任，因而控制工作是各级管理人员的主要职能之一。对于企业来讲，控制职能包括管理人员为保障实际工作与计划一致而采取的一切活动，如对生产经营计划的执行情况的控制，对产品质量的控制，对财务的控制，对企业职工思想及行为的控制等。

随着科学技术和管理理论的发展，尤其是控制论、信息论和电子计算机的应用，控制职能由单纯监督发展为能动的、积极的控制，使控制职能具有科学的方法和手段，通过控制职能，使企业关于任务和目标的计划更好、更快地转化为现实，以提高经济效益及社会效益。

（六）协调职能

协调就是使组织的一切工作都能和谐地配合，以便组织的活动顺利进行，并有利于组织取得成功。它要求组织各部门、部门内各成员都要对自己完成组织共同目标必须承担的工作和应相互提供的协助有准确的认识；同时，必须反对各自为政、互不通气和不顾组织整体利益的行为。

有些权威人士认为，协调是主管人员的一种单独职能。把协调看做管理的核心，似乎更确切一些，因为把各个人的力量协调起来，以实现集体目标，这是管理的宗旨。每一项管理职能都是为了促进协调。个人想到他的工作如何为组织的目标作出贡献，就是最佳协调的表现。他们要能看到这一点就必须先了解组织的目标是什么。每个工作人员都按照自己所认为的组织利益而工作，如果没有这种信念，就可能为自己的私利而奋斗。为了避免分裂运作，组织的主要目标应该明确地定下来，传达到每一个有关的人。同时，各下属部门的目标自然应以实现组织的总目标为宗旨。

像企业这样的组织，是由人、财、物、技术、信息等要素共同构成的。企业要正常运转，就必须根据企业经营目标，对各生产要素进行统筹安排和全面调度，使各要素之间能够均衡配置，各环节相互衔接，相互促进。这里的统筹安排和全面调度就是协调，它需要通过管理者的管理行为来执行。其实，这种协调就是理顺组织内部的各种关系，如部门间的关系、员工与员工之间的关系、上下级之间的关系等。同时，企业是开放的系统，在其运转过程中，必须与外部环境发生多种关系，如企业与政府的关系，企业与消费者、新闻界的关系等。这些关系处理得是否得当，也会影响企业的正常运转。所以管理者必须正确处理好这些关系，为企业正常运转创造良好的条件和环境。

总之，协调就是正确处理组织内外各种关系，为组织正常运转创造良好的条件和环境，促进组织目标的实现。

三、管理的特性

管理是对组织的资源进行有效整合以达到既定目标与责任的动态创造性活动。自从有人群组织以来，便存在着管理这一类活动，这类活动不同于文化活动、科学活动和教育活动等，是因为它有自己的特性。

1. 管理的目的性

管理是人类一种有意识、有目的的活动，因而它有明显的目的性。这也是管理区别于其他非管理活动的重要标志。没有明确目的的活动肯定不是管理活动；而组织某个单个成员的活动目的，也不是组织的目的；管理的目的是一个组织的共同目的。所以，管理的目标就是组织的目标。

2. 管理的动态性

管理是一个动态的过程，是一个在变动的环境与组织本身中进行的过程，需要消除资源配置过程中的各种不确定性。管理是一门实践性很强的学科，管理理论更重要的是教会人们在什么样的状况下如何实施具体的管理。事实上，各个组织所处的客观环境与具体的工作环境不同，各个组织的目标与从事的行业不同，从而导致了每个组织资源配置的过程和方式的不同，这种不同就是动态性的一种表现，因此不存在一个放之四海而皆准的标准管理模式。

3. 管理的人本性

管理活动是由人在实施，因此管理过程必须以人为中心，把人视为最重要的资源。管理者是人，管理者的能力直接影响组织的管理水平；被管理者也是人，被管理者的素质太低，也无法保证管理的有效实施；在具体管理活动中，任何先进的机器设备都必须要有人来操作，任何科学技术成果都是人类智慧的结晶。管理的实质就是管理好人。

4. 管理的科学性

说管理不存在一个放之四海而皆准的标准管理模式，并不是说管理活动没有科学规律可循。管理活动尽管是动态的，但它的运动仍然是有一定规律的，我们可将其分成两大类：一是程序性活动，二是非程序性活动。所谓程序性活动就是指有章可循，按一定规律变化并可预想效果的管理活动；所谓非程序性活动就是指无章可循，需要边运作边探讨的管理活动。这两类活动虽然不同，但又是可以转化的，实际上现实的程序性活动就是由非程序性活动转化而来的，这种转化的过程是人们对这类活动与管理对象规律性的科学总结，这就是管理科学性的体现。对新管理对象所采取的非程序性活动只能依据过去的科学理论进行，否则对这些对象的管理便失去了可靠性，而这本身也体现了管理的科学性。

5. 管理的艺术性

管理的艺术性是指在掌握一定理论和方法的基础上，灵活运用这些理论和知识的技巧和诀窍。由于管理对象分别处于不同环境、不同行业、不同的产出要求、不同的资源供给条件等状况下，这就导致了对每一个具体管理对象的管理没有一个唯一的完全有章可循的模式，从而使得具体管理活动的成效与管理主体管理技巧发挥的大小有很大的关系。事实上管理主体对这种管理技巧的运用与发挥，体现了管理主体设计和操作管理活动的艺术性。另外，在达成资源有效配置的目标与履行现行责任的过程中可供选择的管理方式、手段多种多样，因此，在众多可选择的管理方式中选择一种或几种的组合来用于现实的管理，也是管理主体进行管理的一种艺术性技能。艺术性这种东西更多地取决于人的天赋与直觉，是一种非理性的东西。

6. 管理的创新性

管理的创新性是指管理本身是一种不断变革、不断创新的社会活动。管理既然是一种动态活动，对每一个具体的管理对象就没有一种唯一的完全有章可循的模式可以参照，因此，要想实现既定的组织目标，就需要有一定的创新。管理活动正是这样一类创新性的活动。正因为它是创新性的活动，才会有成功与失败的存在，才会有不停的改革和探索，才会有日新月异的管理理论和方法的出现。管理的创新性根植于动态性之中，与科学性和艺术性相关，正是这一特性的存在，使得管理创新成为必需。

7. 管理的效益性

资源配置是需要成本的，因此管理就具有效益性。管理的效益性首先体现在资源配置的机会成本上，管理者选择一种资源配置方式是以放弃另一源配置方式为代价而取得的，这里有个机会成本的问题。其次，管理的效益性还反映在管理方式方法选择上的成本比较，因为众多可进行资源配置的方式方法，其花费的成本不同，故如何选择就存在效益性的问题。最后，管理是对资源的有效整合过程，因此选择不同资源供给和配比，就有成本大小的问题，这也是效益性的一种表现。

四、管理者

管理者是指那些在组织中促使管理过程实现，并且对企业内的员工进行领导、组织、协调和监督其实施计划的人员，是那些在组织中指挥他人完成具体任务的人，如企业的厂长、公司的经理、质量控制经理、研究实验室主管等，他们虽然有时也做一些具体的事务性工作，但其主要职责是指挥下属工作。因此，管理者区别于操作者的一个显著特点就是管理者有下属向其汇报工作。

（一）管理者的层次

1. 按管理者所处的组织层次分类

按管理者所处的组织层次，可以将其分为三个层级（见图1-1）。

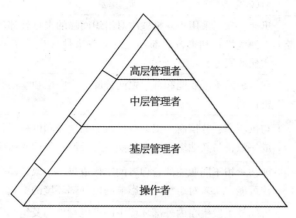

图1-1 管理者的层次

①高层管理者。组织中的高层管理者，对管理负有全面责任，主要任务为：制定战略目标、把握发展方向、进行资源分配等。如企业的董事会成员、医院的正副院长、城市的正副市长等。

②中层管理者。中层管理者介于高层和基层管理人员之间。主要职责为：执行重大决策和管理意图，监督和协调基层管理人员的工作活动，进行具体工作的规划。如系主任，处长，企业中计划、生产、财务等部门的负责人，政府中的主任、局长等。

③基层管理者。基层管理者是最直接的一线管理人员，是直接监察实际作业人员的管理者。主要职责为：直接给下属人员分派任务，直接指挥和监督现场作业活动，保证上级下达的各项计划和指令的完成。如工长、领班、小组长等。

上述三个不同层次的管理者，其工作内容和性质存在很大的差别。一般来说，基层管理者所关心的主要是具体的战术性工作，而最高层管理者所关心的主要是抽象的战略性工作。

2. 按管理者所从事的工作领域分类

①综合管理者。综合管理者是指负责管理整个组织或组织中某个事业部的全部活动的管理人员。

②专业管理者。专业管理者是指负责管理组织中某一类活动（或职能）的管理人员。如生产部门管理人员、营销部门管理人员、人事部门管理人员、财务部门管理人员、研究部门管理人员等。

（二）管理者的角色

20世纪60年代末期，亨利·明茨伯格通过对五位总经理的工作进行仔细研究，得出结论：管理者只扮演十种不同但高度相关的角色，这十种角色可进一步组合成三个方面（见表1-1）。

表 1-1		管理者的角色
角色类型	具体角色	角色活动实例
决策角色	企业家	利用组织资源开发创新产品和服务；决定国际化扩张，为组织产品获取新顾客
	麻烦应对者	迅速行动，采用正确措施应对组织面临的来自外部环境的突发事件（如石油危机）和来自内部环境的突发事件（生产了劣质的产品和提供了劣质的服务）
	资源分配者	在组织的不同职能和部门之间分配，为中层和基层管理者设定预算和薪资计划
	谈判者	与供应商、分销商、工会就投入品的质量和价格、技术、人力资源等达成一致，与其他组织就合作项目的资源筹集达成协议
信息角色	监控者	评估承担不同职能的管理者的工作成果，采取正确的措施提高绩效；监控可能在未来对组织产生影响的内外部环境的变化
	传播者	告知员工发生在内外部环境中的可能对他们及组织产生影响的变动，就组织的前景和目标与员工进行沟通
	发言人	发起全国性的广告宣传活动，提高新产品和新服务的知名度；在当地社区宣讲组织未来的发展意向
人际关系角色	挂名首脑	在公司会议上向员工展示未来的组织目标，阐述组织的道德原则和员工在与顾客、供应商交往时应遵循的行为准则
	领导者	为员工树立学习的榜样，向下属发布直接的命令和指示，就人力和技术资源的使用做出决策，动员员工支持特定的组织目标
	联络者	协调不同部门管理者的工作；与不同的组织建立联盟关系，以共享资源，生产新的产品和提供新的服务

（三）管理者的技能结构

处于不同职位和不同层次的管理者，由于其任务和职责不同，在履行管理职能时所需要的管理技能也有所不同。但是，有几项管理技能是所有管理人员都必须掌握的。根据美国的管理学专家罗伯特·卡茨的研究，管理者必须具备三种基本技能：技术技能、人际技能、概念技能。

1. 技术技能

技术技能指与特定工作岗位有关的专业知识和技能。如生产技能、财务技能、营销技能等。管理者不必成为精通某一领域的技能专家，但需要了解并初步掌握与其管理的专业相关的基本技能，否则很难与他所主管的组织内的专业技术人员进行有效的沟通，从而无法对所辖业务范围内的各项工作进行具体的指导。不同层次的管理者，对于技术技能要求的程度是不同的。

2. 人际技能

人际技能指与处理人际关系有关的技能，即理解、激励他人并与他人共事的能力。人际技能包括领导能力，但其内涵远比领导能力广泛。因为管理者除了领导下属外，还要与上级领导和同级同事打交道，还得学会说服上级领导、领会领导意图、与同事合作等。

3. 概念技能

概念技能指综观全局、认清为什么要做某事的能力，即管理者在混乱、复杂的环境中，敏锐地辨清各种要素之间的相互关系，准确地抓住问题的实质，果断地作出正确决策的能力。

要成为有效的管理者，必须具备上述三种技能，缺一不可。罗伯特·卡茨认为，在不同的组织层次中，这三种技能应有不同的优化组合：在较低的层次，管理者需要的主要是技术和人际技能；在较高的层次，管理的有效性主要取决于人际和概念技能；而在最高的管理层次，概念技能成为高层管理者在管理工作中最重要的技能，如图 1-2 所示。

图 1-2 不同层次管理者所需技能

根据罗伯特·卡茨的理论，美国的《财富》杂志对美国银行业、工业、保险业、公共事业、零售业和运输业中最大的 300 家公司进行了调查，调查的结果基本上支持了罗伯特·卡茨的理论，如表 1-2 所示。

表 1-2 　　　　　　　　　　　《财富》杂志的调查实例

管理技能/管理层次	技术技能（%）	人际技能（%）	概念技能（%）
高层管理	17.9	42.7	39.4
中层管理	34.8	42.4	22.8
基层管理	50.3	37.7	12.0

罗伯特·卡茨有关管理者技能的理论，不仅指出了管理者应具备的能力，还指出了在管理者地位变化的过程中能力变化的大致趋势，也告诉了管理者在管理工作中，应如何科学地转换自我的能力结构，以适应工作和自我发展的需要。

五、管理的作用

管理是保证组织有效运行所必不可少的条件。组织的作用依赖于管理，管理是组织中协调各部分的活动，并使之与环境相适应的主要力量。所有的管理活动都是在组织中进行，有组织，就有管理，即使一个小的家庭也需要管理。从另一个方面来说，有了管理，组织才能进行正常的活动，组织与管理都是现实世界普遍存在的现象。

当组织规模还比较小的时候，管理对组织的影响还不大，组织中的管理活动还比较简单，并未形成独立的管理职能，因而也就显现不出管理的特殊的重要性。如对于小企业来说，也可以凭借经验，维持自身的发展。但随着人类的进步和组织的发展，管理所起的作用越来越大。概括起来说，管理的重要性主要表现在以下两个方面。

（一）管理使组织发挥正常功能

管理是一切组织正常运转的前提，任何一个有组织的集体，不论其性质如何，都只有通过管理，才能向所要求的方向进行。组织是由组织的要素组成的，组织的要素互相作用产生组织的整体功能。然而，仅有组织要素是不够的，这是因为各自独立的组织要素不会完成组织的目标，只有通过管理，使之有机地结合在一起，组织才能正常地运行与活动。组织要素发挥作用依赖于管理。管理在组织中协调各部分的活动，并使组织与环境相适应。一个单独的小提琴手是自己指挥自己，一个乐队就需要一个乐队指挥，没有指挥，就没有乐队。在乐队里，一个不准确的音调会破坏整个乐队的和谐，影响整个演奏的效果。在一个组织中，没有管理，就无法彼此协作地进行工作，就无法达到既定的目的，甚至连这个组织的存在都难以保证的。集体活动发挥作用的效果大多取决于组织的管理水平。

组织对管理的要求和对管理的依赖性与组织的规模是密切相关的。共同劳动的规模越大，劳动分工和协作越精细、复杂，管理工作也就越重要。一般来说，在手工业企业里，要进行共同劳动，有一定的分工协作，管理就成为进行生产所不可缺少的条件。但是，如果手工业企业的生产规模较小，生产技术和劳动分工也比较简单，那么管理工作就比较简单。现代化大工业生产，不仅生产技术复杂，而且分工协作严密，专业化水平和社会化程度都高，社会联系更加广泛，需要的管理水平就更高。

总而言之，生产社会化程度越高，劳动分工和协作越细，就越要有严密、科学的管理。组织系统越庞大，管理问题也就越复杂，庞大的现代化生产系统要求有相当高度的管理水平，否则就无法正常运转。

（二）管理使组织有效实现目标

任何组织都是有目标的，只有通过管理，才能有效地实现组织的目标。在现实生活中，我们常常可以看到这种情况，有些亏损企业仅仅由于换了一个精明强干、善于管理的厂长，就很快扭亏为盈；有些企业尽管拥有较为先进的设备和技术，却没有发挥其应有的作用；而有些企业尽管物质技术条件较差，却能够凭借科学的管理，充分发挥其潜力，反而能更胜一筹，从而在激烈的市场竞争中取得优势。由此可见，通过有效的管理，可以放大组织系统的整体功能。有效的管理，会使组织系统的整体功能大于组织要素各自功能的简单相加之和，起到放大组织系统的整体功能的作用。在相同的物质条件和技术条件下，由于管理水平的不同而产生的效益、效率或速度的差别，就是管理所产生的作用。

在组织活动中，需要考虑到多种要素，如人员、物资、资金、环境等，它们都是组织活动不可缺少的要素，每一种要素能否发挥其潜能，发挥到什么程度，都会对管理活动产生不同的影响。有效的管理，在于寻求各组织要素、各环节、各项管理措施、各项政策以及各种手段的最佳组合。通过这种合理组合，可以产生一种新的效能，可以充分发挥这些要素的最大潜能，使人尽其才、物尽其用。例如，每个人都具有一定的能力，但是却有很大的弹性。如果能积极开发人力资源，采取有效的管理措施，使每个人的聪明才智都得到充分的发挥，就会产生一种巨大的力量，从而有助于实现组织的目标。

第二节 管理学的研究对象与研究方法

一、管理学的研究对象

管理学是从管理实践中形成和发展起来的，是系统地研究管理活动及其基本规律和一般方法的科学。

由于管理活动总是在一定的社会生产方式下进行，因此管理学研究对象的范围涉及社会的生产力、生产关系和上层建筑三个方面。

（1）生产力方面。主要研究如何合理配置组织中的人力、物力、财力等生产要素以及使各生产要素充分发挥作用的问题；研究如何根据组织目标、社会需求，合理使用各种资源，以求得最佳经济效益与社会效益的问题。

（2）生产关系方面。主要研究如何处理组织内部人与人之间相互关系的问题；研究如何完善组织机构与各种管理体制的问题；研究如何最大限度地调动各方面的积极性和创造性，为实现组织目标服务的问题。

（3）上层建筑方面。主要研究如何使组织内部环境与组织外部环境相适应的问题；研究如何使组织的意识形态（价值观、理念等）、规章制度与社会的政治、法律、道德等上层建筑保持一致的问题。

二、管理学的研究方法

（一）唯物辩证法是学习和研究管理学的方法论基础

管理学源于管理的实践活动。在长期的管理实践中，人们运用历史的、全面的、发展的观点去观察和分析各种管理现象和管理问题，通过对积累的感性经验的加工提炼，提炼出管理理论；反过来又能动地运用有关管理理论去指导管理实践，验证管理理论的正确性和有效性，并进一步发展和完善管理理论。因此，学习和研究管理学，必须以唯物辩证法为总的方法论基础。

在学习和研究管理理论时要认识到一切现象都是相互联系和相互制约的，一切事物都是不断发展变化的，必须用唯物辩证法的观点去观察和分析管理问题，特别值得强调的是，不能一成不变地看待组织及组织的管理活动。

（二）系统方法是学习和研究管理学的主要思维方法

系统是由相互作用和相互依赖的若干组成部分结合而成的、具有某种特定功能的有机整体。所谓系统方法，是指用系统的观点和方法来研究和分析管理活动的全过程。

从管理的角度看，系统有两层含义：一是指一种实体，如组织系统。作为实体系统的组织，一般具有整体性、目的性、动态性、层次性、开放性、功能性、结构性等特征。二是指一种方法或手段，它要求在研究和解决组织管理问题时，必须具有整体观、过程观、"开放"与相对"封闭"观、反馈观、分级观等有关系统的基本观点。

因此，在学习与研究管理理论和管理活动时，必须用系统方法作为主要的思维方法。应把组织与组织管理活动看做一个系统，对影响管理过程的各种因素及其相互之间的关系进行总体的、系统的分析研究，对管理的概念、职能、原理、方法等管理理论作系统的分析和思考。

（三）理论联系实际的方法

管理学是一门应用性、实践性很强的科学，它是科学性与艺术性的统一。这决定了管理学应更多地采用理论联系实际的学习和研究方法，如管理案例的调查和分析、边学习边实践、边实践边学习等多种方法，以提高运用管理的基本理论和方法去发现问题、分析问题和解决问题的能力。

（四）管理学的具体研究方法

1. 归纳演绎法

归纳和演绎是两种不同的推理和认识事物的科学方法。归纳指通过一系列典型事物或经验去观察、分析、研究，归纳出一般性规律。演绎是从普遍性结论或一般性事理推导出个别性结论的论证方法。在演绎法论证中，普遍性结论是论据，而个别性结论是论点。演绎法和归纳法相反，它反映了论据与论点之间由一般到个别的逻辑关系。

2. 试验法

通过人为地创造一定的条件，观察其实际试验结果，再与没有给予这些条件的对比实验结果进行比较分析，寻找外在人为创造条件与实验结果之间的因果关系，得出具有普遍适用性的结论。

3. 比较分析法

比较分析法是研究不同管理理论与方法的异同点，从中找出管理的共性与特性以及各种理论的实用性的重要方法。比较分析法主要是从不同社会制度和不同管理体制下的管理的比较研究，不同历史条件、不同生产力发展水平条件下的管理的比较研究，不同民族、不同文化背景和文化水平条件下的管理的比较研究三个方面来进行的。

4. 案例分析法

案例分析法是指对有代表性的案例进行剖析，从中发现可借鉴的经验、方法和原则，从而加强对管理理论的理解，这是管理学研究和学习的重要方法。哈佛商学院因其成功的案例教学，培养出了大批优秀的企业家。管理学的案例研究法，是当代管理科学比较发达的国家在管理学教学中广为推行的学习研究方法，效果很好。学习研究管理学，必须掌握案例教学法、案例研究法，将自己置身于模拟的管理情景中，学会运用管理原理、原则和方法去指导管理实践。

总之，研究和学习管理学，要以马克思主义的唯物辩证法为总的方法论进行指导，同时综合运用各种方法，吸收和采用多学科的知识，从系统的观点出发，理论联系实际，实事求是，这样才能真正掌握和发展管理科学，为提高我国的管理水平作出有益的贡献。

第三节　中外早期管理思想

一、中国古代的管理思想

中国是一个历史悠久的文明古国，在社会实践中形成的管理思想源远流长，丰富多彩。周公姓姬名旦，他编的《周礼》一书，为周朝制定了一套官僚组织和制度。书中将周代官员分为天、地、春、夏、秋、冬六官，以天官职位最高，六官分 360 职，各有职掌，层次分明，职责清楚。孙武在春秋时代所著的《孙子兵法》中，阐述的"为将之道"、"用人之道"、"用兵之道"，以及在各种极其错综复杂环境中为了取胜所采用的各种战略、策略，堪称人类智慧的结晶。该书提出军、旅、卒、伍的军队编制，即军为 12500 人，旅为 500 人，卒为 100 人，伍为 5 人，层次关系明晰，编制比较完备。管仲主张办一切事情必须统筹谋划，提出"事无备则废"、"以备待时"的观点。孔子在理财方面主张"崇俭"，在《论语》中指出："节用而爱人，使民以时。"墨子主张"俭节则昌，淫佚则亡"。荀况主张富国与富民并举，提倡"上下俱富"，为此必须"节其流，开其源，使天下必有余，而上不忧不足"。司马迁在《史记》中列出了一些生产经营原则，如重视货币资本、资金要不断运转、经营要善于掌握时机、勤俭办事、用人要善于挑选、商品要注重质量、经营人们喜爱和需要的商品等。在用人方面中国素有"选贤任能"、"任人唯贤"的主张。中国古代的管理思想极为丰富，有不少内容至今仍闪耀着光彩，现代管理学中的一些观点、理论和方法也都可以从古代思想宝库中直接或间接地找到有益的借鉴。中国古代传统的管理思想可概括为顺道、重人、人和、守信、对策、法治、利器、求实、节俭等方面。

（一）顺道

中国历史上的"道"有多种含义，居于主观范畴的"道"，是指治国的理论，居于客观范畴的"道"，是指客观规律，又称为"则"、"常"。"顺道"是指要顺应事物发展的客观规律，管理者要分析国内国际的大形势，顺道而行。如《管子》认为自然界和社会都有自身的运动规律，"天不变其常，地不易其则，春秋冬夏，不更其节"。司马迁写"道"，"贱之征贵，贵之征贱"，人们为求自身利益，"以得所欲"，"任其张，竭其力"，"各劝其业，乐其表，若水之趋下，日夜无休时不召而民自来、不求而民出之，岂非道之所符，而自然之验邪"。对于社会自发的经济活动，他认为国家应顺其自然，少加干预，"故善者因之"，顺应客观规律，符合其"道"，乃治国之善政。这些都体现了"顺道"或者"守常"、"守则"的思想。

（二）重人

"重人"是指要以人为本，任用人才，信任人才，重视人才，以人的发展来推动整个企业的发展。要夺取天下，成就事业，人是第一位的，故我国历来讲究得人之道、用人之道。比如，《管子》中说："政之所兴，在顺民心；政之所废，在逆民心。""从民所欲，去民所恶"，乃为"政之宝"。诸葛亮总结汉的历史经验说："亲贤臣，远小人，此先汉之所以兴隆也；亲小人，远贤臣，此后汉之所以倾颓也。"这些思想逐步成为管理国家的准则。

在治生学方面，我国也有重视人才的传统。司马迁提倡"能巧致富"，他说，"巧者有余，拙者不足"，"能者辐辏，不肖者瓦解"。唐代陆贽说："夫财之所生必因人力，工而能勤则丰富，拙而兼隋则篓空。"

（三）人和

"和"就是调整人际关系，讲团结，上下和，左右和。概括了中国古代哲学的最高境界"和为贵"。万事要求和，与人和，与事和，和气才能生财。对治国来说，和能兴邦；对治生来说，和气生财。故我国历来把天时、地利、人和当做事业成功的三要素。孔子说："礼之用，和为贵。"管子说："上下不和，虽安必危。"

（四）守信

信是指诚实而不欺骗。治国要守信，办企业也要守信。信誉是人与人之间建立稳定关系的基础，是国家兴旺和事业成功的保证。孔子说："君子信而后劳其民"。治理国家，言而无信，政策多变，出尔反尔，向来是大忌。"诚工"、"诚贾"是我国自古以来就提倡的传统，商而不诚，苟取一时，终致瓦解，成功的商人多是商业信誉度高的人。

（五）对策

"运筹帷幄之中，决胜千里之外"的至理名言说明在我国古代治国、治军、治生等一切竞争和对抗的活动中，都必须统筹谋划，正确研究对策，以智取胜。《管子》中讲，"以备待时"、"事无备则废"，说得是治国必须有预见性，有备无患，预则成，不预则废。《孙子兵法》中讲，"知彼知己，百战不殆，不知彼而知己，一胜一负；不知彼，不知己，每战必殆"，说得是要打准备之仗。范蠡认为经商要有预见性，经商和打仗一样，要善于"时断"和"智断"'，他提出"旱则资舟，水则资车"的"待乏"原则，说得是要根据市场决定购销决策。

（六）法治

法治指一切事务都应该依法办事。比如，韩非认为法治优于人治。他还主张法应有公平性和平等性，即"王子犯法与庶民同罪"，不能"游意于法之外"。管理者必须要惩罚分明、革新政风，"刑过不避大臣，赏善不遗匹夫"，在法律面前人人平等。

（七）利器

生产要有工具，打仗要有兵器，中国历来有利器的传统。孔子说："工欲善其事，必先利其器。"中国古代的四大发明及其推广，极大地推动了社会经济、文化和世界文明的发展，并使"利器说"成为中国管理思想的重要内容。历史上许多重大发明，如西汉出现的新式粮食加工机械，"役水而舂，其利百倍"。及至近代，一再出现机器兴邦说。如郑观应主张维护民族独立要靠"商战"，商战必赖机器，机器生产，"工省价廉"，"精巧绝伦"，可与外货竞争，因此必须自制各种机器。魏源提出"师夷长技以制夷"的口号。孙中山实业救国的核心是技术革命，实现现代化。"用机器去制造货物……把国家变得富庶"，争取驾乎英、美、日之上。可见，"利器说"贯穿古今，已成为兴邦立业的重要思想。

（八）求实

实事求是，办事从实际出发，这是思想方法和行为的准则。儒家提出"守正"原则，看问题不要偏激，办事不要过头，也不要不及，"过犹不及"。《管子》提出"量力"原则和"时空"原则。凡事量力而行，"动必量力，举必量技"，"不为不可成，不求不可得"。用人也应注意因材施用，扬其所长，避其所短。不可求全责备，"毋与不可，毋强不能"。"时空"原则就是办事要注意时间（时机）和地点等客观条件。"事以时举，动静、开阖、取予，必因于时也，时而动，不时而静"。治国和治生，若不顾时间的变化，用老一套的办法，不注意"视时而立仪"、"审时以举事"，必然招致失败。空间不同，政策措施也应有异，不可将一套办法到处运用，治家、治乡（农村）、治国（城市）各有特殊性，"以家为乡，乡不可为也；以乡为国，国不可为也；以国为天下，天下不可为也"（《管子》）。韩非说："圣人不期修古，不法常可，论世事，因为之备……事异则备变。"他以守株待兔的故事，告诫治理国家者不可是"守株之类也"。这是一切管理者都应引以为戒的。

（九）节俭

我国历来提倡开源节流，勤俭建国，勤俭持家。节用思想源于孔子和墨子。孔子主张"节用而爱人，使民以时"。墨子说："其耐用节，其自养俭，民富国治。"纵观历史，凡国用有度，为政清廉，不伤财害民，则会国泰民安；反之，凡国用无度，荒淫奢靡，横征暴敛，必滋生贪官污吏，以致天下大乱。这是中国国家管理历史指明的一条真理。在治生方面，节俭则是企业家致富的要素。司马迁说，"薄饮食，忍嗜欲，节衣服"，"纤音筋力，治生之正道也"。

二、中国近代管理思想

中国近代管理思想的主要代表是民族资本主义经济中体现的经济管理思想。1840 年鸦片战争爆发后，随着帝国主义列强势力的侵入，中国的自然经济逐渐瓦解，在殖民主义势力比较强大、生产力比较发达的沿海地区的一些大城市，逐步建立起资本主义生产关系，在中国民族资本主义工业发展的过程中，形成了一系列经营管理思想。主要表现在以下几个方面：

（一）制定严格的规章制度，重视产品质量

总结民族资本企业中的种种规章，主要包括：要求职工听从指挥，服从调遣；要求职工不得玩忽职守；要求职工提高工作效率和改善服务态度。由于这些较成功的经营管理，出现了一批经营有方、产品质量过硬、知名度很高的企业和产品。如汉阳的周恒顺机器厂积极倡导"精工明料"，在生产上建立了一套严格的质量管理制度，曾因此而闻名于世。范旭东经营的天津永利碱厂生产的"红三角"牌纯碱因质量优良获万国博览会金质奖章。上海大隆机器厂制造的棉纺机器、五洲肥皂厂生产的"固本"牌肥皂、亚浦尔灯泡厂生产的灯泡等，均因质量优良，在国内外市场上深受用户的欢迎。

（二）尽力降低成本，增强商品的竞争能力

刘鸿生在他经营的企业中，首先推行了一套完整的成本会计制度，作为加强管理的措施，当时几家商业银行在对章华毛纺厂作了调查之后表示，"厉行成本会计"是"最有价

值"的事，主张"此种严密之算法，各厂急宜仿行"。

（三）加强人才培养，合理使用人才

培养人才的主要措施有：自办职业学校和专科学校，培养技术工人；举办脱产、半脱产的训练班、补习班、夜校等培训职工；选派有发展前途的技术人员、管理人员到英国、美国、日本等国家学习、进修和考察；建立研究机构、出版专业刊物、研究和宣传企业管理等。此外，管理者本人应该是内行专家而且必须知人善任。如范旭东坚持"事业的真正基础是人才"，用重金聘有成就的工程师作为企业管理的骨干，使永利碱厂取得了震惊世界的成就。

（四）注重资金积累并灵活有效地运用资金

采取的主要措施是：少发股息，少分红利，增加企业资金。投资联号企业或创办企业，在资金上相互支持。

（五）服务热情周到并注重人和

近代成功的企业家大多注重人和。民生航运公司的卢作孚提出了"服务高于一切"的口号，深受客户和货主的欢迎，影响很大。创办申新纱厂的大企业家荣德生治厂以《大学》之明德、《中庸》之明诚对待属下，管人不严，以德服人，使其有效自治。他说用人"必先正心诚意，实事求是，庶几有成。若一味唯利是图，小人在位……不自勤俭，奢侈无度，用人不当，则有业等于无业也"。

三、西方古代管理思想

管理思想来源于人类社会的管理实践，它是随着生产力的发展而发展起来的。世界上一些文明古国都对早期的管理思想作出了贡献。如古埃及人建造金字塔，不仅需要技术方面的知识，更需要大量的组织管理工作。古巴比伦国王汉谟拉比颁布的《汉谟拉比法典》，全文280多条，其中对人的活动作了许多规定，如百姓应遵守一定的规范，货物贸易应该如何进行，臣民之间的隶属关系，等等，涉及了许多管理思想。在公元前370年，古希腊学者色诺芬对制鞋过程中分工的描述与后来泰勒的思想非常接近，尽管他们所处的时代相差2200多年。苏格拉底和亚里士多德等有识之士提出了管理活动的普遍意义，并将管理活动与技术知识及经验区别开来，承认管理是一种独立存在的活动。罗马天主教会的组织和管理也独具特色。他们最早采用了职能式的组织形式，并建立了分级管理的权力等级制度，现代管理理论中所推崇的"参谋式管理"也在教会中得到了普遍运用。

四、西方近代的管理思想

在18世纪英国及其他一些资本主义国家出现了产业革命之后，工厂生产成为资本主义生产的主要方式，近代的管理思想伴随着工厂制度的出现而形成。这一时期，尽管管理思想不够系统、全面，也没有形成专门的管理理论和学派，但由于工厂管理实践的结果，管理思想已得到相应的发展，在西方特别在欧洲出现了一些早期管理思想家。

（一）亚当·斯密的劳动分工观点和经济人观点

亚当·斯密是英国古典政治经济学家，他在1776年（当时正值英国的工场手工业开始向机器工业过渡时期）出版了《国民财富的性质和原因研究》一书，系统地阐述了劳动价值论及劳动分工理论。亚当·斯密认为，劳动是国民财富的源泉，各国人民每年消费的一切生活日用必需品的源泉是本国人民每年的劳动。这些日用必需品供应情况的好坏取决于两个因素：一是这个国家的人民的劳动熟练程度、劳动技巧和判断力的高低；二是从事有用劳动的人数和从事无用劳动人数的比例。他同时还提出，劳动创造的价值是工资和利润的源泉，并经过分析得出了工资越低，利润就越高，工资越高，利润就会越低的结论。这就揭示出了资本主义经营管理的中心问题和剥削本质。斯密在分析增进"劳动生产力"的因素时特别强调了分工的作用，他对比了一些工艺和一些手工制造业实行分工前后的变化，对比了易于分工的制造业和当时不易于分工的农业的情况，说明分工可以提高劳动生产率。他认为分工带来的好处主要有：

（1）劳动分工可以使工人重复完成单项操作，从而提高劳动熟练程度，提高劳动效率。

（2）劳动分工可以减少由于变换工作而损失的时间。

（3）劳动分工可以使劳动简化，使劳动者的注意力集中在特定的对象上，有利于创造新工具和改进设备。

他的上述分析和主张，不仅符合当时生产发展的需要，而且也成了以后企业管理理论中的一条重要原理。亚当·斯密在研究经济现象时，提出了一个重要的论点：经济现象是基于具有利己主义目的的人们的活动之上所产生的。他认为，人们在经济行为中，追求的完全是私人的利益。但是，每个人的利益又为其他人的利益所限制。这就迫使每个人必须顾及其他人的利益。由此就产生了相互的共同利益，进而产生和发展了社会利益。社会利益正是以个人利益为基础的。亚当·斯密曾经这样来描述人们之间的相互关系："人类几乎随时随地都需要同胞的协助，但只想依赖他人的恩惠，那是肯定不行的。""他如果能够刺激他们的利己心，使他们有利于他，并告诉他们，为他做事对他们自己也有利，他要达到目的就容易多了。""请给予我所要的东西吧，同时，你也可以获得你所要的东西。"这种认为人都要追求自己的经济利益的"经济人"观点，正是资本主义生产关系的反映。

（二）查尔斯·巴贝奇的作业研究与报酬制度

在亚当·斯密之后，另一位英国人查尔斯·巴贝奇，发展了亚当·斯密的论点，提出了许多关于生产组织机构和经济学方面的带有启发性的问题。巴贝奇原来是一名数学家，后来对制造业产生了兴趣。1832年，他在《论机器和制造业的经济》一书中，对专业化分工、机器与工具使用、时间研究、批量生产、均衡生产、成本记录等问题都作了充分的论述，并且强调要注重人的作用，分析颜色对效率的影响，应鼓励工人提出合理化建议，等等。该书是管理学史上的一部重要文献。

巴贝奇赞同斯密的劳动分工能够提高劳动效率的论点，但认为亚当·斯密忽略了分工可以减少工资支付这一好处。巴贝奇对制针（普通直针）业作了典型调查。他把制针业的生产过程划分为七个基本操作工序，并按工序的复杂程度和劳动强度雇佣不同的工人，支付不同的工资。如果不实行分工，整个制造过程由一个人完成，那就要求每个工人都有全面的技艺，都能完成制造过程中技巧性强的工序，同时又有足够的体力来完成繁重的操作。工厂主必须按照全部工序中技术要求最高、体力要求最强的标准来支付工资。由此，巴贝奇提出了一个所谓"边际熟练"原则，即对技艺水平、劳动强度定出界限，作为报酬的依据。

在亚当·斯密和巴贝奇之后，在生产过程中进行劳动分工的做法有了迅速的发展。到了 20 世纪，大量流水生产线的形成，使劳动分工的主张得到了充分的体现。

巴贝奇虽然是一位数学家，却没有忽视人的作用。他认为工人同工厂主之间存在利益共同点，并竭力提倡所谓利润分配制度，即工人可以按照其在生产中所作的贡献，分到工厂利润的一部分。巴贝奇也很重视对生产的研究和改进，主张实行有益的建议制度，鼓励工人提出改进生产的建议。他认为工人的收入应该由三部分组成：①按照工作性质所确定的固定工资；②按照生产及所作贡献分得的利润；③为提高劳动效率而提出建议所应得到的奖励。提出按照生产效率不同来确定报酬的具有激励作用的制度，是巴贝奇作出的重要贡献。

另外，他还发现了计算机的基本原理，发明了手摇台式计算机，因此，有人称巴贝奇是"计算机之父"。

（三）罗伯特·欧文的人事管理思想

这一时期的著名管理学者除了亚当·斯密和巴贝奇之外，还有英国的空想社会主义者罗伯特·欧文。他经过一系列试验，首先提出在工厂生产中要重视人的因素，要缩短工人的工作时间，提高工资、改善工人待遇。他认为，"至少要像对待无生命的机器那样重视对于有生命的人的福利"。另外，他还注重对工人行为的教育。他的改革试验证实，重视人的作用和尊重人的地位，也可以使工厂获得更多的利润。所以，也有人认为欧文是人事管理的创始人，称其为"人事管理之父"。现代管理理论中的行为学派公认欧文为其先驱者之一。

（四）博尔顿与瓦特的科学管理制度

人们都知道瓦特改良了蒸汽机，使蒸汽机成为生产动力，从而促进了 18 世纪下半叶的工业革命，然而很少有人知道他在管理上的成就。1809 年英国博尔顿—瓦特联合公司所属的一家制造厂，是最早在制造业运用科学管理的工厂之一。它有科学的工作设计，按更充分地利用机器的要求进行劳动分工和专业化，实行比较切合实际的工资支付办法，有比较完善的记录和成本核算制度。当代出现的许多管理问题，他们都曾遇到过，并努力加以解决。不过那时的管理还没有被系统化为一门科学。

概括起来，这一时期有关管理问题的论述主要集中在以下几个方面：

1. 关于管理的职能

18—19 世纪的一些经济学家就已提出了管理的一些职能。例如，法国资产阶级庸俗经济学创始人萨伊强调计划职能的重要性。劳伦斯·劳克林在 1896 年出版的《政治经济学原理》一书中指出："那些控制着大量资本并积极从事生产的人永远不能静止不动。他必须充满新思想，必须能够提出扩展他的市场的新方案，必须能对新发明的采用作出判断而又不至于在其价值和效率上被骗。""管理人员选择厂址，控制财物，买进原料并卖出产品，同工人打交道，给工人安排任务并进行劳动分级，注意市场动态，知道什么时候应该出售产品，什么时候应该保留自己的产品，能够满意地找出什么是买主真正需要的，并使自己的货物适合于这种需要。"塞缪尔·纽曼在 1935 年出版的《政治经济学原理》一书中认为，一个管理人员的职能是"计划、安排和实施各种不同的生产过程"。

当时的一些经济学家已经开始重视对员工的培训和对管理人员的教育。例如比利时经济学家埃米尔·德·拉维勒耶主张："通过对一无所有的工人的训练来帮助他们，是劳动力雇主的责任。""政府首先应该关心建立一些训练良好的工业管理人员的机构。"艾尔弗雷德·马歇尔在《工业经济原理》一书中指出："在培训工人的能力方面的投资费用不论是谁来负担，这种能力都将成为工人自己的财产，而那些帮助工人的人的美德，就将主要成为它本身的报酬。"

人事管理受到一些理论家和思想家的广泛注意。如前所述，罗伯特·欧文首先提出在工厂生产中要重视人的因素，要缩短工人的工作时间，提高工资，重视人的作用和尊重人的地位，这样也可以使工厂获得更多的利润。英国的数学家查理·巴贝奇也非常重视人的作用。他认为工人同工厂主之间存在利益共同点，并竭力提倡利润分配制度，即工人可以按照其在生产中所作的贡献，分到工厂利润的一部分。

组织职能也受到了当时经济学家的关注。例如范布伦·邓斯洛在 1868 年发表的《社会、政府和工业的经济哲学原则》一文中指出："雇主从属于公众，而每一位雇员从属于他自己的雇主。这样，整个企业的力量才能从事满足公众需要的工作。这就是工业中的组织。"邓斯洛还提到了控制幅度的思想。马歇尔指出，即使在一个组织的基层，分担责任也是不明智的。他认为，"一部机器如果是由两个工人来维护，就不如只由一个工人来维护时保养得好"。

2. 关于管理人员所具备的素质

在讨论一个好的管理人员应具备的素质时，亚当·斯密曾提出"条理、经济和注意"三个方面。塞缪尔·纽曼认为，一个好的企业家应该具备不寻常的远见卓识，善于制订计划并能监督和指挥他人实施计划以实现目标。以后约翰·穆勒又加上忠诚和热心两个条件。艾尔弗雷德·马歇尔则又把自力更生和敏捷作为一个合格管理人员的必要品德。

3. 关于动作和工时的研究

先有亚当·斯密对动作和工时的初步考察，其后，穆勒又把这项研究作为一项专门的课题，他认为："人的活动可以还原为很简单的一些要素。他只不过是做一些动作罢了……如果一个人只从事其中少数的作业，他不仅能做得更快，而且更重要的是能够做得最正确和最精确。"他还认为，某种商品的产生总是由各种作业组成的大综合体，必须把它分成几个部分，每个部分又由一些作业组成。他从劳动分工对人的动作进行分析和研究，比后来的巴贝奇早六年。其后，查尔斯·巴贝奇在工时研究方面做了大量的工作，他对劳动分工的原理有着浓厚的兴趣。他指出，可以通过工人在一定时间内所完成的作业次数计算出平均产量。但如果观测者直接手持钟表在工人面前计数，所测的数不会太高，所以应该间接地测定。例如，可以从织布机发出的声音推算梭子在每分钟内打的次数来计算产量。

4. 关于专业化和劳动分工

亚当·斯密、查尔斯·巴贝奇等对专业化和劳动分工问题进行了系统的研究。总的来说，上述各种管理思想是随着生产力的发展，适应资本主义工厂制度发展的需要而产生的。这一时期有关管理问题的论述，都是某个人或某个集团对某一活动单一的管理实践和管理思想的体现，虽然这些管理思想不系统、不全面，没有形成专门的管理理论和学派，但对于促进生产及以后科学管理理论的产生和发展，都有积极的影响，为管理学的形成奠定了坚实的基础。

第四节　管理理论的形成与发展

管理理论的形成和发展是以管理实践活动和管理思想为基础的。管理活动是管理思想的根基，管理思想来自管理活动中的经验；管理思想是管理理论的基础，管理理论是管理思想的提炼、概括和升华，是较成熟、系统化程度较高的管理思想，但并非所有管理思想都是管理理论；管理理论对管理活动有指导意义，同时又要经受管理活动的检验。

一、古典管理理论

管理理论的基本形成是在近代的"科学管理"理论和管理过程与管理组织理论的研究中开始的。早期管理思想实际上是管理理论的萌芽，而管理理论比较系统地建立是在19世纪末20世纪初。随着生产发展，科学技术进步，自由竞争的资本主义也逐步走向垄断的资本主义。企业规模不断扩大，市场也在迅速扩展，从一个地区扩展到整个国家，从国内扩展到国外。随着竞争范围的扩大和竞争对手的增多，单凭经验进行生产和管理已经不能适应激烈的市场竞争环境了。为了适应这种竞争激烈的市场环境，增强竞争力，企业必须改进经营管理。在早期管理阶段，资本的所有者就是管理者。到了19世纪末期，由于生产技术日益复杂，生产规模发展和资本的日益扩大，企业的管理职能便逐渐与资本所有权相分离，管理职能则由资本家委托给以经理为首的由各方面管理人员所组成的专门管理机构承担。从此，出现了专门的管理阶层。同时，管理也成了有人专门研究的一门学问，并产生了称为"科学管理"的理论。这个阶段所形成的管理理论，就被称为"古典管理理论"。这个时代出现了三位管理学大师：泰勒、法约尔、韦伯。

（一）科学管理之父——泰勒

"科学管理"理论的创始人是美国弗雷德里克·温斯洛·泰勒。他出身于美国费城一个富有的家庭，中学毕业后就读于哈佛大学法律系，后因病中途辍学。1875年，在机械厂当学徒，1878年进入钢铁公司当技工，1884年当总工，1898—1901年进入伯利恒钢铁公司。1901年以后，专门从事写作和演讲。1906年担任美国机械工程师学会主席。1911年出版《科学管理原理》。1915年因患肺炎去世。他被后人尊称为"科学管理之父"。

泰勒的研究侧重于车间管理或现场管理。他在米德瓦尔钢铁公司工作期间，发现许多工人"故意偷懒"、"磨洋工"，工作效率很低。虽然实行计件工资制度，但由于雇主在提高生产后就降低计件单价，造成工人不愿多做工作，生产效率难以提高。泰勒根据自己的经验，认为提高劳动生产率的关键是确定一个合理的日工作量，并采用正确的工作方法和使用正确的工具。为探索科学管理，泰勒进行了三个主要的实验：搬铁块试验、铁锹试验、金属切削试验。

通过一系列实验和长期的管理实践，泰勒总结出一些管理原理和方法，并将其系统化，形成了科学管理理论。最具代表性的、反映他的科学管理思想的著作有《计件工资制度》、《车间管理》和《科学管理原理》。

1. 泰勒科学管理理论的核心

①科学管理的根本目的在于谋求最高的工作效率。

②达到最高工作效率的重要手段是用科学的方法代替旧的经验管理。

③实施科学管理的核心问题是要求管理人员和工人双方来一次彻底的精神变革。变劳资对立为互相协作，共同为提高劳动生产率而努力。

2. 泰勒科学管理的内容

①对工人提出科学的操作方法，以便合理利用工时，提高工作效率。

②实行差别的计件工资制。对完成或超额完成工作定额的个人，以较高的工资率支付计件工资，一般为正常工资率的125%；对不能完成工作定额的个人，则以较低的工资率支付工资，一般仅为正常工资的80%。

③对工人进行科学的选择、培训和提高。

④制定科学的工艺规程。

⑤将管理和劳动分离。计划职能由管理当局承担，执行职能由工人承担。

⑥实行职能工长制。职能工长制即将整个管理工作划分为许多较小的管理工作，使所有的管理人员（如工长）尽量分担较少的管理职能。如有可能，一个工长只承担一项管理职能。

⑦例外原则。所谓例外原则，就是企业的高级管理人员通过授权把一般日常事务交给下级管理人员处理，而自己只保留对重要事项（即例外事项）的决策与监督权。

总之，泰勒的科学管理理论是以工厂管理为对象，以提高工人劳动生产率为目标，在对工人的工作和任务进行研究的基础上制定出标准的操作方法，并用这些方法对工人进行指导、训练以提高劳动生产率。科学管理理论对以后的管理理论的发展产生了广泛而深远的影响。

3. 如何客观评价泰勒的科学管理理论

泰勒科学管理具有两面性的特征，即科学性和剥削性。

科学性表现为：科学管理使管理从经验走向科学，大大提高了劳动生产效率。工作定额原理、标准化原理、差别工资制度、管理职能的分离、例外管理原则等主张一直沿用到今日。剥削性表现为：把人视为"经济人"，在体力和技能上进行最大程度的压榨。

泰勒的科学管理理论有一定的局限性，他的研究范围比较小，内容比较窄。存在过于重视技术、强调个别作业效率、对人的看法有偏见、忽视了企业的整体功能等历史局限性因素。除此之外，因为泰勒长期在工厂从事现场的生产和管理工作，所以他对生产或作业的组织等有关问题比较熟悉，也比较敏感，他的一系列主张主要是针对作业方法或现场监督的，而对企业的其他活动，如供销、人事、财务等，则基本上没有涉足。

泰勒科学管理对我国企业管理的启示是：泰勒制跟社会制度无关，在社会主义国家同样有生命力。我国工业发展不平衡，既有先进的大企业，也有落后的靠经验管理的小企业。泰勒就如何提高生产效率、标准化、用科学的方法培训工人等方面进行了研究，实践已证明可以明显提高劳动生产率，降低产品成本，提高利润水平。我国要提高企业管理水平，要学习先进的管理思想和方法，也应该推广泰勒制，用科学管理代替经验管理，科学管理理论是其他理论不能替代的。泰勒制的缺陷是：他把工人当成"经济人"，当成机器。他认为只要给工人满意的工资报酬，就能提高工人生产的积极性，从而提高劳动生产率，这些论点被后来的研究结论所否定。因此，在学习采用泰勒制时，还应该运用其他管理思想加以弥补。

（二）法约尔的一般管理理论

亨利·法约尔1841年生于土耳其伊斯坦布尔，1925年卒于巴黎。早年曾为采矿工程师，是一位在理论上有特殊发现的地质学者。1860年从圣埃蒂安国立矿业学院毕业后进入康门塔里—福尔香堡（Comentry-Fourchambault）采矿冶金公司，成为一名采矿工程师，并在此度过了整个职业生涯。

法约尔1885年起任法国最大的矿产公司总经理达30年，他在大量实践和研究的基础上，提出了一般管理理论，将管理作为一门科学进行传授。1916年《工业管理与一般管理》问世，是他一生管理经验与管理思想的总结，他认为他的管理理论虽然是以大企业为研究对象，但除了可应用于工商业之外，还适用于政府、教会、慈善团体、军事组织以及其他各种事业。所以，人们一般认为法约尔是第一个概括和阐述一般管理理论的管理学家，他被尊称为"经营管理理论之父"。

1. 法约尔一般管理理论的主要贡献

（1）明确提出了企业的六项基本活动与管理的五项职能。

（2）提炼出十四项管理原则。

（3）阐述了管理教育问题，明确了管理教育的必要性和可能性。

2. 法约尔一般管理理论的主要内容

（1）企业的六项基本活动与管理的五项职能。

技术活动：包括生产、制造、加工。

商业活动：包括购买、销售、交换。

财务活动：指资金的筹集和运用。

安全活动：指维护设备与保护职工安全。

会计活动：包括存货盘点、资产负债表的制作、核算、统计等。

管理活动：包括计划、组织、指挥、协调和控制。

法约尔认为，在企业经营的这六项活动中，管理只是其中的一项，但管理活动处于核心地位。

法约尔还认为，计划是管理的首要职能；组织包括有关组织结构、活动和相互关系的规章制度以及职工的招募、评价和训练；指挥是对下属活动的指导；协调就是指企业的一切工作都要和谐地配合，以保证企业的经营活动顺利进行；控制就是检查每一件事情是否同所制订的计划、发出的指令相符合，若有不符，立即采取措施加以纠正。

（2）管理的十四项原则。法约尔十分重视管理原则的系统化，根据自己长期的管理经验，努力探求并确立了保证企业建立良好工作秩序的十四项管理原则，具体如下：

①分工。法约尔认为，劳动分工属于自然规律。劳动分工不只适用于技术工作，而且也适用于管理工作。借助专业化分工，可以减少每个人的工作目标，可以提高雇员的工作效率。

②权力与责任。权力是发布命令和迫使别人服从的力量。权力与责任是互为因果的。

责任是权力的必然结果和重要的对等物，行使权力就必然产生责任，委以责任而不授以相应的权力就是组织的缺陷。

③纪律。纪律是雇主与雇员之间在服从、勤勉、积极、规矩和尊重等方面所达成的协议。法约尔认为纪律是一个企业兴旺发达的关键，没有纪律，任何一个企业都不能兴旺繁荣。

④统一指挥。一个下属只能接受一个上级的命令。双重指挥是混乱和冲突的根源。在任何情况下，都不会有适应双重指挥的社会组织。

⑤统一领导。统一领导原则是指："对于力求达到同一目的的全部活动，只能有一个领导人和一项计划。"人类社会和动物界一样，一个身体有两个脑袋，就是个怪物，就难以生存。统一领导原则讲的是，一个下级只能有一个直接上级。它与统一指挥原则不同，统一指挥原则讲的是，一个下级只能接受一个上级的指令。这两个原则之间既有区别又有联系。统一领导原则讲的是组织机构设置的问题，即在设置组织机构的时候，一个下级不能有两个直接上级。而统一指挥原则讲的是组织机构设置以后运转的问题，即当组织机构建立起来以后，在运转的过程中，一个下级不能同时接受两个上级的指令。

⑥个人利益服从整体利益。在一个企业里，一个人或一个部门的利益不能置于整个企业利益之上。但是，往往"无知、贪婪、自私、懒惰以及人类的一切冲动总是使人为了个人利益而忘掉整体利益"。它有赖于领导者的坚定性和良好榜样以及签订公平的协定和经常的监督。

⑦人员的报酬。报酬与支付方式要公平合理，尽可能使职工和公司双方都满意。因为报酬是服务的价格，关系到个人的切身利益。法约尔认为不管采用什么报酬方式，都应该做到以下几点：它能保证报酬公平；它能奖励有益的努力和激发热情；它不应导致超过合理限度的过多的报酬。

⑧集权。企业的集权与分权的程度不是固定不变的，它是由企业的规模、领导者与被领导者的个人能力、领导者的个性、道德、品质以及环境的特点等因素来确定的。作为管理的两种制度，集权与分权本身是无所谓好坏的。这只是一个简单的尺度问题，找到一个适合于企业的"度"才是最重要的。

⑨等级链。等级链是指从企业最高层的领导人到最基层的各级领导人所组成的链条系列。等级链说明了两个方面的问题：一是它表明了组织中各个环节之间的权力关系，通过这个等级链，组织中的成员就可以明确谁可以对谁下指令，谁应该对谁负责。二是它表明了组织中信息传递的路线，即在一个正式组织中，信息是按照组织的等级系列来传递的。贯彻等级制度原则，有利于组织加强统一指挥原则，保证组织内信息联系的畅通。但是，一个组织如果严格地按照等级系列进行信息的沟通，则可能由于信息沟通的路线太长而使得信息联系的时间长，同时容易造成信息在传递的过程中失真。

⑩秩序。法约尔所指的秩序原则包括物品的秩序原则和人的社会秩序原则。对于物品的秩序原则，他认为，每一件物品都有一个最适合它存放的地方，坚持物品的秩序原则就是要使每一件物品都在它应该放的地方。对于人的社会秩序原则，就是要确定最适合每个人的能力发挥的工作岗位，然后使每个人都在最能使自己的能力得到发挥的岗位上工作。即要做到"合适的人在合适的位置上"。

⑪公平。公平要求管理者应以公平的态度对待已经建立的规则和员工。当员工感到不公平时，容易产生消极情绪，降低工作积极性。

⑫人员的稳定。法约尔特别强调，这条原则对于企业管理人员尤其重要。一般来讲，成功企业的管理人员是较为稳定的。

⑬首创精神。这是事业壮大的源泉，必须大力提倡、充分鼓励首创精神。这体现了人在工作中的主动性和创造性，这种精神是企业发展的原动力，也是市场竞争的必然要求。

⑭集体精神。指企业中人员的团结，即努力在企业内部建立和谐与团结的气氛。同心协力才是最大的力量。

法约尔认为，上述十四项原则并不是固定不变的。原则是灵活的，是可以适应一切的。

（3）管理教育的必要性和可能性。法约尔认为管理能力可以通过教育来获得，"缺少管理教育"是由于"没有管理理论"，每一个管理者都按照他自己的方法、原则和个人的经验行事，但是谁也不曾设法使那些被人们接受的规则和经验变成普遍的管理理论。

3. 对组织管理理论的评价

（1）从经营活动中独立出管理活动。

（2）提出管理活动所必需的五大职能，提出十四项管理原则。

（3）为管理科学提供了一套科学的理论构架。

（4）一般管理理论后来成为管理过程学派的理论基础。

（5）法约尔为管理教育提供了理论依据。

正是有了法约尔的一般管理理论，才锤炼出了管理的普遍原则，使管理得以作为可以基准化的职能，在企业经营乃至社会生活的各个方面发挥重要作用。

4. 泰勒理论和法约尔理论的区别及意义

泰勒理论侧重于生产现场管理，研究如何提高生产效率，重点搞科学制定劳动定额，设计标准化作业方法，培训工人。泰勒是生产现场主管，这种角色促使他研究如何科学管理，提高工人的劳动效率，以便增加产量。

法约尔侧重于研究整个企业如何高效管理，提高整个企业的运作效率，他指出管理就是计划、组织、指挥、协调、控制，这五大要素构成了管理学的基本理论框架，他提出企业经营的六大职能，重点归纳整理出管理的十四项原则。法约尔是公司最高主管，他的工作职责促使他研究如何高效管理一家公司，提高公司的整体效率。

泰勒理论是科学管理理论，开创了管理的新阶段，由传统的经验管理发展到以定量化、标准化为特征的科学管理新阶段，他是科学管理之父。他的理论有助于提高生产效率，在当今企业管理中，劳动定额的科学制定、标准化方法都在继续使用。

法约尔理论为如何管理企业提供了一条完整的思路，告知企业管理者应该从哪些方面来管理，企业管理的重点在于计划、组织、指挥、协调、控制。按照法约尔的管理理论，可以规范化管理企业，可以改变管理盲目、混乱的状态。法约尔理论在其他组织中都可以使用，他是管理理论的真正开创者。

（三）韦伯理想的行政组织体系理论

马克斯·韦伯是德国社会学家，与泰勒、法约尔是同一时代的人，是德国古典管理理论的代表人物之一。他针对当时盛行的依靠传统的自觉（封建制）和裙带关系（世袭制）的不良管理作风和习气，提出了一种依靠权威关系来构建的权力结构理论并设计出了他称为官僚行政组织的理想组织模式。这是一种体现劳动分工原则，有着明确定义的等级和详细的规章制度以及非个人关系的组织模式。韦伯个人也认为，这是一种理想的官僚行政组织模式，在现实中是不存在的，但它也是一种可供选择的现实社会的重构方式。由于这种组织模式强调规则而不是个人，强调能力而不是裙带关系，因而有利于组织提高工作效率，有利于防范任人唯亲、组织涣散、人浮于事等不良现象。韦伯在管理理论方面的贡献是在《社会组织与经济组织理论》一书中提出了理想的行政组织体系理论，在组织体系和组织原则方面提出了若干新的理论，由此被人们称为"行政组织理论之父"。

1. 韦伯行政组织理论的主要内容

（1）理想的行政组织体系的权力基础

韦伯主张建立一种高度结构化的、正式的、非人格化的"理想的行政组织体系"，他认为这是对个人进行强制控制的最合理手段，是达到目标、提高劳动生产率的最有效的形式，而且在精确性、稳定性、纪律性和可靠性方面优于其他组织。韦伯认为，任何组织都必须以某种形式的权力作为基础，没有某种形式的权力，任何组织都不能实现其目标。人类社会存在三种为社会所接受的权力：①传统权力（Traditional Authority），从传统惯例或世袭得来。②超凡权力（Charisma Authority），来源于别人的崇拜与追随。③法定权力（Legal Authority），来源于法律的规定。韦伯认为，只有法定权力才能作为理想的行政组织体系的基础，原因在于：①管理的连续性使管理活动必须有秩序地进行。②为以"能"为本的择人方式提供了理性基础。③领导者的权力并非无限，应受到约束。

（2）理想行政组织模式的特征

韦伯的"理想的行政组织体系"或理想组织形式具有以下一些特点：

①存在明确的分工：把组织内的工作分解，按职业专业化对成员进行分工，明文规定每个成员的权力和责任。

②按等级原则对各种公职或职位进行法定安排，形成一个自上而下的指挥链或等级体系。每个下级都处在一个上级的控制和监督下。每个管理者不仅要对自己的决定和行动负责，而且要对下级的决定和行动负责。

③根据经过正式考试或教育培训而获得的技术资格来选拔员工，并完全根据职务的要求来任用。

④除个别需要通过选举产生的公职（例如，选举产生的公共关系负责人，或在某种情况下选举产生的整个单位负责人等）以外，所有担任公职的人都是任命的。

⑤行政管理人员是"专职的"管理人员，领取固定的"薪金"，有明文规定的升迁制度。

⑥行政管理人员不是其管辖的企业的所有者，只是其中的工作人员。

⑦行政管理人员必须严格遵守组织中的规则、纪律和办事程序。

⑧组织中成员之间的关系以理性准则为指导，不受个人情感的影响，组织与外界的关系也是这样。

韦伯认为，理想的行政组织体系最符合理性原则，效率最高，能适用于各种管理工作和各种大型组织，如教会、国家机构、军队和各种团体。

2. 对理想的行政组织体系理论的评价

韦伯认为高度集中的、正式的、非人格化的理想的行政组织体系是达成组织目标、提高组织绩效的有效形式，适用于一切组织。韦伯的这一理论也是对泰勒理论、法约尔理论的一种重要补充，是古典管理理论的重要组成部分。

韦伯的理想的行政组织体系是古典组织结构较为极端的表现形式，它有许多可取之处，但也可能导致三个不良后果：一是由于过分强调组织形式的作用，极端不尊重人格，完全忽视了组织成员间不拘形式的相互交往的关系和感情作用，将使人与人之间的关系趋向淡薄。二是过分重视成文的法律制度，完全忽视了管理活动应根据环境的变化而灵活地进行。用死板的规章制度处理一切生动的事物，各项决策都受规章制度束缚，必然限制成员的创造性、主动性，并且容易造成上下级之间的敌对情绪，从而难以高效地达到组织的目的。三是长期实行这样的只注意形式的高度的组织化，不仅会使成员行为刻板、谨小慎微，组织缺乏弹性、僵化，而且往往会使组织成员颠倒组织目标与法规制度的关系，把尊重规章制度变成目的，而认不清组织的真正目标。

二、行为科学理论

古典管理理论把人视为"经济人"，视为机器的附属物，主张用严格的科学方法和规章制度进行管理，更多地强调科学性、精密性、纪律性，基本上不关注人的因素，因此，引起了工人的强烈不满。

20世纪30年代工人日益觉醒，反抗越来越激烈，工会组织也随之日益发展。另外，经济的发展和周期性危机的加剧以及科学技术的发展和应用，使得资本家感到依靠传统的古典管理理论和管理方式已不能够有效控制工人来达到提高生产效率的目的。于是，一些管理学家和心理学家开始从生理学、心理学、社会学的角度研究企业中有关人的一些问题，如人的需要、动机、情绪、行为与工作的关系等。除此之外，这些学者还研究了如何按照人的心理发展规律去激发员工的积极性和创造性，试图通过研究人的行为规律，找出对待工人的新手法和提高效率的新途径，于是行为科学便应运而生。从此，管理学的研究课题也由"经济人"转向了"社会人"。

行为科学理论的研究，基本上可划分为两个阶段：早期和后期。早期研究始于20世纪30年代，被称为人际关系理论，其代表人物为乔治·埃尔顿·梅奥等人。后期研究始于20世纪50年代，1949年将这门学科定名为"行为科学"，其代表人物主要有马斯洛等人。

（一）早期行为科学研究

1. 霍桑试验

行为科学理论的发展是从人际关系学说开始的，它的产生源于著名的霍桑实验。1924—1932年，美国国家研究委员会与美国芝加哥西方电器公司合作，在西方电器公司的霍桑工厂进行了研究工作条件、社会因素与生产效率之间的关系的试验。乔治·埃尔顿·梅奥（George Elton Myao），原籍澳大利亚，后移居美国，1926年被哈佛大学聘为教授，是人际关系理论的创始人，美国艺术与科学院院士，为霍桑试验的主要参加者。梅奥是继泰勒和法约尔之后，对近代管理思想和理论的发展作出重大贡献的学者之一。

霍桑工厂虽具有完善的娱乐设施、医疗制度、养老金制度，福利待遇也不错，但工人仍愤愤不平，劳动积极性不高，生产效率也不理想。1924年11月，美国科学院组织了一个专家研究小组进驻该厂，考察工作条件和生产效率的关系。因为实验是在霍桑工厂进行的，因此，后人称之为霍桑试验。霍桑实验分为四个阶段（见表1-3）。

表1-3 霍桑实验的四个阶段

	第一阶段	第二阶段	第三阶段	第四阶段
试验名称	工场照明试验（1924—1927年）	继电器装配试验（1927—1928年）	谈话研究（1928—1931年）	接线板接线工作试验（1931—1932年）
试验内容	设置"试验组"和"控制组"两组工人：前者在不同照明强度下工作；后者在始终不变的照明强度下工作	测试材料供应、工作方法、工作时间、劳动条件、工资、管理作风与方式等各种因素对工作效率的影响	两年内在上述试验的基础上进一步开展了全公司范围内的普查与访问，调查了2万多人次	以集体计件工资制刺激，企图形成"快手"对"慢手"的压力
试验目的	试验者希望通过试验得出照明度对生产率的影响	试验各种工作条件的变动对小组生产率的影响	进一步研究影响生产率的因素	其他人的表现对工作效率的影响
试验结论	1. 照明度的变化对生产率几乎没有影响；2. 由于影响试验结果的因素太多，且难以控制，故照明对产量的影响无法准确测量	1. 无论各个因素如何变化，产量都是增加的，其他因素对生产率也没有特别的影响；2. 似乎督导方法的改变使工人工作态度有所变化，因而产量增加	所得结论与上述试验相同，即"任何一位员工的工作绩效，都受到其他人影响"	1. 工人既不会充当"快手"，也不会成为"慢手"，他们会在"过得去"时自动松懈；2. "霍桑效应"：对于新环境的好奇和兴趣，足以导致较好的成绩

（1）工厂照明试验。研究照明度和生产效率的关系。研究人员设想，增加照明，产量上升。实验分两个小组进行：实验组和控制组。实验组采用变化的照明，控制组采用固定照明。结果，在实验期内，两个小组的产量几乎同比例增长，除非照明度降低到昏暗的程度，实验组的产量才会下降。

结论：照明度与生产效率之间并无直接关系，照明灯光只是影响员工产量的因素之一。

（2）继电器装配试验。1927年，梅奥开始以装配电话继电器的6名女工为实验对象，进行休息对产量影响的试验。实验的目的是观察工作条件变化对生产率的影响。做法：每天工作时间内，上午、下午各给一次 5~10 分钟的短暂休息时间，产量上升；继续增加休息时间，缩短工作时间，并增加咖啡、点心供应，产量继续上升；取消休息时间，点心供应，每天工作时间也不再缩短，一切恢复原样，产量仍然上升；恢复这一切，产量还在上升。这个实验反复进行了数年，科学管理理论无法对试验结果进行解释。据此，梅奥推测，工作环境、休息等不是决定生产效率的决定因素，人才是决定因素。产量提高的最直接原因是督导方法的改变，使员工的工作态度得到了改善。另外，参加实验的工人知道自己是一项重要试验的成员，是经过挑选的考察对象，有一种荣誉感，因而劳动热情高，工作有干劲，因此产量也就提高了。

（3）谈话研究。梅奥用了两年多的时间对公司 2 万多名员工进行了调查。研究小组与工人进行广泛交谈，了解工人对工作和工作环境、监工和公司高层的看法，职工可以不受拘束地谈自己的想法，发泄心中的怨气，从而态度有所改变，生产率相应地得到了提高。研究者由此得出结论：任何一位员工的工作成绩都会受到周围环境的影响，即不仅仅取决于个人自身，还取决于群体成员。

（4）接线板接线工作试验。该实验小组共 14 名男工，以集体产量计发工资。就组员生产能力而言，每个人都有可能超过定额，可经过 9 个月的观察，小组的产量未超过定额的水平。原因是小组内有一种无形的压力，限制个人的突破，如果某人想多干一点儿，旁边就会有人暗示他停止工作或放慢工作进度，不让他生产得太多了；实验还发现组内存在着一种默契，往往是不到下班时间，大家已经歇手；不向上司告密；研究人员还发现，小组内存在着自然领袖。梅奥等人由此得出结论：实际生产中，存在着一种"非正式组织"并决定着每个人的工作效率。

2. 人际关系理论的主要观点

在霍桑试验的基础上，梅奥创建了"人际关系学说"。人际关系学说的主要思想是：

（1）工人是"社会人"，而不是单纯追求金钱收入的"经济人"。作为复杂社会系统的成员，金钱并非刺激积极性的唯一动力，他们还有社会、心理方面的需求，而且社会和心理因素等方面所形成的动力，对效率有更大的影响。

（2）企业中除了"正式组织"之外，还存在着"非正式组织"。这种非正式组织是企业成员在共同工作的过程中，由于具有共同的社会感情而形成的非正式团体。这种无形组织有特殊的感情、规范和倾向，左右着成员的行为。古典管理理论仅仅重视正式组织的作用，这是很不够的。非正式组织不仅存在，而且同正式组织是相互依存的，对生产率的提高有很大影响。

（3）新型的领导通过增加职工"满足度"，来提高工人的"士气"和效率。生产率的升降，主要取决于工人的士气，即工作的积极性、主动性与协作精神，而士气的高低，则取决于社会因素特别是人群关系对工人的满足程度，即他的工作是否被上级、同伴和社会所承认。满足程度越高，士气也越高，生产效率也就越高。所以，领导的职责在于提高士气，善于倾听下属职工的意见，使正式组织的经济需求和非正式组织的社会需求保持平衡。这样就可以解决劳资之间乃至整个"工业文明社会"的矛盾和冲突，提高效率。

梅奥等人的人际关系学说的问世，开辟了管理和管理理论的一个新领域，并且弥补了古典管理理论的不足，更为以后行为科学的发展奠定了基础。

3. 梅奥的人际关系学说与泰勒的科学管理理论的不同之处

（1）泰勒的科学管理理论认为金钱是刺激人们工作积极性的唯一动力，把人看做经济人。梅奥的人际关系学说认为，工人是社会人，除了物质需求外，还有社会、心理方面的需求，因此不能忽视社会和心理因素对积极性的影响。

（2）科学管理理论仅注重正式组织的作用。而人际关系学说提出，企业成员在共同工作的过程中，相互间必然产生共同的感情、态度和倾向，形成共同的行为准则和惯例，要求个人服从。这就构成一个体系，称为"非正式组织"。非正式组织不仅存在，而且与正式组织相互依赖，对生产率有重大影响。

（3）科学管理理论认为物质奖励是提高人们生产率的唯一途径。梅奥认为，提高生产率的主要途径是提高工人的满足度，即工人对社会因素特别是人际关系的满足程度。

（二）后期行为科学研究

1. 马斯洛需要层次理论

（1）人的需要是有层次的，由高到低分为生理需要、安全需要、社交需要、尊重需要和自我实现需要五类，且不同层次的人，需要的强烈程度不一样。

（2）需要的实现和满足具有顺序性，即由低到高逐级实现。

（3）人的激励状态取决于各种需要中占统治地位的主导需要是否得到满足。

2. 赫茨伯格的双因素理论

赫茨伯格，美国心理学家。20 世纪 50 年代末期，他和他的助手们在美国匹兹堡地区对 200 名工程师、会计师进行了调查访问，结果发现了双因素理论。

激励因素：使职工感到满意的因素，主要是与工作本身或工作内容有关，比如成就、赏识、挑战性的工作、增加的工作责任以及成长和发展的机会等。

保健因素：使职工感到不满的因素，主要是与工作环境或工作关系有关，如公司政策、管理措施、监督、人际关系、物质工作条件、工资、福利等。

3. 麦格雷戈的 X-Y 理论

管理者采用什么样的管理方法，与管理者将被管理者当成怎样的人来看有很大的关系。麦格雷戈的 X-Y 理论实质上就是把人性分为两种，因此采用的管理方法也不同。

X 理论认为雇员天生懒惰，工作是为了生活，回避责任，没有抱负，寻求安全。因此在管理上要采取严格的控制，强制方式。

Y 理论认为雇员天生勤奋，自我约束，勇于承担责任，具有创造能力，有高层次的需求。因此管理者要创造一个能多方面满足工人需要的环境，使工人的智慧、能力得以充分发挥。

三、现代管理理论阶段

第二次世界大战后，世界政治经济的发展，科学技术的发展，"三论"（系统论、控制论和信息论）的出现，行为科学等各门学科的发展，引起了人们对管理理论的普遍重视。管理思想得到了迅猛的发展，出现了许多新的管理理论和管理学说。

不同的学者从各自不同的背景、不同的角度，用不同的方法对管理进行研究，带来了管理理论的空前繁荣，出现了学派林立的局面，主要有管理过程学派、人际关系学派、群体行为学派、经验（或案例）学派、社会协作系统学派、社会技术系统学派、系统学派、决策理论学派、数学学派和管理科学学派、权变理论学派、经理角色学派。

（一）管理科学学派

管理科学学派也被称为管理数理学派或管理计量学派。这一学派的主要代表人物是美国的伯法等人。他们认为管理就是用数学模型及符号来表示计划、组织、控制、决策等合乎逻辑的程序，求出最优解，以实现企业目标。因此，他们认为管理科学就是制定用于管理决策的数学和统计模型，并将这些模型通过电子计算机应用于管理实践中。该理论诞生于第二次世界大战期间，主张采用科学方法与研究工人作业的数学模型相结合的方式来提高工人的效率。

（二）经验主义学派

经验主义学派又被称为经理主义学派，其代表人物是美国管理学家彼得·德鲁克和欧内斯特·戴尔。这一学派理论的中心是强调管理的艺术性。该学派通过案例研究，向一些大企业的经理提供在相同情况下管理的经验和方法。基本观点是，否认管理理论的普遍价值，主张从实例研究、比较研究中导出通用规范；由经验研究来分析管理。他们特别重视关于某个公司组织结构、管理职能和程序等方面的研究。如在经验主义学派的重要代表人物戴尔（E. Dele）的代表性著作《伟大的组织者》中，他一方面坚决反对为组织和管理制定任何有关的普遍原则，另一方面用比较的方法剖析了美国杜邦公司、通用汽车公司、国民钢铁公司和威斯汀豪斯电气公司中的"伟大的组织者"（如皮埃尔、杜邦、艾尔弗雷斯、斯隆等人）的成功经验，并以此作为科学或经验进行介绍。

（三）决策理论学派

决策理论学派的主要代表人物是美国的经济学家和社会学家赫伯特·西蒙与詹姆士·马奇。该理论认为，管理的关键是决策，决策贯穿于管理的全过程，企业管理的主要研究对象不是作业，而是决策。决策发生错误，生产效率越高越没有好处，因而企业管理的首要工作是决策。

（四）系统管理学派

系统管理学派的代表人物有美国的约翰逊（R. Jonson）、卡斯特（F. Kast）、罗森茨韦克（J. Rosezweig）等。系统管理理论学派认为，一个组织是由相互依存的众多因素，包括个人、群体、态度、动机、组织结构、使命、目标、职权等组成的，管理者的任务就是协调组织中的各个部分、各个因素去完成组织的使命，实现组织的目标。系统管理理论学派在20世纪60年代最为鼎盛，后来出现过于追求数量化的倾向，而招致人们的批评，并有所削弱。

（五）权变理论学派

权变理论学派是在20世纪70年代才形成、发展起来的一种较新的管理理论。权变的意思，通俗地讲，就是权宜应变。该理论认为，在企业管理中，由于企业内外部环境复杂多变，因此管理者必须根据企业环境的变化而随机应变。没有什么一成不变、普遍适用的最佳管理理论和方法，管理者应根据组织的实际情况来选择最好的管理方式。

（六）管理过程学派

管理过程学派认为管理是一个过程，是在有组织的集体中让别人和自己一起去实现既定的目标。该学派最初的代表人物就是法约尔。管理过程学派的研究对象是管理过程和职能。该学派认为，各个企业和组织以及组织中各个层次的管理环境都是不同的，但管理却是一种普遍而实际的过程，同组织的类型或组织中的层次无关。把这些经验加以概括，就成为管理的基本理论。有了管理理论，就可以通过对理论的研究、实验和传授，改进管理实践。

（七）人际关系学派

这个学派认为，既然管理是通过别人或同别人一起去完成工作，那么，对管理学的研究就必须围绕人际关系这个核心来进行。这个学派把有关的社会科学原有的或新近提出的理论、方法和技术用来研究人与人之间和人群内部的各种现象，从个人的品性动态一直到文化关系，无不涉及。这个学派注重管理中"人"的因素，需要指出的是，研究人际关系对管理工作确实很有用，也很重要，但是不能说人际关系就包括管理的一切。

（八）社会系统学派

社会系统学派最早的代表人物是美国的巴纳德。社会系统学派是以组织理论为研究重点，从社会学的角度来研究组织。该学派认为，人的相互关系就是一个社会系统，它是人们在意见、力量、愿望以及思想等方面的一种合作关系。管理人员的作用就是围绕物质的、生物的和社会的因素去适应总的合作系统。

◎本章复习思考题：

1. 何谓管理？如何理解管理的具体含义？

2. 组织中的管理通常包括哪些职能活动，每种职能活动是如何表现其存在的？相互关系又是如何？

3. 根据明茨伯格的研究，管理者应扮演哪些角色？

4. 根据卡茨的研究，管理者应具备哪些基本技能？

5. 简述中外早期管理思想，并对之进行简要评价？

6. 西方管理理论出现了哪些分支？每个理论分支的内容与特征各是什么？

◎章末案例：

甜美的音乐

马丁吉他公司成立于1833年，位于宾夕法尼亚州拿撒勒市，被公认为世界上最好的乐器制造商之一，就像Steinway的大钢琴或者Buffet的单簧管一样，马丁吉他每把价格超过10000美元，却是你能买到的最好的东西之一。这家家族式的企业历经艰难岁月，已经延续了六代。目前的首席执行官是克里斯琴·弗雷德里克·马丁四世，他甚至遍访公司在全世界的经销商，为它们举办培训讲座。很少有哪家公司像马丁吉他公司一样有这么持久的声誉，那么，公司成功的关键是什么？一个重要原因是公司的管理和杰出的领导技能，它使组织成员始终关注像质量这样的重要问题。

马丁吉他公司自创办起做任何事都非常重视质量，即使近年来在产品设计、分销系统以及制造方法方面发生了很大变化，但公司始终坚持对质量的承诺。公司在坚守优质音乐标准和满足特定顾客需求方面的坚定性渗透到公司的每一个角落。不仅如此，公司在质量管理中长期坚持生态保护政策。因为制作吉他需要用到天然木材，公司非常审慎和负责地使用这些传统的天然材料，并鼓励引入可再生的替代木材品种。基于对顾客的研究，马丁公司向市场推出了由表面有缺陷的天然木材制作的高档吉他，然而，这在其他厂家看来几乎是无法接受的。

马丁吉他公司使新老传统有机地整合在一起。虽然设备和工具逐年更新，但雇员始终坚守着高标准的优质音乐原则。所制作的吉他要符合这些严格的标准，要求雇员极为专注和耐心。家庭成员弗兰克·亨利·马丁在1904年出版的公司产品目录的前言里向潜在的顾客解释道："怎么制作具有如此绝妙声音的吉他并不是一个秘密。它需要细心和耐心。所谓细心是指要仔细选择材料，巧妙安排各种部件。关注每一个使演奏者感到惬意的细节。所谓耐心是指做任何一件事都不要怕花时间。优质的吉他是不能用劣质产品的价格造出来的，但是谁会因为买了一把价格不菲的优质吉他而后悔呢？"虽然100年过去了，但这些话仍然是公司理念的表述。虽然公司深深地植根于过去的优良传统，现任首席执行官马丁却毫不迟疑地推动公司向新的方向的发展。例如，在20世纪90年代末，他作出了一个大胆的决策，开始在低端市场上销售每件价格低于800美元的吉他。低端市场在整个吉他产业的销售额中占65%。公司DXM型吉他是1998年引入市场的，虽然这款产品无论外观、品位和感觉都不及公司的高档产品，但顾客认为它比其他同类价格的绝大多数吉他的音色都要好。马丁为他的决策解释道："如果马丁公司只是崇拜它的过去而不尝试任何新事物的话，那恐怕就不会有值得崇拜的马丁公司了。"

马丁吉他公司现任首席执行官马丁四世表现出色，销售收入持续增长，在2000年接近6亿美元，位于拿撒勒市的制造设施得到扩展，新的吉他品种不断推出。雇员们描述他的管理风格是友好的、事必躬亲的，但又是严格和直截了当的。虽然马丁吉他公司不断将其触角伸向新的方向，却从未放松过对尽其所能制作顶尖产品的承诺。在马丁四世的管理下，这种承诺决不会动摇。

（资料来源：安景文. 现代企业管理. 北京大学出版社，2012.）

讨论：

1. 你认为哪一种管理技能对马丁四世是最重要的？说明你的理由。

2. 当马丁四世（1）访问马丁吉他公司世界范围内的经销商时；（2）评估新型吉他的有效性时；（3）使员工坚守公司的长期理念时，他在扮演什么角色？请做出解释。

3. 马丁四世宣布："如果马丁公司只是崇拜它的过去而不尝试任何新事物的话，那恐怕就不会有值得崇拜的马丁公司了。"这句话对管理者意味着什么？

第二章 | 管理与社会

☞**学习目标：**

基本了解管理环境和商业伦理的含义；重点掌握管理环境的具体内容及其对管理活动的影响；重点掌握四种商业伦理观的含义及影响管理者伦理行为的因素；熟练应用管理环境知识，分析一个特定组织的环境特征，能动地适应环境变化，影响环境朝着有利于组织的方向发展；熟练应用商业伦理知识，分析、制订改善管理者伦理行为的计划。

☞**教学重点：**

管理环境；商业伦理。

◎开篇案例

许多年前，苏格兰有个手艺高超的老木匠，他的手下有两个学徒。高个学徒眼力好，脑子灵活，动手能力强；矮个学徒很勤奋，只是做事时显得有些"拖泥带水"。

一天，老木匠对两个学徒说："你们已经学到了足以养家糊口的手艺，按照老规矩，我掌握的最精湛的手艺只能传给一个人，我要一碗水端平，选出最合适的接班人。"

老木匠让两个学徒到山上砍木材，然后做一张板凳——谁做出来的成品好，谁就获胜。第二天，两个学徒上山了。高个学徒选了一棵又高又粗的杨树，矮个学徒则选了一棵又矮又细的杨树。

日上三竿，他们把砍好的杨树运到家里，开始动手做家具。做家具最重要的是选好木材。高个学徒砍的树又粗又壮，材质好，加上他干活很快，第一时间就把板凳做好了。矮个学徒选的木材不那么优良，做活也慢。不用说，两个学徒谁优谁劣，胜负立判。

老木匠问矮个学徒："你做的板凳品相不好，而且费时较多。我不明白，树林里那么多又高又粗的树，你为何挑了一棵不入眼的？"

矮个学徒说："我发现，那些又高又粗的树上大多筑有鸟巢，我在树下甚至能听到小鸟的叫声。所以，我就选了一棵又细又矮的。"

最后，矮个学徒被选为接班人。老木匠认为，一个没有爱心的生意人是难成大事的。相比之下，矮个学徒更胜一筹。

35

多年后，矮个学徒成立了自己的公司。当别的公司在压低工人工资、以次充好扩大生产规模时，他的公司却脚踏实地，以最优的品质、最合理的价格占领着市场。每逢重大节日，他还会免费赠送一些家具给那些生活贫困的人。很快，矮个学徒的公司成为家具行业的龙头老大。

你认为矮个学徒的成功之道是什么？

第一节　管理与环境

任何组织都不能独立存在，也不能自给自足，它们与环境相互作用，并受环境的影响。管理人员应充分了解组织的环境对组织的决策和运作的影响，这样才能掌握机会、计划将来，以期达到组织的目标。

所谓组织环境是指所有直接、间接或潜在地影响组织表现的力量。一般来说，组织环境可分为外部环境和内部环境两大类。外部环境是指那些不在组织控制范围内的影响因素，如政治、经济、科技等的发展。内部环境是指存在于组织内部而组织有能力控制的因素，如组织文化、员工士气、组织制度等。

外部环境虽然对于组织来说是不可控因素，但组织可以通过各种方法和途径认识它们，从而为制定管理战略提供切实可行的依据。外部环境可分为一般环境（或社会环境）和具体环境（或特定环境），一般环境往往通过具体环境对组织产生直接或间接的影响。一般环境是指那些带来较间接影响的因素，主要有政治、经济、社会、文化和技术等。具体环境是指与组织的日常营运有直接关系，但又非组织内部所能随意控制的因素，即与实现组织目标直接相关的那部分环境。

管理人员之所以关注环境，是由于"环境的不确定性"，即风险性。这些不确定性增加了管理人员规划或决策的难度，影响管理政策的表现。环境不确定性又可以分为"改变程度"和"复杂程度"两方面。外部环境就是组织外部各种影响因素的总称；内部环境就是组织本身的内部条件。

进行环境分析，包括外部环境分析和内部环境分析两大类。外部环境分析包括一般环境分析和行业环境分析；内部环境分析主要是企业资源条件分析。下面，以企业为例讨论环境问题。

一、企业外部环境分析

企业的外部环境是企业经营所面对的环境，对每一个企业的经营活动都产生间接却极为重要的影响作用。它一般包括经济环境、技术环境、政治法律环境、社会文化环境、自然环境等。

（一）经济环境

经济环境与企业经营的关系是最为直接的，对经营的影响也是最大的。经济环境对企业的影响主要表现在以下几个方面。

1. 宏观经济周期。宏观经济呈现出一种规律，周期性地运行。在衡量宏观经济形势的诸多指标中，国民生产总值（GNP）是最常用的一种，它是衡量一个国家或地区经济实力的重要参考指标，它的总量及增长率与工业品市场购买力及增长率之间有着较高的正相关关系。

2. 人均收入。人均收入是一个重要的参考指标，它与消费品市场的购买力有着很大的正相关关系。

3. 人口因素。人口因素也是一个很重要的参考指标，一个国家的人口总量往往决定着该国许多行业的市场潜力，特别是在生活必需品和非耐用消费品方面更是如此。因此，市场潜力与人口因素为正相关关系。

4. 价格因素。价格是经济环境中的一个敏感因素，价格的升降和货币的升值贬值之间呈负相关关系。

此外，国家的经济性质、经济体制等因素与企业经营管理有着密切的关系，但此类经济因素因与一个国家的政治因素相关，因此，在进行经济活动分析时，应结合政治因素来考虑。另外，还需要考虑财政政策、货币政策、国家经济规划、产业政策因素，如失业率的水平、工资和物价的控制状况、汇率的升降情况、能源供应与成本、市场机制的完善程度等，都应根据实际情况进行分析。

（二）技术环境

经济增长率的提高主要决定于技术的进步。技术的进步将给企业提供有利的机会，但也给某些企业带来威胁。一项新技术的出现有时会形成一个工业部门，但同时也会摧毁一个工业部门。影响企业的技术因素主要包括：技术发展现状、技术发展结构、技术人员的素质和数量、技术知识的普及程度、工业技术基础的水平和产业构成。在知识经济时代，企业提高效益，寻求发展，越来越依靠技术进步。当今无论是国内还是国外，获得突飞猛进发展的大企业，无一不是靠先进的技术取得优势的。技术环境已成为企业环境中的主要因素。

（三）政治法律环境

政治法律环境包括一个国家或地区的社会制度和政治体制、对外关系以及国家或地区的方针、政策、法律和法规。政治法律环境的好坏影响着宏观经济形势，从而也影响着企业的生产经营活动。影响企业生产经营活动的政治法律环境因素如下：

1. 国家政治体制。这是指国家的基本制度以及国家为有效运行而设立的一系列制度，如国家的政治和行政管理体制、政府部门结构以及选举制度、经济管理体制等。

2. 政治的稳定性。政治的稳定性包括政局的稳定性（国家领导人是否经常更换，是否会发生政变等）和政策的稳定性（政府的政策是否朝令夕改）两个方面。

3. 国际关系。国际关系也对企业生产经营活动产生着直接和间接的影响。军工企业、外向型企业与国际环境密切相关。良好的国际和平环境，有利于我国企业走向国际市场，也有利于企业引进资金和技术。

4. 法律体系。政府、企业、消费者的行为都需要用法律制度来规范。法律对企业的生产经营活动起着制约和规范作用，可以这样说，企业的每一项生产经营活动，都面对一系列的法律或法规。企业必须在合法的范围内经营，否则就可能受到处罚和制裁。

（四）社会文化环境

企业生产经营活动在一定的社会文化环境中进行。社会文化环境主要指人们的价值观念、道德规范、风俗习惯、宗教信仰、生活方式、受教育水平等。它是历史的积淀，是不易理解但又时刻影响着企业的复杂体，社会文化既包括核心文化，又包括亚文化。所以，企业经营既要考虑社会价值观念、风俗习惯、文化传统的影响，又要考虑各种亚文化及其综合的影响，以便制定正确的经营发展战略。

（五）自然环境

这是指一个国家或地区的客观环境因素。主要有：自然资源，气候，地形、地质（山区和平原），地理位置（沿海、内地，城市、乡村，离交通干线的远近等）。在自然资源有限的今天，企业对自然环境的分析主要解决日益减少的自然资源蕴藏量、日益严重的环境污染和政府对自然资源管理的日益加强三大问题。

二、行业环境分析

（一）行业环境分析概述

行业环境是指更能直接影响企业的生产经营、作用最大的企业外部环境。与宏观环境相比，行业环境对企业的经营更具有针对性，对企业的经营产生着更为直接的作用。宏观环境因素一般是通过行业（直接）环境因素对企业产生作用和影响。企业在经营过程中所直接面对的行业环境因素主要包括以下几个方面。

1. 消费因素。消费因素构成了市场对企业的产品或劳务的需求因素，其主体是消费者（包括个人、政府和社会团体），它是企业服务的对象，是企业的衣食父母，消费者的购买能力、需求强度以及消费者的爱好和习惯等，决定着企业生产与经营的方向。所以，消费因素是企业最主要的行业环境因素。

2. 竞争因素。企业在市场上，只要不是独家经营，便有竞争对手，即使在某一市场上只有一个企业在提供产品或劳务，没有现实的对手，也很难断定这个市场上没有潜在的竞争企业。企业竞争对手的状况将直接影响企业的生产经营活动，因此，企业在进行经营决策前必须搞清楚竞争企业的数目、规模和能力，竞争企业对竞争产品的依赖程度及竞争企业的营销策略，潜在竞争对手、产品或服务的替代者等问题。

3. 供应因素。供应因素又称资源因素，主要是指外部向企业提供的各种资源的总和。供应因素的主体是向企业及其竞争者提供生产经营所需资源的组织或个人。因此，供应因素包括供应资源的丰富程度、资源的质量和价格、供应渠道、供应商的规模、能力、协作关系和激励方式等。供应因素对企业经营发展有实质性的影响，如影响企业产品的质量、成本和利润等。

4. 分销因素。分销因素又称营销中介因素，是指协助企业促销和分销其产品给最终消费者的企业的综合。分销因素的主体由中间商（批发商、代理商、零售商）、实体分配企业（运输、仓储）、营销服务机构（广告、咨询、调研）和金融中介机构（银行、信托、保险）等构成，是企业决定能否进入和占领某一特定市场的重要因素。

5. 公众因素。公众因素是指对一个组织实现其目标的能力，具有实际或潜在利害关系和影响力的一切团体和个人的综合。企业所面临的公众包括金融机构、媒体、政府、群众团体、当地公众、一般公众、内部公众。所有以上这些公众，都与企业的经营活动有直接或间接的关系。现代企业是一个开放的系统，在经营活动中必然与各方面发生联系，处理好与各方面公众的关系，是企业管理中一项极其重要的任务。因此，企业要注意对公众因素的分析与了解。

（二）行业环境分析的方法

行业环境分析的方法为五力分析法。五力分析法是分析行业环境中竞争因素的重要方法。

五力分析法，又称波特模型分析法，它是由美国哈佛大学的迈克尔·波特教授于1980年提出来的，他认为一个行业存在着五种基本竞争力量，即新加入者的威胁、现有企业间的竞争、替代品的威胁、供应商讨价还价的能力和购买者讨价还价的能力。

系统地考察这五种竞争力，就可以正确地估计该行业的竞争结构。这五种竞争力简要分析如下：

1. 新加入者的威胁。新加入者的威胁指潜在的竞争对手进入本产业的可能性。新加入者的威胁有两种形式：行业中增加新的企业和行业中已有企业扩大生产规模新增生产能力。新的入侵者会带来新的生产能力，这种情况可能造成价格暴跌或行业内部企业生产成本的飞涨，由此减少了获利，更为严重的甚至还会危及企业的生存。

新加入者威胁的状况取决于进入障碍和原有企业的反击程度。如果进入障碍大，原有企业激烈反击，潜在的加入者难以进入该行业，加入者的威胁就小。决定进入障碍大小的因素主要有：规模经济、产品差异优势、资金需求、转换成本、销售渠道等。

2. 现有企业间的竞争。企业所处的行业总会有若干数量的企业，它们之间存在着正面的竞争。现有企业之间采用的竞争手段主要有价格战、广告战、引进产品以及增加对消费者的服务和保修等。在大多数的行业内，某家企业所采取的竞性行为会对其竞争对手产生消极的影响，从而触发报复或抵制该项行动的努力。如果报复、抵制逐步升级，那么行业内所有的企业都会蒙受损失，各竞争厂家将"重新洗牌"。

3. 替代品的威胁。替代品是指那些与本行业的产品有同样功能的其他产品。替代品的价格如果比较低，它投入市场就会使本行业产品的价格上限只能处于较低的水平，这就限制了本行业的收益。替代品的价格越是有吸引力，这种限制作用也就越牢固，对本行业构成的压力也就越大。

4. 供应商讨价还价的能力。供应商是指向特定企业及其竞争对手提供产品或者服务的企业。供应商讨价还价的影响是指供应商通过提高价格或者降低所售产品或服务的质量等手段对行业内的企业所产生威胁的大小。供应商对企业的经营具有很大的影响力，特别是在企业所需资源十分稀缺时。供应商可以通过提价、限制供应、降低供货质量等来向企业施加压力，所以企业既要保证与一些主要的供应商建设长期稳定的供货关系，以获得稳定的供应渠道及某些优惠条件，同时又要避免单边垄断。

5. 购买者讨价还价的能力。这是指顾客和用户在交易中讨价还价的能力。在买方占据有利条件时，顾客或用户就会有非常强的议价能力，从而使企业处于更加被动的地位，其结果是使得企业的竞争者互相残杀，导致企业利润下降。

三、企业内部环境分析

1. 企业内部环境概述

企业内部环境主要是指企业所拥有的客观物质条件和工作情况。它是企业开展生产经营活动的重要基础，是企业进行经营决策和战略规划的重要依据。进行企业内部环境分析，目的在于认清企业自身的优势和劣势，搞清造成劣势的原因，找出企业可挖掘的内部潜力，为企业制定正确的经营战略，编制经营计划，提供科学的依据。

企业内部环境分析一般包括：物力资源分析、生产能力分析、企业组织管理能力分析、企业经营能力分析和企业文化建设研究等。

（1）物力资源因素

物力资源因素是指企业从事生产经营活动的物质基础，它包括物资因素和资金因素。任何企业，要从事生产经营活动，就必须拥有一定的物力资源。只有将一定的人力同一定的物力相结合，企业的生产经营活动才能进行。

（2）生产能力因素

生产能力因素是指企业运用各种资源从事产品生产的能力的体现。它包括企业原先设计的生产规模、生产效率、生产技术条件以及可能采取的变更生产能力的策略等。

企业生产能力涉及产品生产的计划、组织和控制。它是企业固定资产在一定时期内，在一定的技术组织条件下所能生产的一定种类和一定质量的产品的最大数量。它一般由生产计划能力、产品设计与创新能力、产品检验与控制能力组成。

（3）企业组织管理能力因素

企业组织管理能力是指企业合理配置人力资源、建立高效组织机构的能力。它包括企业人员的素质、管理人员和技术人员的素质、生产工人的素质以及企业以何种方式将这些人连接起来。企业中人的素质的管理，对整个经营活动的影响是极大的。分析企业内部环境决不可忽视人的因素。企业要提高效益，维持生存和发展，就要有一支合格和具有竞争性的员工队伍，企业组织管理能力强，则能科学、合理地配置人力资源，有效地发挥企业员工的积极性与创造性。

（4）企业经营能力因素

企业是否存在优势，集中反映在企业的经营能力上。这方面的因素主要包括企业经营管理能力、产品竞争能力、技术开发能力、企业应变能力、市场营销能力和产品获利能力。

（5）企业文化建设因素

①企业文化现状分析。应对企业的物质文化层、制度文化层、精神文化层逐一进行分析。例如精神文化层需重点分析已为绝大多数员工认同的经营宗旨、价值观、思维方式、行为道德准则、心理期望、信念、具有企业个性特点的群体意识等内容。

②企业文化建设过程分析。企业领导人是如何塑造企业文化的？是否有科学的文化建设目标、工作内容、预算保证等？企业是如何宣传、贯彻现行企业文化的？现行文化是否为广大员工接受并付诸实践？

③企业文化特色分析。企业文化是企业独特的传统、习惯和价值观的积淀。企业文化

的生命力和感召性在于其震撼人心的特色。例如在海尔文化中，海尔生存理念的特色是突出危机意识、居安思危、开拓进取。做好企业文化特色分析，准确把握企业文化的特色，是成功进行文化建设的关键。

④企业文化形成机制分析。要分析研究现有企业文化的形成机制，弄清企业未来战略目标、战略方向、战略业务选择以及政策方针与员工接受的企业文化的相容或相悖程度，进而明确下一步文化建设的方向与思路。

2. 企业内部环境分析的方法

企业内部环境分析的方法主要是指价值链分析法。价值链分析法由波特教授（F. E. Porter）提出，他认为企业的生产是一个创造价值的过程，企业的价值链就是企业所从事的各种活动——设计、生产、销售、储运以及支持性活动的集合体。

价值链中的价值活动可分为两大类，即基本活动和支持性活动。基本活动主要有采购、生产、储运、营销、服务等活动；支持性活动主要有技术开发、人力资源管理、财务等活动。

所谓价值链分析，就是对上述各种经营活动（主要是基本活动与支持性活动）的领域与环节，进行深入的分析。一方面对每一项价值活动进行分析，另一方面是对各项价值活动之间的联系进行分析。通过分析，找出优势与劣势，以提高价值创造能力。

四、环境管理

从以上分析中，我们可以看到环境的各种构成要素对组织的生存和发展具有重要的意义。但是，仅仅了解环境的构成要素对管理者是远远不够的，还必须理解环境是如何影响管理者和组织的。只有这样，管理者才能通过加强组织内部管理来取得与外部环境的动态平衡。

（1）了解与认识环境。管理者要能动地适应环境，必须了解、认识组织环境构成中的哪些要素将对组织产生重要的影响。管理者需要通过各种渠道搜集环境中的各种信息，掌握环境中的各种变量的发展变化趋势，始终保持对环境的动态监控和整体把握。

（2）分析与评估环境的动态特征。不同组织所面临的环境具有不同的特征。环境的不同特征主要通过环境的不确定性的差异表现出来。环境的不确定性主要由两个维度决定：组织环境的变化程度和复杂程度。

如果组织环境的构成要素经常变化，并且这种变化是不可预测的，我们就可以称之为动态环境。如果变化很小，或者虽然变化大却是可以预测的，则称之为稳态环境。在稳态环境中，或许没有新的竞争者，或许现有竞争者没有新的技术突破，等等。例如，我国啤酒行业是寡头垄断的市场，企业所面临的竞争对手都是比较稳定的，在技术上也很少有新的突破。相比之下，唱片业所处的环境具有高度的不确定性和不可预测性，智能手机以及网络音乐下载等数字化技术对其构成了巨大的冲击，未来人们对音乐的消费方式变得扑朔迷离。

环境的复杂程度是指组织环境中各要素的数量以及组织所拥有的与这些要素相关的知识广度。一个组织与之打交道的竞争者、顾客、供应商，以及政府机构越少，组织环境中的复杂性就越小，不确定性因而也越小。例如，啤酒生产企业与汽车制造商所面临的环境中的供应商数量、顾客、竞争者等是有明显差异的，前者环境较为简单。复杂性还可以依据一个组织需要掌握的有关自身环境的知识来衡量。例如，波音公司必须非常了解零部件供应商的生产及质量管理体系，而零售商的管理者就无需如此深入地了解关于供应商的复杂知识。

（3）能动地适应并影响环境。环境的不确定性是如何影响管理者和组织的呢？根据决定环境不确定性的两个维度——变化程度和复杂程度，将它们划分为高低两个水平，就可以将组织或管理者面临的环境分为四种类型，即简单稳定的环境、简单动态的环境、复杂稳定的环境、复杂动态的环境。其中，简单稳定的环境代表了不确定性程度最低的环境，而复杂动态的环境的不确定性水平最高。毋庸置疑，处在简单稳定环境中的管理者对组织经营成果的影响力最大，而复杂动态环境中的管理者对组织经营成果的影响力最小。

由于环境的不确定性关系着一个组织的成败，因此，管理者应尽力将这种不确定性降至最低程度。如果可以选择的话，大多数管理者愿意在简单稳定的环境中经营，但这样的愿望往往是难以实现的。因为今天大多数行业正面临着更加动态和错综复杂的环境，并且随着经济日益全球化，管理者所面临的环境的不确定性水平将越来越高。但是，管理者在环境面前是不是就无所作为呢？显然不是的。例如，一些生产金属制品的企业，由于其原材料是各种金属矿产资源，而这些资源的价格往往受国际大宗商品价格以及美元汇率波动的影响，这些企业为此承担了极大的风险。为此，一些有实力的企业通过在证券市场筹集资金，收购上游矿产资源企业，以确保生产所需原材料的稳定供应。通过这样的活动，这些企业降低了组织所面临的环境的不确定性水平。一些生产汽车或家电的企业，往往会面临很多的零部件供应商，其环境显然是高复杂程度的。但是，企业完全可以通过供应链的建设来减少供应商的数量，降低环境的复杂程度，从而降低环境的不确定性。

第二节　管理与全球化

一、管理的全球观

在各种力量的综合作用下，全球化日益成为一种不可阻挡的潮流。何为全球化？简单地说就是全球的经济、文化或社会生活与结构日趋一体化、同质化。不过，不同的学科对全球化的理解存在差异。经济学家把全球化理解为世界经济一体化；政治学家视之为建立新的世界格局的全球战略；社会学家则用它来解释世界市场经济活动的标准化、国际交往使用同一工作语言、以同样的方式建立相似的国际机构等国际化现象；而更多的人一提起全球化，联想到的是人口、毒品走私、恐怖主义、环境污染、核武器扩散等人类社会共同面临的难题。

管理学更为关注的是经济的全球化。所谓的经济全球化，是指世界各国的经济在产品与劳务的广泛输出、跨国投资的不断增加、国际资本市场的日益一体化以及技术与信息的快捷传播的基础上相互依赖和高度融合的现象。全球化使得世界经济日益成为一个整体，在这种情况下，个别国家经济的重大变动，特别是在世界经济中占重大份额的大国经济的变动，都不可避免地通过各种渠道牵动或波及其他国家乃至全世界。经济的全球化使得企业的外部环境、经营的范围和领域以及内部员工的构成等诸多方面都发生了很大变化，由此产生了很多新的管理问题。

经济全球化是一个历史的过程，其萌芽可以追溯到 20 世纪中叶。工业革命以后，资本主义商品经济和现代工业、交通运输业迅速发展，世界市场加速扩大，世界各国间的贸易往来大大超过以往的水平。20 世纪 90 年代以来，经济全球化得到了迅速的发展，以科技革命和信息技术发展为先导，涵盖了生产、贸易、金融和投资的各个领域，囊括了世界经济和与世界经济相联系的各个方面及全部过程。其主要表现为：国际分工从过去以垂直分工为主发展到以水平分工为主的一个新阶段；世界贸易增长迅猛和多边贸易体制开始形成；国际资本流动达到空前规模，金融国际化的进程加快；跨国公司对世界经济的影响日增；国际经济协调的作用日益加强；国际组织、区域组织对经济发展的干预作用日益增强。

经济全球化的载体包括生产国际化、贸易自由化、资本全球化、科技全球化。首先是生产国际化。生产力作为人类社会发展的根本动力，极大地推动着世界市场的扩大。以互联网为标志的科技革命，从时间和空间上缩小了各国之间的距离，促使世界贸易结构发生巨大变化，促使生产要素跨国流动，它不仅对生产超越国界提出了内在要求，也为全球化生产准备了条件，是推动经济全球化的根本动力。其次是贸易自由化。随着全球货物贸易、服务贸易、技术贸易的加速发展，经济全球化促进了世界多边贸易体制的形成，从而加快了国际贸易的增长速度，促进了全球贸易自由化的发展，也使得加入 WTO 组织的成员以统一的国际准则来规范自己的行为。再次是资本全球化。借助世界性的金融机构网络，大量的金融业务跨国界进行，跨国贷款、跨国证券发行和跨国并购体系已经形成。世界各主要金融市场在时间上相互接续、价格上相互联动，几秒钟内就能实现上千万亿美元的交易，尤其是外汇市场已经成为世界上最具流动性和全天候的市场。最后是科技全球化。它是指各国科技资源在全球范围内的优化配置，这是经济全球化最新拓展和进展迅速的领域，表现为，先进技术和研发能力的大规模跨国界转移，跨国界联合研发广泛存在。以信息技术产业为典型代表，各国的技术标准越来越趋向一致，跨国公司巨头通过垄断技术标准的使用，控制了行业的发展，获取了大量的超额利润。

当然，经济全球化也加大了世界经济波动风险。如金融全球化，使资本流动方式发生巨大变化。金融工具不断创新，使国际资本流动规模变大，速度加快，投资色彩加重致使资本的虚拟成分加大。在经济全球化背景下，经济危机的传染性和放大性也空前加强，使世界经济波动中不稳定因素的影响力和破坏力加大。经济全球化使两极分化越来越严重，经济全球化在促进世界经济不断发展时，并没有使世界各国都受益，反而发展不均衡现象更为严重。经济全球化使国家安全受到威胁，使国家主权受到冲击和削弱，国家经济安全受到挑战，从而使国家宏观调控出现新的困难。

二、跨国公司

（一）跨国公司的定义

跨国公司又称多国公司、国际公司、超国家公司和宇宙公司等。20 世纪 70 年代初，联合国经济及社会理事会组成了由知名人士参加的小组，较为全面地考察了跨国公司的各种准则和定义后，于 1974 年作出决议，决定联合国统一采用"跨国公司"这一名称。跨国公司主要是指发达资本主义国家的垄断企业，以本国为基地，通过对外直接投资，在世界各地设立分支机构或子公司，从事国际化生产和经营活动的垄断企业。跨国公司的根本特征在于，除本国基地外，还在国外从事生产经营活动，从理论上说，凡是符合这一条件的公司都是跨国公司。

（二）国际化战略

企业的国际化战略是公司在国际化经营过程中的发展规划，是跨国公司为了把公司的成长纳入有序轨道，不断增强企业的竞争实力和环境适应性而制定的一系列决策的总称。企业的国际化战略将在很大程度上影响企业国际化进程，决定企业国际化的未来发展态势。企业的国际化战略可以分为本国中心战略、多国中心战略和全球中心战略三种。

（1）本国中心战略。这是在母公司的利益和价值判断下做出的经营战略，其目的在于以高度一体化的形象和实力在国际竞争中占据主动，获得竞争优势。这一战略的特点是母公司集中进行产品设计、开发、生产和销售的协调，管理模式高度集中，经营决策权由母公司控制。这种战略的优点是集中管理可以节约大量的成本支出，缺点是产品对东道国当地市场的需求适应能力差。

（2）多国中心战略。在统一的经营原则和目标的指导下，按照各东道国当地的实际情况组织生产和经营。母公司主要承担总体战略的制定和经营目标的分解，对海外子公司实施目标控制和财务监督；海外的子公司拥有较大的经营决策权，可以根据当地的市场变化做出迅速的反应。这种战略的优点是对东道国当地市场的需求适应能力好，市场反应速度快，缺点是增加了子公司和子公司之间的协调难度。

（3）全球中心战略。全球中心战略是将全球视为一个统一的大市场，在全世界的范围内获取最佳的资源并在全世界销售产品。采用全球中心战略的企业通过全球决策系统把各个子公司连接起来，通过全球商务网络实现资源获取和产品销售。这种战略既考虑到东道国的具体需求差异，又顾及跨国公司的整体利益，已经成为企业国际化战略的主要发展趋势。但是这种战略也有缺陷，对企业管理水平的要求高，管理资金投入大。

三、全球化的好处

一些成功的企业用一些口号来证明其实施全球化的正确性，比如"我的消费者正走向全球"、"我们的竞争者已经在做了"、"在我们的全球商业体系中，只有几个大公司才能生存"，或者"我们已经渗透了国内市场，除了进军国际市场别无选择"。但是通过研究发现，那些最初用这些动机来证明它们的全球化行为却最终失败的公司名单，可以和成功的公司名单一样长。

实际上企业进行全球化的理由是十分充分的，并且不止一个，关键问题是在走向全球化后，企业是否能最大化地增加自身的商业价值。对于一些企业，全球化也许具有一定的商业意义，但对其他企业则完全不是这样。许多公司的管理者都在寻求跨境扩张，其主要原因有四个：成本优势、市场拓展、地域经济的实现、全球性学习。

（一）成本优势

1. 规模经济

成本优势的一个典型表现是规模经济。企业在扩大经营规模后，其单位产品的成本就会降低。在国内市场，如果企业做不到以最低单位成本进行规模生产，并且没有诸如产品口味差异或管制等障碍的话，它们就可以考虑进行国际化运作。以欧洲的轿车生产为例，当今的技术已经无法满足一个厂商只在一个国家的范围内进行有效的生产经营。但是需要注意的是，规模经济并不是无限制的，只有适度的规模才是经济的。

2. 生产能力的利用

优化生产力利用表面看起来与规模经济相似，但是二者的概念是不同的。生产力利用意味着所有已发生的固定成本都得到使用。如果一个生产单元一天可以生产 5000 只瓶子，而它只生产了 3000 只，它的生产能力就没有得到充分的利用，而企业对于没有生产的那2000 只瓶子的固定成本还是要进行支付。所以通过全球化，企业可以为余下的 2000 只瓶子的固定成本找到一个市场，从而增强其成本优势。

3. 学习曲线

微观经济学家也强调了学习曲线现象。从学习曲线（见图 2-1）上我们可以看到，当企业产量增加，并在技术上和系统运作中变得更富有经验时，就可以更有成效地降低成本。由于企业进行国际化的目的就是要增加企业的产量，因此，它将使企业在学习曲线上更快地向下方移动。

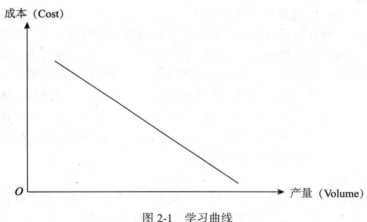

图 2-1　学习曲线

（二）市场拓展

国际扩张拓展了公司能够触及的市场范围，使其能够更快地增加销售和利润。例如，星巴克的成长在很大程度上归功于公司快速的国际扩张。星巴克从一家中等规模的国内公司扩展为一家强大的具有国际品牌的全球性公司。在发展过程中，星巴克将持续的国际扩张视为一个主要的发展引擎。公司的目标是要让星巴克在全世界无处不在，就像麦当劳、可口可乐这样一些来自美国的著名消费者品牌一样。

一般来说，许多公司在国内开发某种核心技能，然后运用到当地竞争对手缺乏相同技能的国外市场，依靠该项技能赚取更多的利润。因此，麦当劳在美国开发出管理快餐特许经营的核心技能之后，进入缺乏美国式快餐店的国外市场，从而依靠该项能力获取了更多的回报。在一些行业中，国际化的确是企业实现价值的关键。以美国的快递公司为例，其关键的成功因素之一就在于它的国际化网络。对于一个旅行者来说，拥有一张可以在世界各地通用的美国运通信用卡，是非常重要的。另外一个例子是国际酒店连锁，商业人士喜欢在不同的目的地找同一家知名的酒店，因为他们知道知名酒店代表了什么。通过国际化，酒店的客户搜寻成本降低了。同样的理由也适用于美国新闻网络国际台，它需要在全世界建立收视网络，因为它的目标受众是国际旅行商人。总而言之，如果公司的管理者已经开发出了某种有价值的能力或技能，全球化通常是实现投资回报最大化的最好方式。

（三）地域经济的实现

早年的企业经常通过进行国际化来获得更好或更便宜的生产要素。在今天的石油和天然气部门，这一点仍然很重要。只要我们看看那些西方石油公司就会知道，它们之所以蜂拥到前苏联各共和国地区，就是为了获得石油和天然气的开采合同。廉价的劳动力是另一个生产要素，因为其不能流动，由此成为国际化的另外一个原因。西方的公司把它们的鱼和虾运到亚洲进行清洗，再运回西方销售就是一个很好的例子。世界上的各个地域都有其最适合开展的商业活动。例如，纽约、巴黎、罗马都是设计时装的好地方，因为那里聚集了成功的设计公司、优秀的设计学校和大量的资深设计师。同时，美国是开发软件的好地方，因为它有很多经验丰富的软件编程人员，计算机行业的创新能力也比较强。

地域经济产生于对区位差异的开发利用；这种经济也属于在最优地域开展的商业活动。将某项商业活动放在最适宜的地方会产生下面两种效果中的一种，降低该项活动的成本；使公司增加最终产品的价值，更好地区别于竞争产品。全球经济中，管理者所面临的任务是审视公司各种不同的活动，决定在全球范围内如何实现空间布局，实现地域经济。

在理论上，通过将每一项活动分布在最佳区位，公司可以实现地域经济，从而获得相对于那些全部的价值创造活动集中于一地的竞争对手们的竞争优势。它应该能够比单一布局的公司更好地进行产品差异化，并保持较低的成本结构。在竞争压力不断增加的环境中，为了生存，这样的战略可能会变得势在必行。

（四）全球性学习

在我们目前为止的讨论中隐含着这样一个观点：首先在国内开发出有价值的能力，然后再转移到国外进行运营。沃尔玛先在美国开发出自己的零售能力，然后再将这些能力转移到国外。然而，对已经建立海外市场运营部门的更加成熟的跨国公司来说，海外部门也能够开发出有价值的能力。跨国公司全球运营网络的任何一个地方都能够培育能力，只要那里的人们能够获得机会，并被激励尝试新的业务方式，那么，创造出有助于降低生产成本、增加感知价值支持更高定价的技能就不只是公司总部的专利了。充分利用由子公司创造出来的能力并应用到网络内部其他地方，这样做也能够创造价值。例如麦当劳越来越发现它的国外特许经营商正在源源不断地提供有价值的新想法。面对法国销售额的低增长，当地的特许经营商不仅改进了菜单，还改进了店面设计和餐馆主题。无处不在的金色拱门不见了，许多以前作为这家快餐店招牌的实用桌椅和其他塑料制品也不复存在。在法国，很多麦当劳快餐店铺设了硬木地板，外露砖墙，甚至还采用了扶手椅。全法国大约930家麦当劳将近一半已经提高了装修标准，与美国的麦当劳有了巨大差别。菜单也发生了变化，包括高档三明治，例如意式鸡肉面包，定价比普通汉堡高出30%。至少在法国，这一战略是奏效的。

在实行这样的改变之后，同一家店面的年销售增长率从1%提高到了3.4%。麦当劳总部对此印象深刻，正在考虑让其他增长缓慢的市场也采取类似的改变措施，包括美国本土的市场。对跨国公司的管理者而言，这种现象提出了新的重大挑战。首先，他们必须足够谦逊，承认公司全球网络内任何一个地方都能够形成有价值的能力——而不仅仅是在公司总部。其次，他们必须建立激励机制，鼓励当地员工开发新能力。这一切并不像听起来那么容易，开发新能力存在着一定程度的风险，并不是所有的能力都可以增加价值。麦当劳的海外部门每创造出一个有价值的点子，都意味着前面已经失败了好几次。跨国公司的管理人员必须建立激励机制，鼓励员工承担必要的风险。公司既要奖励成功，又不能在员工失败的时候打击他们的积极性。再次，管理者必须建立机制，及时发现子公司是否已经培养出有价值的新能力。最后，他们需要扮演推动者的角色，帮助新能力在公司内部实现转移。

四、全球企业的管理挑战

我们已经看到进行全球化具有显著的优势，越来越多的公司也正在这么做。然而，管理一家全球性公司意味着巨大的挑战。当某家公司开始走向全球时，它需要做出一系列决策，这些决策问题是国内的管理者不会面临的：（1）将世界视为单一市场，还是在不同国家间实施产品定制化；（2）进入国际市场的最佳模式；（3）不同的商业活动在空间上如何布局；（4）如何更好地管理子公司。我们将对此进行逐一讨论。

（一）全球标准化与本地化

管理者面临的最重要的决策之一就是：将世界视为单一市场，还是为不同的国家量身定制不同的产品。当某家公司将世界视为单一市场，在全球各地出售同样的基础产品时，我们说它执行的是全球标准化战略。当某家公司根据国家或地区的差异调整产品供给或营销信息时，我们则说它执行的是当地定制化战略。通过批量生产一种标准化产品以及在全世界范围内使用相同的营销战略，全球标准化战略使公司能够实现相当可观的规模经济。然而，这样一个战略忽略了各地在消费者口味和偏好上的差别，在商业体系和文化上的差别，等等。如果这些差别非常复杂，那么公司采用定制化战略的效果可能更好，即使这可能意味着规模经济下降，成本升高。在这些战略之间进行选择不是一件容易的事情，公司通常会在标准化和定制化之间寻求一种平衡。

（二）进入国际市场的模式

进入国际市场主要有四种模式：出口、许可、战略联盟以及设立全资子公司。

（1）出口。出口指在国内制造产品，然后运送到另一个国家。出口模式有许多优越性。例如，这是用小额投资进入一个新市场最容易的方式。由于产品按"原样"销售，不必根据销售地的情况进行修改，风险也非常小。当然，这种模式也有不足。比如，出口意味着要缴纳关税和支付昂贵的运输成本。此外，由于产品没有根据当地需要进行修改，可能失去相当大的市场。最后，有的产品也许会受到管制不能出口。

（2）许可。一家企业也许会偏好在许可协议下让外国企业制造或营销其产品。其原因也许是运输成本太高、政府管制和本国制造成本太高。许可是一种协议，指一家企业允许另一家企业使用其品牌名称、商标、技术、专利、版权或其他资产。反过来，被许可方则要支付一定的费用，通常以销售量为基础计算。

许可的两大优点是提高利润和扩大赢利能力。这一战略在企业进入欠发达国家时经常被采用，在那里，旧的技术往往仍然在使用，甚至还算是好的技术。许可模式的主要缺点是缺乏灵活性，被许可企业将在长期内控制产品或专利。如果这家企业工作不得力，则许可方将面临利润上的损失。另一个问题是被许可方可能会将自己所学的知识和技能转用于国外市场，甚至可能会在许可方的本国市场上寻找机会。在这种情况下，合作伙伴就变成了竞争对手。

（3）战略联盟。战略联盟是指两家或更多的企业共同经营以获得共同利益。合资公司是战略联盟的一种特殊形式，合作伙伴们对一家新的企业共同拥有所有权。

战略联盟同样既有优点也有缺陷。在优点方面，它可以帮助企业借助合作伙伴的力量快速进入某一市场。日本汽车公司在进入美国市场时就采用了这一战略，它们利用了美国汽车制造厂既有的分销渠道。战略联盟同时也是获得技术和原料的有效方法之一。它们还可以帮助企业分摊新成立企业的风险和成本。这一方法的主要缺陷之一是对合资企业的共同所有权。尽管这种形式降低了每一方的风险，但也限制了控制权和所获得的回报。

（4）设立全资子公司。全资子公司是由公司百分之百出资的国外子公司。许多企业选择直接投资是为了利用低成本的劳动力。换句话说，它们的目标是将制造流程转移到劳动力便宜的地点。在这种模式下，管理控制更加完备，企业不必与他人共享利润。收购现有的企业还会获得人力资源和现有的组织架构方面的利益。收购还可以获得产品品牌的知名度。对于推出新品牌的成本很高的企业，这是一个显著的优势。当然，全资子公司的前期费用最高，因而风险也是最大的。

（三）活动的布局

另一个关键决策是将企业的各种活动放置在什么地方。将一家企业的活动分布在最有效率的范围内会更具竞争优势。做出正确的选择有两个步骤：首先，管理者必须将企业的运营划分为单独的步骤或活动——如产品设计、采购、生产、营销、销售、服务和客户管理等。其次，考虑到诸如劳动力产品、基础设施、交通运输成本、关税壁垒、汇率和战略导向等诸多因素之后，每一项经营活动都必须在最佳地点开展。管理者需要评估某项活动在指定地点开展的成本以及在某一地点产品能增值多少——这不是件容易的事情。

此外，地理位置的吸引力会随着时间的推移而改变。例如，十几年前，很少有美国的软件公司将软件调试外包给印度公司。而现在，这样的外包已经司空见惯。

（四）跨国企业的人员管理

管理跨国企业的员工是管理者们所面临的最困难的工作之一。以活动分布在多个国家的成熟型跨国企业为例。管理者必须决定进行国外经营活动最恰当的人员配备，尤其是在经营地的高层管理者是由外国（或东道国）的公民担任，还是由来自于母国的员工担任。如今，许多跨国企业都趋向于采用人员配备全球中心型政策配备子公司人员，在整个组织内部为重要职位配备最佳的人选，不论国籍。这可以和人员配备民族中心型（所有重要的职位都由母国公民担任）和人员配备多元中心型（所有重要职位由东道国公民担任）

进行一下比较。

民族中心型政策依赖外派管理人员经营海外业务。这或许可以确保一种共同的组织文化，但限制了东道国员工的发展机会。这会导致怨恨情绪的产生，生产率下降，员工流动率增加。如果外派管理人员的薪酬远远高于东道国的员工，怨恨情绪会更大。民族中心型政策也会导致文化短视——不能理解东道国的文化差别，要求采用不同的营销及管理方式。此外，外派人员的适应过程可能会很久，而就在这一期间他们可能出现重大的过失。他们也可能做出不道德的决策，因为他们不了解开展管理工作的文化背景。因此，有许多外派的管理人员早早就返回国内，使公司付出高昂的代价。

在很多方面，多元中心型政策都弥补了民族中心型政策的缺陷。多元中心型政策的一个优势在于较少受制于文化短视。东道国的管理人员不太可能因文化误解而犯错，而这正是外派管理人员的软肋。考虑到外派管理人员的维持费用高昂，多元中心型政策的另一个优势在于执行费用相对较少，也相应降低了价值创造的成本。

然而，多元中心型政策也有它自己的缺陷。东道国员工获取自己国家之外的经验的机会有限，因此，除了自己子公司内部的高层职位外，他们不可能有更多的发展。和民族中心型政策一样，这也可能会引发怨恨情绪的产生。或许，多元中心型政策最主要的缺陷还在于东道国和母国管理人员之间存在的分歧。语言障碍、对各自国家的忠诚以及一系列文化差异，都可能让公司总部的员工与海外各分支机构相互隔离。而且，如果缺乏从母国到东道国的管理转移，隔离情况会更严重，并且可能导致公司总部与海外分支机构之间整合度不够。

全球中心型政策被认为可以克服上述两种政策的缺陷。在地域中心型政策之下，管理人员不仅从母国向东道国转移，也可以在东道国之间，或从东道国向母国转移，最后还可能在那里就任高级管理职位。管理者必须决定如何最好地选择、培训、开发、奖励称职的管理人员，无论他们来自哪个国家。这样的政策能够使公司充分利用自己的人力资源，在整个组织内提拔最合适的人选就任重要的职位，没有国籍之分。而且，由此形成的具有跨国性质的管理团队将有利于减少文化短视，增强对当地环境的适应性。

第三节　利益相关者、商业伦理与社会责任

一、利益相关者及其管理

利益相关者，是指与组织有一定利益关系的个人或群体，他们能够被组织影响，同时也能对组织产生影响。他们可能是组织内部的相关者（如雇员），也可能是组织外部的相关者（如供应商或压力群体）。

（一）投资者

投资者是企业中的最重要的利益主体，投资者的利益与企业的利益的相关程度最高，他们是企业的创始者，企业的营利性质直接来源于投资者追求利润的意图。投资者的出资形成了企业的财产；同时，企业财产又与投资者个人财产相分离。企业的财产来自股东的投资，投资者一旦将财产交给企业，就丧失了对该财产的所有权或者所有权受到限制。财

产属于公司所有，股东无权抽回这部分财产，公司的注册资本属于公司的自有资本，这些资本是企业进行市场活动和对外承担责任的物质基础。

（二）经营者

企业的目标实现直接依赖于经营者的实践活动。经营者的内在需求是追求个人效用的最大化，包括物质方面的货币收入和职务消费，精神方面的自我实现的成就感和社会地位。要使经营者的个人动机符合企业和投资者的利益要求，必须依赖外部因素、投资者和企业内部结构的监督、经理市场和其他市场的竞争力量的制约的约束。

（三）职工

职工关心的利益主要包括：（1）工作保障；（2）合理的待遇；（3）安全的工作环境；（4）日益改善的福利；（5）工作上的升迁与成长。

实际享有的权利：（1）加入工会取得协商权；（2）行使罢工权；（3）消极怠工；（4）公开披露；（5）离开公司。

（四）政府

作为社会的管理者，承担着调整社会成员之间相互关系，维护社会持续稳定发展秩序的重任。

国外某重要相关课题研究表明，政府在企业社会责任履行中主要起到以下四个方面的作用：一是命令，即通过立法、财政等形式，进行监控、核查、惩处与嘉奖；二是推进，如设立基金、提高认识和觉悟、设计激励措施等；三是协调，主要是指整合资源，与利益相关者进行沟通；四是支持，包括政治支持、宣传与赞美等。

根据我国的具体情况，我国政府在企业社会责任履行中应努力充当好引导者、推动者、规制者、催化者和监督者的角色。

（1）引导者。政府应该成为企业履行责任的引导者，构筑起一个系统而完善的平台，促使企业提高社会责任感。政府应主要从观念上引导企业，走可持续发展的道路，把一些短视行为纠正过来，树立正确的企业发展观念。

（2）推动者。政府倡导行为对市场干预程度应尽可能小，一方面通过把符合社会公益的道德理念诉诸规范引导企业的具体行为，激励企业履行社会责任并对其行为进行软约束；另一方面政府可以运用社会资源，通过新闻媒体、行业协会等来宣传、倡导和推动，提高公众和企业对企业社会责任活动的认识。

（3）规制者。政府作为社会管理者的职能之一，就是通过相关法规的制定，使企业社会责任纳入法制化、规范化的管理体系中。政府可以综合运用经济手段、社会手段和反垄断手段等多种方式对企业进行社会责任承担的监管。一方面，政府应通过法律法规的制定与执行，以强制性规范方式，使企业承担基本的社会责任。另一方面，对不承担法定社会责任的企业，政府应加大惩处力度。

（4）催化者。政府应灵活运用多种方式，通过"拉"，激励企业主动承担社会责任。政府也可通过融资优惠政策、税收杠杆、公共采购政策、资信评级以及公共采购等激励企业承担社会责任，使那些主动承担社会责任的企业获得经济上的补偿和回报。

（5）监督者。政府通过法律制度和政策引导企业在获取利润的同时，主动承担对利益相关者的责任，使企业承担社会责任与纳税处于同等地位。政府的监管行为以国家强制力为后盾，主要存在于涉及公共利益与公共安全的领域，如环境、食品卫生、建筑安全、劳工权益等，形成对企业的硬约束。

国家对企业管理的目的主要有三种：一是维护社会秩序，包括经济秩序、治安及其他社会秩序，这可称为国家对企业的社会性管理。二是国家以税收等形式对企业进行财政性分配和再分配，实行财政性管理。三是国家为了促进社会经济结构和运行的协调和稳定，运用国家之手调控经济，对企业实行经济调节性管理。

各级政府关心的利益：税收来源、财政平衡、共同建设进度、预算效率、良好的经营环境；各级政府对企业的影响力：公权力、国际地位、立法权、国家资源分配、经济实力。

（五）债权人

企业的债权人关心企业的债息收入、公司运营情况，同时还关心通货膨胀和对其的法律保障。债权人对企业的实际影响力主要包括优先求偿权、信托契约、联合收回授信等。

（六）顾客

针对企业，顾客关心的利益主要是物超所值、价格合理，安全可靠的产品与服务，诚实的商品信息以及周到的售后服务。而顾客对企业也具有很大的直接影响力，顾客对企业的产品或其他行为不满时，会通过抵制企业产品、检举企业不当的做法、购买竞争对手的产品、反宣传和法律途径来维护自己的权益，影响企业的运转。

（七）社会主体

社会主体主要包括社区、媒体、工商支持团体、社会大众和社会利益团体等企业相关者。这些利益相关者关注企业的公共设施的安全、公害污染、社区安全、就业机会、与企业文化融合、社会正义等其他一系列问题。同时，他们可以通过申诉或诉讼、发起舆论、抗议抵价、媒体揭发、结盟对抗、向民意代表申诉、抗争、检举、诉讼、揭发、挖掘真相、以言论（报道）影响舆论、专业的发言权、形成舆论、对政府施压、支持特定的族群等方法和手段来对企业的不法行为及不正义行为进行控诉。

（八）竞争者

竞争者关心企业的市场占有率、竞争强度、产业情报、产品创新、营销手法等，但它同时也可以通过策略联盟、市场竞争、垂直整合、掌握关键技术、占领有利市场等手段来影响企业的生产经营活动。

作为社会的一分子，企业逃不脱有关社会责任的决策。它对社会所要承担的责任可能在两个领域中产生：一个领域是机构对社会的影响，另一个领域是社会本身的问题。现代组织之所以存在，就是为了向社会提供某种特定的服务，所以它必须存在于社会之中，存在于一个社区之中，与其他机构为邻，在一定的社会环境中工作。因此，它将不可避免地对社会产生一些影响。对社会的这些影响，从组织的目的来讲是附带的，但在很大程度上又是不可避免的副产品。

二、商业伦理

组织通过其决策和行动会对环境产生有益和有害的影响。一方面，组织通过有效的管理，吸收社会就业，为社会提供质优价廉的产品或服务，为社会创造更多的财富，为增进社会福利作出贡献。另一方面，组织的决策和行动也会给社会造成一些负面的影响，例如，在经济不太好的时候，缩减营业规模造成员工失去工作岗位，给一些家庭带来伤害；选择不恰当的产品及生产方式，造成有害的排放物，破坏了社区及周围环境；制造假冒伪劣产品或不安全产品对消费者利益形成损害；为了赢得一份商业合同贿赂政府官员，造成恶劣的社会影响，等等。因此，作为有社会力量的组织的管理者在每天的决策和行动中都会面临组织利益与伦理的权衡问题："如果解雇一名绩效低下的员工，他的家庭及孩子们怎么办？"，"如果企业在海外投资，并且在当地使用童工合法，竞争对手已经这样做了，我是否也应该这么做？"保护所有受组织决策和行动影响的人们的利益，是管理者应该承担的不可推卸的责任。

（一）组织中的热点伦理问题

伦理丑闻在今天已经成为司空见惯的事情，从商业、体育、政治到娱乐业概莫能外，这些丑闻打击了利益相关者的信心，并且引起了对我们社会的道德一致性的质疑。当然，与此同时，我们还必须肯定绝大多数的人每天仍然在按照最高的道德标准行事。因此，当我们在总结组织中的热点伦理问题时，要记住不能以偏概全。

1. 伦理领导

高伦理管理者的人数远远多于不伦理的管理者。但是，恰恰是这些暴露在聚光灯下的被解职的管理者们的所作所为提高了人们的警惕，从而大大增加了针对所有管理者的检查措施。由此导致的结果是所有管理者们都被期望按最高的伦理标准行事。反过来，人们又希望这样的领导能够帮助组织其他人规范其行为，建立重视伦理行为的规范和文化。

伦理领导的基本假设是，领导是组织内其他人的角色典范，他们的每一个行为都会受到检查。如果高级管理者的行为有问题，就会向其他人发出信号：这种行为是可以接受的。反过来，其他人在面对类似情况时会回想起领导的做法。人们要求这些 CEO 们必须定下公司的道德基调，他们要诚实、直率和为公司出现的任何问题负责。

2. 公司治理中的伦理问题

公司治理中的伦理问题是另一个热点。上市公司董事会的责任是保证企业管理适当，保证企业高层的决定符合股东和其他利益相关者的最佳利益。但是，有众多的案例表明，近年来爆发的伦理丑闻往往是从公司治理结构的破坏开始的。例如，世通公司的董事会批准了给公司 CEO 埃伯斯提供私人贷款 3.66 亿美元，而几乎没有证据表明他会归还。与此相似，泰科公司董事会批准给予一名董事 2000 万美元奖金，奖励他在收购另一家公司的过程中所作出的贡献。

但是，现在越来越多的董事会即使在没有直接做错事的情况下也会受到批评。最大的诟病往往是董事会缺乏独立性。例如，迪斯尼公司就面临着这样的问题。董事会中的一些关键成员来自同迪斯尼做生意的公司，另一些则是 CEO 艾斯纳多年的老朋友。艾斯纳可能由于与董事会成员的密切关系而获得超过正常需要的自主权。尽管董事会成员应当对公司和产业有所了解以更好地发挥作用，但只有充分独立才能发挥其监督职能。现在，越来越多的公司董事会制定了严格的治理标准，清楚地区分董事会和 CEO 的权限。

3. 信息技术的伦理问题

信息技术也是近来商业伦理的热点，包括个人隐私权和个人滥用信息技术的问题。在线隐私早已成为热点，因为企业已经意识到了这方面的伦理和管理问题。一家名为"双击"的网络广告公司是在隐私权方面最受争议的企业之一。这家公司收集了关于数百万上网者的习惯的数据，记录他们所访问的网站和他们所点击的广告。"双击"公司坚持说它所收集的信息是匿名的，目的只是在上网者和广告之间进行更好的匹配。但是，当这家公司宣布计划在它的数据库里加上姓名和地址之后，被迫取消了这一计划，因为公众担心这样可能会侵害在线隐私权。

"双击"公司不是唯一一家收集互联网上个人信息的企业。在雅虎上注册的用户被要求提供出生日期等细节信息。亚马逊、eBay 和其他网站也要求用户登记个人信息。随着互联网用户的增加，调查显示人们对个人信息被企业收集以及谁会看到这些信息越来越担心。

打消人们顾虑的方法之一是在网站上贴出隐私政策。在政策中应当说明企业将收集哪些数据、谁会看到这些数据。它还应当让用户有权利选择是否将个人信息告诉他人或如何避免信息收集。迪斯尼、IBM 和其他公司对上述做法进行了支持，它们拒绝在没有发布隐私保护政策的网站上做广告。

此外，企业还可以在网站上向用户提供修改和检查所收集到的个人信息的机会，特别是医药信息和财务信息。在现实世界里，消费者拥有法定权利检查其信用卡和医疗记录。在网络世界中，这种资料查询可能成本相对较高、手续烦琐，因为数据通常保存在几个不同的计算机系统中。除了技术上的困难，政府机构也已经在着手制定互联网隐私政策，这意味着企业必须制定内部规范、组织培训并通过领导来保证遵守。

（二）商业伦理规范的含义

商业伦理规范指的是经济活动中那些涉及对或错的道德准则或信念。根据这一定义，商业伦理在本质上是准则或信念，这些准则或信念旨在帮助有关经济活动主体判断某种行为是正确的还是错误的，或这种行为是否为组织所接受。它指导着个人与他人或群体（利益相关者）交往，同时也为确定行为是否正确或恰当提供了一个基本依据。伦理规范有助于人们在对最好的做法不甚明了时做出合乎伦理的回应，指导着管理者在不同的情境中做出应该如何行动的决策，也有助于管理者决定如何最好地回应不同利益相关者的利益要求。

（三）商业伦理观

管理者制定的许多决策和所采取的诸多行动必须考虑谁会受到其结果和过程的影响。长期以来，哲学家、经济学家们一直在为判断决策和行动是否合乎伦理的具体标准争论不休，他们先后提出了指导管理者制定决策可供利用的四种伦理观，即功利主义伦理观、权利主义伦理观、公正主义伦理观和综合社会契约伦理观。

（1）功利主义伦理观。功利主义伦理观是指完全按照结果或后果制定组织的各项决策。这种伦理观通过考察如何为绝大多数人提供最大的利益这种量化的方法来制定组织的决策。管理者应该对可供选择的做法可能给组织的不同利益相关群体带来的收益和成本进行比较分析，在此基础上他们所选择的做法应该符合利益相关者的最大利益。按照功利主义伦理观，管理者可能会认为，在经济不景气的环境下，解雇 20% 的员工是合理的，因为这种措施将降低成本压力，增加企业利润，确保留下的 80% 员工的工资收入，增加股东能获得的收益；人们可能也会认为偷一片面包给一个饥饿中的家庭是合乎伦理的，因为吃这片面包维系了这个家庭的生存，这片面包对于穷人的效用大于对于富人的效用。

（2）权利主义伦理观。权利主义伦理观关注尊重和保护个人自由和权利，包括个人隐私、思想自由、言论自由、生命与安全及法律规定的各种权利。依照这种伦理观进行决策主要着眼于维护受该决策影响的人的基本权益。该伦理观并不强调行为的结果，而是强调行为本身是否合乎伦理标准，而不管这些行为产生什么样的结果。例如，一个人之所以不去偷面包，是因为偷盗本身是不道德的（这种行为侵害了被盗者的权利），即使饿死也不去偷盗。管理者应该对可供选择的做法对利益相关者权利的影响进行比较，在此基础上所选择的做法应当保护利益相关者的权利。例如，那些对员工和顾客的安全与健康有严重损害的决策就是不合乎伦理的，因此，在牛奶中加入三聚氰胺就是一种违背商业伦理的决策。

（3）公正主义伦理观。公正主义伦理观要求管理者公平和公正地贯彻伦理准则，并在此过程中遵循所有的法律法规。管理者可能会应用公正准则来决定给那些在技能、绩效或责任上处于相似水平的员工支付同等级别的薪水，其决策的基础并不是性别、个性、种族或个人爱好等似是而非的差异。因此，基于这种准则的决策着眼于在利益相关者之间公平合理或不带成见地分配利益与损失。管理者必须学会不依照人们的外表或行为上的明显差别而区别对待，必须学会运用公平的程序去处理组织成员的收益分配问题。例如，管理者不可以给自己比较喜欢的人多加薪，对自己不喜欢的人少加薪或不加薪，更不可以篡改规则来帮助自己喜欢的人。

（4）综合社会契约伦理观。综合社会契约伦理观认为应当根据实证因素（是什么）和规范因素（应当是什么）制定决策，其基础是两种"契约"的综合：允许企业处理并确定可接受的基本准则的社会一般契约（超级规范或更高的规范）以及处理社区成员之间可接受的行为方式的一种更为具体的契约（微观社会契约规范）。为了保证强制性，微观社会契约规范必须与更高的规范保持一致。例如，在决定广东东莞市一家新建工厂工人的工资时，遵循综合社会契约伦理观的管理者可能会根据当地当前的工资水平制定工人工资决策（只要这个工资水平不低于国家所规定的最低工资标准）。这种伦理准则提倡管理者观察当前各行各业以及各个企业的伦理观，从而决定是什么构成了正确的和错误的决策和行动，因而是与其他三种不同观念的伦理观。

大多数的企业管理人员会采用哪种伦理观呢？我们不能否定功利主义伦理观。因为它与效率、生产力和利润等目标是一致的。但是，由于管理者所面临的环境正在发生着剧烈的变化，所秉承的伦理准则也需要与时俱进。强调个人权利、社会公正和社区标准的趋势意味着管理者需要以非功利观为基础的伦理准则。它对今天的管理者是一个实实在在的挑战，因为依据这些准则制定决策要比依据效率和利润等功利准则制定决策含有更多的模糊性。

（四）影响管理者伦理行为的因素

一个管理者的决策行为是否合乎伦理准则，是管理者伦理（或道德）发展阶段与个人特征、组织结构设计、组织文化和伦理问题强度等变量之间复杂的相互作用的结果（见图2-2）。缺乏强烈道德感的人，如果他们为那些反对不合乎伦理行为的准则、政策、职务说明或文化准则所约束，那么做错事的可能性就会小很多。相反，非常有道德修养的人，也可以被一个组织的结构和允许或鼓励不合乎伦理行为的文化所腐蚀。此外，管理者更可能对伦理强度很高的问题制定出合乎伦理的决策。

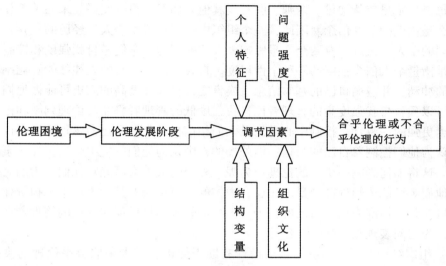

图 2-2　影响管理者伦理行为的因素

（1）伦理发展阶段。伦理发展存在三个层次，每一个层次包含两个阶段。在每一个相继的阶段上，个人伦理判断变得越来越不依赖外界的影响。这三个层次六个阶段如表 2-1 所示。

表 2-1　　　　　　　　　　　　　　　　**伦理发展层次**

伦理发展水平	伦理发展阶段描述
原则层次	6. 遵循自己选择的伦理原则，即使它们违背了法律
	5. 尊重他人的权利，支持不相关的价值观和权利，不管其是否符合大多数人的意见
惯例层次	4. 通过履行你所赞同的义务来维护传统秩序
	3. 做你周围的人所期望的事情
前惯例层次	2. 仅当符合其直接利益时才遵守规则
	1. 严格遵守规则以避免受到物质惩罚

第一个层次为前惯例层次。在这个层次上，一个人的是非选择建立在物质惩罚、报酬或互助等个人后果的基础上。当伦理演进到惯例层次时，伦理价值体现于维护传统的秩序以及不辜负他人的期望。在原则层次上，个人作出明确的努力，摆脱他们所属的群体或一般社会的权威，确定自己的伦理原则。

对伦理发展阶段的研究表明：首先，人们以前后衔接的方式依次通过六个阶段；其次，一个人伦理水平的发展可能中断，可能停留在任何一个阶段；最后，大部分成年人的伦理发展处于阶段 4 上，他们的行为往往局限于遵守社会准则和法律。

（2）个人特征。组织的每一个员工都有自己的一套比较稳定的伦理价值观。这些价值观是每个员工早年从父母、老师、朋友或其他人那里习得并发展起来的关于什么是正确的、什么是错误的基本信念。因此，一个组织中的管理者由于人生经历的差异，常常有着明显不同的个人价值观。有两个变量影响着人们的行为，它们是自我强度和控制中心。自我强度是衡量个人信念强度的一种个性尺度。自我强度得分高的人往往能够克制不合乎伦理行为的冲动，并遵循自己的基本信念。换言之，自我强度高的人更可能做他们认为正确的事。可以预料自我强度高的管理者比自我强度低的管理者将在其伦理判断和伦理行为之间表现出更强的一致性。控制中心是衡量人们相信自己掌握自己命运程度的个性特征。内控的人认为他们控制着自己的命运；而外控的人则认为他们一生中会发生什么事全凭运气或机遇。这将如何影响一个人的伦理行为呢？外控的人不太可能对他们行为的后果负个人责任，他们更可能依赖外部力量。相反，内控的人更可能对其行为后果承担责任，并依据自己的内在是非标准来指导自己的行为。内控的管理者将比那些外控的管理者在伦理判断和伦理行为之间表现出更强的一致性。

（3）组织结构变量。组织的结构设计有助于促进管理者采取合乎伦理的决策。结构设计如果能够使模糊性和不确定性降到最小，并不断提醒管理者什么是合乎伦理的，什么是不合乎伦理的，就更有可能促进管理者的合乎伦理的行为。比如，正式的规章制度、具体明确的职务说明和明文规定的伦理准则这类正式的指导有助于促进员工行为与伦理判断的一致性。组织所设计的绩效评估系统对管理者的伦理行为也有明显的影响。如果绩效评估仅关注行为的结果，管理者可能迫于绩效压力而"不择手段"地追求成果指标。奖励或惩罚越依赖于具体的绩效成果，管理者为取得那些成果并在伦理标准上妥协的压力就越大。另外有研究表明，上司的行为对员工在伦理行为的抉择上具有最强有力的影响。人们往往注视着管理当局的行为，并以此作为什么是可接受的期望于他们的行为的标准。伦理规范要求高层管理者以身作则，他们必须为组织的其他员工确立基本的伦理价值观和标准。员工会留心领导者的言行表现，管理者往往成为员工的伦理行为榜样，下属会密切关注他们的行为。如果高层管理者做出不合乎伦理的行为，那么他们的下属也不太可能合乎伦理行事。因为下属会想，上司都可以那么做，我为什么不可以呢？

（4）组织文化。组织文化是指在实现组织目标的过程中，对个人、群体及团队之间往来与合作构成影响的一组价值观、规范、行为准则和共同期望。通过确保伦理价值观和规范成为组织文化的核心组成部分，管理者可以强调伦理行为和社会责任的重要性。当伦理问题出现时，一家组织的伦理准则就起着指导决策的作用。这些构成组织文化内容的伦理价值观和规范有助于组织成员克服自私自利的行为，并使其认识到他们代表的不仅仅是自己。例如，赫布·凯莱赫和西南航空公司的文化十分重视员工的幸福，并将这一价值观变成组织规范。即使在"9·11"恐怖袭击事件之后那段困难时期，西南航空公司不解雇员工的政策经受着严峻的考验，但公司高层领导仍不为其所动，他们明确表态：即使发生了这一人间惨剧，西南航空公司仍然是唯一一家不解雇员工的大型航空公司。

（5）问题强度。影响管理者道德行为的最后一个因素是道德问题本身的强度，它又取决于以下六个因素：危害的严重性、对不道德的舆论、危害的可能性、后果的直接性、与受害者的接近程度以及影响的集中性。这些因素决定了伦理问题对个人的重要程度。根据这些因素分析，受到伤害的人越多，认为该行为是不合乎伦理的舆论越强，该行为将要造成危害的可能性越大，人们越是能够直接地感受到行为的后果，行为者与受害者关系越接近，该行为对受害者的影响越集中，问题强度就越大。当一个伦理问题很重要时，也就是说问题的强度越大，那么，管理者越有可能采取合乎伦理的行为。

（五）改善管理者伦理行为的途径

我们都知道，不符合伦理准则的行为在我们的社会中是普遍存在的，而无论是作为个人还是作为一个组织的管理者，概莫能外。例如，作弊已经成为我国应试教育的通病。观察表明，有相当比例的学生认为作弊者不会付出任何代价；当他们看到别人作弊时，也不会检举那个人；有相当比例的大学生认为他们需要作弊才能在今天的竞争中处于领先地位。一些著名的企业在经营过程中曾经滥用其市场垄断地位制定不合理的价格。一些网站传播不健康的色情图片和文字来提高网民的点击率。诸如此类的一些商业行为有违伦理准则。那么，管理者如何才能减少组织中的不道德行为，他们可以做些什么呢？

（1）招聘高伦理素质的员工。我们已经知道，不同的个人可能处于伦理发展的不同阶段，他们拥有不同的个人价值标准。因此，作为一个组织的管理者在招聘员工的时候，完全可以通过严格的招聘程序——审查应聘者递交的个人材料、面试、测验、背景考察等——来剔除那些在伦理素质不符合要求的求职者。招聘过程应当作为了解应聘者个人伦理素质发展阶段、个人价值观、自我强度和控制中心的一个重要途径。当然，组织不能期望通过这个途径避免所有可能的有道德问题的人被录用。但是，如果不这样做问题可能会更加严重。

（2）建立伦理准则和决策准则。对组织的员工来说，有太多的因素会影响他们对伦理是非问题的判断，因此，确立明确的伦理准则是至关重要的。伦理准则是表明一个组织期望员工遵守的基本价值观和伦理规则的正式文件。伦理准则是减少迷惑的一种有效方法。伦理准则应当是什么样的呢？一方面，伦理准则应当尽可能地具体，从而向员工表明他们应以什么样的态度和精神去履行自己的职责。另一方面，伦理准则应足够宽松，允许员工有判断选择的自由。伦理准则应涵盖以下三方面的内容：①做诚实守信的员工；②不做任何损害组织的不合法或不恰当的事情；③关注顾客利益。即使制定了明确具体的伦理准则，也不能确保组织员工的行为每时每刻都能符合伦理要求。为此，管理者应不断向员工传达与组织的伦理承诺相关的期望和提示，应当不断支持并重申伦理准则的重要性，坚决惩罚违反伦理准则的人。只有这样，所确立的伦理准则才能为员工的行为提供一个坚实的道德基础。

（3）高层管理者的表率行为。如果希望组织的伦理准则对员工行为有强有力的指导作用，组织的高层管理者以身作则就是非常重要的。因为正是高层管理者奠定了组织文化的核心理念。在言行上，他们是表率，应认识到他们所做的可能比所说的更为重要。高层管理者还可以通过奖惩措施来建立组织文化的伦理价值观。选择谁或什么事件作为提薪奖励或是晋升的对象，将向员工传递强有力的信号。提升一个通过不正当手段取得重大成果的经理，将向其他人表明那些不正当行为是可以接受的。当错误行为被揭露时，那些希望强调合乎伦理行为的管理者必须惩罚做错事的员工，并公布事实真相，让每一个成员看到结果。这就传递了一条信息，即做错事就要付出代价，不合乎伦理的行为不是组织所期望的，也不符合员工的自身利益。

（4）设定合理的目标，进行全面的绩效评估。组织应该与员工一起共同确立明确的、通过一定程度的努力可以实现的目标。如果组织对员工的要求是脱离现实的，即使明确的目标也会引起伦理问题。当员工被迫接受过高的不现实的目标，员工就会承受极大的工作压力。为了实现这种目标，即使伦理素质较高的员工也可能会"不择手段"地去实现目标。因此，明确的现实的目标才能不使员工迷失方向。另外，过去对员工绩效评估关注的主要是业绩目标是否实现。当绩效评估只关注绩效目标时，结果就会使手段合理化。当一个组织期望员工保持高的伦理标准，它就必须在绩效评估过程中关注目标实现过程是否合乎伦理准则。

（5）对员工进行伦理教育。组织可以通过举办研讨会、专题讨论会以及类似的伦理培训项目来对员工进行伦理教育，鼓励员工合乎伦理的行为。当前，随着我国市场经济体制的逐步健全，越来越多的市场经营者认识并建立起正确的市场竞争观念，那些具有一定规模的企业越来越重视对员工伦理观念的教育。例如，一些企业在新员工进入工作岗位前进行为期 2~3 个月的培训，其中就包括企业文化和诚信经营等道德伦理的培训。开展各种形式的伦理培训，可以提高个人的伦理发展水平，增强人们对经营伦理问题的意识；高层管理者通过开展各种形式的伦理培训项目，向员工灌输组织的行为标准，阐明什么行为是可以接受的，什么行为是不可以接受的；最后，当员工参加讨论他们所共同关心的问题时，可以发现并不是只有自己在工作中面临伦理困境，这种强化能够在他们必须采取令人不快但合乎伦理的立场时，增强他们的自信心。

（6）进行独立的社会审计。按组织的伦理准则评价决策和管理行为的独立的社会审计提高了发现非伦理行为的可能性。这是利用人们做了不合乎伦理行为害怕被发现的心理，是一种重要的制止不合乎伦理行为的途径。独立的社会审计可以是常规性的评价，定期进行；也可以是在没有预先通知的情况下的随机抽查。对于一个组织来说，有效的伦理行为评价体系应该是这两种方式的结合。为了保证评价的诚实公正，独立的社会审计人员应对公司董事会负责，并将评价结果直接向董事会报告。

（7）提供正式的伦理保护机制。组织应提供正式的保护机制，使那些面临伦理困境的员工能按照自己的判断行事而不必担心受到惩罚。组织可以通过设立伦理（道德）咨询机构、委任伦理专员的方式来疏解员工的伦理困惑。当员工遇到伦理问题时，可以向伦理机构的专员咨询，寻求伦理指导。这个伦理机构及伦理专员提供了一个让员工倾诉自己所面临的伦理困境及其起因并发表意见的渠道。当经过讨论，明确了各种选择后，伦理专员可以扮演促成"正确"选择的倡议者的角色。此外，组织还可以设立一套专门的申诉程序，使员工能够放心地利用它来提出伦理问题。

三、社会责任

社会问题是社会的机能失调引起的。社会问题是危机，但对于各种企业，尤其是企业的管理层来说，社会问题也是挑战。企业的职责就在于把社会问题转化为企业的机会。这种机会可能不在于创新技术、创新产品、创新服务，而在于社会问题的解决，即社会创新。这种社会创新直接和间接地使公司或产业获得利益。

但是管理人员必须仔细考虑他所负责的企业的成就能力，以决定该企业能承担的社会责任的限度。一个企业"做好事"，首先必须"做得好"。在承担某项社会责任并处理某项问题以前，管理层最好仔细考虑一下，哪些社会责任适合自己企业的能力，是不是有的社会承担可以用具体的目标和可以衡量的成绩来予以实现？如果答案是肯定的，那就可以认真地承担起社会责任。

（一）社会责任的定义

社会责任问题已引起人们的普遍关注。管理者在管理实践中经常会碰到与社会责任有关的决策，如是否为慈善事业出一份力、如何确定产品的价格、怎样处理好和员工的关系、是否以及怎样保护自然环境、如何保证产品的质量和安全等。

我们给社会责任的定义是：如果企业在承担法律上和经济上的义务（法律上的义务是指企业要遵守有关法律，经济上的义务是指企业要追求经济利益）的前提下，还承担追求对社会有利的长期目标的义务，那么，我们就说该企业是有社会责任的。

（二）两种社会责任观

这是有关社会责任两种截然相反的观点：

1. 古典观

古典观，又称纯经济观，其代表人物当首推米尔顿·弗里德曼。他认为当今的大多数管理者是职业管理者，这意味着他们并不拥有他们所经营的企业。他们是员工，仅向股东负责，从而他们的主要责任就是最大限度地满足股东的利益。那么，股东的利益是什么呢？弗里德曼认为股东只关心一件事，那就是财务收益。

具体来说，如果社会责任行动使利润和股利下降，则它损害了股东的利益。如果社会行动使工资和福利下降，则它损害了员工的利益。如果社会行动使价格上升，则它损害了顾客的利益。如果顾客不愿支付或支付不起较高的价格，销售额就会下降，企业将很难维持下去，在这种情况下，企业的所有利益相关者都会遭受或多或少的损失。

2. 社会经济观

时代发生了变化，社会对企业的期望也发生了变化。公司的法律形式可以很好地说明这一点。公司的设立和经营要经过政府的许可，政府也可以撤销许可。因此，公司不是一个仅对股东负责的独立实体，同时要对产生和支持它的社会负责。

（三）赞成和反对企业承担社会责任的理由

1. 赞成企业承担社会责任的理由

（1）满足公众期望。自20世纪60年代以来，社会对企业的期望越来越多，现在有很多人支持企业追求经济和社会双重目标。

（2）增加长期利润。有社会责任的企业能可靠地获取较多的长期利润，这在很大程度上归因于责任行为所带来的良好社区关系和企业形象。

（3）承担道德义务。企业能够而且应该具有社会意识。企业承担社会责任不仅是道义上的要求，还符合自身的利益。

（4）塑造良好的公众形象。企业在公众心目中的良好形象对企业的好处是多方面的，如使销售额上升、雇用到更多更好的员工、更容易筹集到资金等。由于公众通常认为社会目标是重要的，企业通过追求社会目标就能够产生一个良好的公众形象。

（5）创造良好的环境。参与社会活动有助于解决比较棘手的社会问题，有助于提高生活质量和改善所在社区的状况，这种良好的环境适合企业的生存和发展。

（6）阻止政府的进一步管制。政府管制使经济成本上升并使管理者的决策缺乏一定的灵活性。企业承担社会责任可以减少政府管制。

（7）责任和权力相称。企业在社会中拥有很多权力，根据权力和责任对等的原则，企业必须承担同样多的责任。

（8）符合股东利益。从长期看，社会责任会使企业的股票价格上涨。在股票市场上，有社会责任的企业通常被看做风险较低且透明度较高，从而持有该企业的股票会带来较高的收益。

（9）拥有资源。企业拥有财力资源、技术专家和管理才能，可以为那些需要援助的公共工程和慈善事业提供支持。

（10）预防胜于治疗。社会问题必须提前预防，不能等到问题已变得相当严重、处理起来比较困难时才采取行动。

2. 反对企业承担社会责任的理由

（1）违反利润最大化原则。这是古典观的精髓所在。企业只参加那些可带来经济利益的活动，而把其他活动让给其他机构去做，就是有社会责任的。

（2）冲淡目标。追求社会目标冲淡了企业的基本目标——提高生产率。

（3）不能补偿成本。许多社会责任活动不能补偿成本，有人必须为它们支付成本。

（4）权力过大。企业在当今社会中权力已经很大了，如果让它追求社会目标，则其权力就更大了。

（5）缺乏技能。企业领导者的视角和能力基本上是经济方面的，不适合处理社会问题。

（6）缺乏责任。政治代表追求社会目标并对其行为负责，但对企业领导者来说，情况却不是这样，企业对公众没有直接的社会责任。

（7）缺乏广泛的公众支持。社会上对企业处理社会问题的呼声不是很高。公众在社会责任问题上意见不一。实际上，这是一个极易引起激烈争论的话题。在缺乏一致支持的情况下采取行动，很可能会失败。

◎本章思考题：
1. 简述波特模型分析法。
2. 外部环境分析包括哪些内容？
3. 比较进入国际市场的几种模式。
4. 什么是利益相关者？
5. 何谓商业伦理？有哪些常见的伦理问题？
6. 影响商业伦理的因素有哪些？
7. 改善管理者伦理行为的途径有哪些？
8. 企业的社会责任与利润取向的关系如何？

9. 支持与反对企业承担社会责任的理由各有哪些？

◎章末案例：

多地家乐福、沃尔玛超市"价格欺诈"事件

2011 年 1 月 26 日国家发改委公开通报了多地家乐福、沃尔玛超市存在的价格欺诈行为，包括虚标原价再"低价"促销、低价招揽顾客再高价结算、不履行价格承诺、误导性价格标示等。涉案超市门店达 19 家，罚款总额 950 万元。据发改委披露，当时家乐福在长春、上海、哈尔滨、昆明、重庆、长沙六个城市的部分超市存在价格欺诈行为。

此外，沃尔玛在沈阳、南京和重庆三个城市存在价格欺诈行为。案件曝光后，家乐福、沃尔玛承认违反了有关价格法律规定，向消费者表示歉意，同时积极采取整改措施立即开展自救自查，严格执行"五倍差价"赔偿政策。目前各项罚款均已由相关地方价格主管部门收缴财政。

欺诈手段：

1. 虚标原价再"低价"促销

低价促销是家乐福重要的销售手段之一，但有些促销价格并非真正的低价。发改委在此次价格监管过程中发现，长春市家乐福新民店销售的"七匹狼男士全棉横条时尚内衣套装"价签标示原价每套 169 元、促销价每套 50.70 元，经查实原价应为每套 119 元。在家乐福中国总部所在地上海也有这种行为发生。

上海市家乐福联洋店销售的"正林特供香瓜子"价签标示原价每袋 14.80 元、售价每袋 6.90 元，经查实原价为每袋 7.40 元。沃尔玛也存在此种行为。沈阳市沃尔玛中街店销售的 5 公斤装"香雪高级饺子粉"价签标示原价每袋 30.90 元、售价每袋 21.50 元，经查实原价应为每袋 23.90 元。

2. 低价招徕顾客、高价结算

发改委公布的信息显示，在上海市家乐福南翔店一个弓箭球形茶壶价签标示每个 36.80 元，实际结算价每个 49 元。时尚衣架价签标示每排 9.90 元，实际结算价每排 20.50 元。此外昆明市家乐福世纪城店、武汉市汉福超市洪山广场店、长沙市家乐福芙蓉广场店都有"低价招徕顾客、高价结算"的现象。另外，重庆市沃尔玛北城天街店销售的"良平铁观音"价签标示零售价每袋 29 元，实际结算价为每袋 39.80 元。

3. 做出低价承诺却不兑现

实际结算价格要比海报宣传价格高出一倍。这样的事情也是在家乐福发生的。家乐福白云店销售的"老树普洱茶"宣传海报标价为每盒 60 元，实际结算价为每盒 120 元。上海市家乐福张江店销售的开心果，广告宣传每斤 43.98 元，实际结算价每斤 45.88 元。碧根果广告宣传每斤 44.88 元，实际结算价为每斤 60.8 元。

4. 误导性价格标示忽悠人

为了吸引消费者，家乐福还在价签的字体上做起了文章。根据发改委的通报，昆

明市家乐福世纪城店销售的特色鱿鱼丝销售价格为每袋 138 元，价签标示时用大号字体标示"13"，用小号字体标示"8.0"，诱导消费者误认为销售价格为每袋 13.80 元。

2000 克火腿礼盒销售价格为每盒 168 元，价签标示时用大号字体标示"16"，用小号字体标示"8.0"，诱导消费者误认为销售价格为每盒 16.80 元。

2012 年"3·15"晚会家乐福被曝"返包"销售过期食品：家乐福销售过期食品早已不是新闻，这家知名的跨国零售连锁巨头以次充好，并将过期食品重新包装销售的行为遭到曝光。

位于郑州花园路国贸 360 广场的家乐福店，每天来这里购物的消费者络绎不绝。这家店里柴鸡的价格是 11.96 元，白条鸡是 6.98 元。除了价格相差一倍，外观并没有太大的差异。央视记者暗访时发现，售货员竟将从同一个包装袋内取出的三黄鸡，随意放置在柴鸡和白条鸡对应的位置充数。

不仅如此，央视还曝光这家家乐福存在着"返包"销售的现象。所谓"返包"，就是将过期产品重新包装后再进行销售。

超市出现价格欺诈的原因除了法律制度的不完善和消费者的疏忽大意及法律知识的欠缺，更在于企业自身在企业社会责任发展规划、反商业贿赂制度与措施，以及企业的环境管理和节约资源能源、降污减排方面的意识非常不足。

企业自身应强化道德意识及内部监管。社会转型时期价值观日趋多元，一些企业经营者只注重利益的最大化，背离诚信，这与企业自身有关，"店长负责制"是其主要隐患。在家乐福、沃尔玛内部系统里，考核店长的标准主要包括两个方面：第一是销售量，第二是毛利率。

一些店长为了达到标准不惜私下操作，如违规促销或搞欺骗消费者的标签游戏，以及各分支机构增设名目繁多的进场费、宣传费等。这种分权的管理模式虽然能调动各个分支机构的积极性，却缺乏有效的管理和监督，而其单一的考核模式也为各个分支机构提供了滋生腐败的土壤。

管理者大权独揽，以利润为导向，直接导致了这些公司腐败、造假等事件的出现。一个企业要发展，离不开社会提供的优良环境和支持。另外，每个企业家都有自己的社会责任，企业越强大，承担的社会责任就越多，这样我们的企业才能发展得好。

讨论：

1. 家乐福有哪些利益相关者？
2. 家乐福存在哪些商业伦理问题？
3. 你认为依靠哪些方式能防止这样的事件重复发生？

第三章 | 计划与决策

使学生掌握计划的含义和计划工作的程序，明确计划的目的和意义，认识管理者采用的各种计划的类型；掌握决策的含义、类型和步骤，熟悉常用的决策方法；了解目标在计划中所起的重要作用，掌握目标管理的实质和在实践中的应用；了解计划编制的几种主要方法。

教学重点：

计划的方法；决策的方法。

◎开篇案例

有一位父亲带着三个孩子，到沙漠去猎杀骆驼。他们到了目的地。父亲问老大："你看到了什么？"老大回答："我看到了猎枪，还有骆驼，还有一望无际的沙漠。"父亲摇摇头说："不对。"父亲以同样的问题问老二。老二回答说："我看见了爸爸、大哥、弟弟、猎枪，还有沙漠。"父亲又摇摇头说："不对。"父亲又以同样的问题问老三。老三回答："我只看到了骆驼。"父亲高兴地说："你答对了。"

你得到的启示是什么？

第一节　计划职能概述

一、计划职能的概念

所谓计划，就是为了实现既定的目标，对未来行动进行规划、安排以及组织实施的一系列管理活动的总称。

计划职能是管理的首要职能，它贯穿于管理的全过程。具体来讲，计划职能是为实现一定目标而科学预计和制订的未来行动方案。换言之，计划就是一个组织要做什么和怎么做的行动指南。对于计划职能含义的理解有以下几点。

第一，计划是管理工作的一项首要职能。

第二，计划是在调查、分析、预测的基础上形成的。

第三，计划是对未来一定时期内的工作安排，是现实与未来目标间的一座桥梁。

第四，计划也是一种管理协调的手段。

第五，我们用"5W2H"来清楚地描述计划工作的任务和内容：

What——为什么。目标与内容。要明确组织的使命、战略、目标以及行动计划的具体任务和要求，明确一个时期的中心任务和工作重点。例如，企业在未来五年要达到什么样的战略目标；企业年度经营计划主要是确定销售收入、销售哪些产品、生产哪些产品、生产多少，合理安排产品投入和产出的数量和进度，使企业的资源和能力得到尽可能充分地发挥和利用。

Why——为什么做。原因。要论证组织的使命、战略、目标和行动计划的可能性和可行性，也就是要提供制订计划的依据。

Who——谁去做。人员。计划不仅要明确规定目标、任务、地点和进度，还应规定由哪个部门、哪个人负责。比如，开发一种新产品，要经过市场调查、产品设计、样品试制、小批量试制和正式投产几个阶段。在计划中要明确规定每个阶段由哪个部门参加、哪个人具体负责、哪些部门协助配合，各阶段的接口处由哪些部门和哪些人员参加鉴定和审核等。

Where——何地做。地点。规定计划实施的地点或场所，了解计划实施的条件和限制，以便合理安排计划实施的空间组织和布局。

When——何时做。时间。规定计划中各项工作的开始和完成的进度，以便进行有效的控制和对资源及能力进行平衡。

How——怎么做。方式、方法、手段。制定实施计划的措施以及相应的政策和规则，对资源进行合理分配和集中使用，对人力、生产能力及各类资源进行平衡，对各派生计划进行综合平衡。

How much——多少成本。资金、费用。制订计划，必须有较科学的资金使用、分配方案。

二、计划职能的基本特征

计划工作的基本特征可以概括为五个主要方面：目的性、首位性、普遍性、效率性和创新性。

（一）目的性

计划工作为实现组织目标服务，任何组织都是通过有意识地合作来完成群体的目标而得以生存的。计划工作旨在有效地实现某种目标。

（二）首位性

由于计划、组织、人员配备、领导和控制等方面的活动，都是为了支持实现组织的目标，管理过程中的其他职能都只有在计划工作确定了目标以后才能进行。因此，计划工作是管理活动的桥梁，是组织、领导、人员配备和控制等管理活动的基础，计划职能在管理职能中居首要地位。

例如，对于是否要建立新厂的计划研究工作，如果得出的结论是新厂建设在经济上不合理，也就没有筹建、组织、领导和控制一个新厂的必要了。图 3-1 概略地描述了这种相互关系。

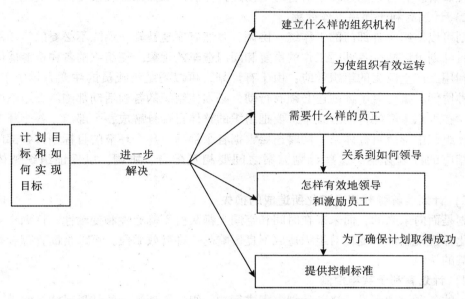

图 3-1　计划工作领先于其他管理职能

（三）普遍性

虽然各级管理人员的职责和权限各有不同，但是他们在工作中都由计划指导，计划工作在各级管理人员的工作中是普遍存在的。

（四）效率性

计划工作要追求效率。计划的效率是指对组织目标所作贡献扣除制定和执行计划所需要的费用后的总额。如果在计划的实现过程中付出了太高的代价或者是不必要的代价，那么这个计划的效率就是很低的。因此，在制订计划时，要时时考虑计划的效率，不但要考虑经济方面的利益，还要考虑非经济方面的利益和损耗。

（五）创新性

计划工作是针对需要解决的新问题和可能发生的新变化、新机会而做出决定，因而它是一个创新过程。计划工作实际上是对管理活动的一种设计，正如一种新产品的成功在于创新一样，成功的计划也依赖于创新。

三、计划职能的重要意义

一个组织要在复杂多变的环境中生存和发展，就需要科学地制订计划，协调与平衡各方面的关系，不断地适应变化了的形势，寻找新的生存与发展的机会。因而，计划在管理中的地位日益提高。计划作为管理的基本职能，在管理中具有重要的作用。

（一）计划有利于管理者进行协调和控制

计划确定了组织的活动方向，明确了具体的目标和任务，便于管理者协调各部门的工作，指导管理活动按计划有步骤地进行；另外，计划介于决策与组织、控制之间，有其独特的地位。管理者可以通过计划对管理活动进行控制，从而保证决策目标的实现。

（二）计划有利于提高工作效率

计划可以使组织各部门的工作统一协调、井然有序地展开，消除不必要的活动所带来的浪费；计划可以减少各部门工作的重复和闭门造车的现象，使组织的各种资源能够得到充分的利用，产生巨大的组织效应；由于有计划，可以把组织成员的注意力集中于目标，形成一种协同力量。有了计划还必须有行动，必须使组织的各项活动都围绕着组织的目标来进行。在组织未来的行动方案中，要把组织的整体目标分解成各个部门、各个环节的目标，以在组织中形成目标体系。同时还要根据各个部门、各个环节的目标制订各部门、各个环节相应的计划方案。这些计划方案之间要相互配合、协调，以保证组织整体目标实现。

（三）计划能够弥补情况变化所造成的损失

计划是面向未来的，而未来在时间和空间上都具有不确定性和变动性。计划作为预测未来变化并且设法消除变化对组织造成不良影响的一种有效手段，可以帮助管理者对未来有更清醒的认识。

（四）计划有利于实施控制

组织的各项活动都是围绕着计划方案进行的。组织各项活动的结果可能是实现了预期目标，也可能是与预期目标存在一定的偏差。这时，组织就要发挥管理的控制职能来消除这种偏差。要进行控制就要有标准，组织实施控制的标准就是计划工作所确定的计划目标。如果没有计划目标，就无法测定控制活动，也就无所谓控制，所以说计划为组织实施有效控制提供了根据。

四、计划的种类

计划的种类很多，可以按不同方式进行分类。不同的分类方法有助于我们全面地了解计划的各种类型。一般较为普遍的是按照管理层次、时间跨度、计划的约束力、计划的对象、企业职能、计划的表现形式来分类。

（一）按照管理层次来划分

按照制订计划的组织在管理系统中所处的层次来划分，可以分为高层计划、中层计划、低层计划。

高层计划是由高层领导机构制订并下达到整个组织执行和负责检查的计划，一般是总体性的，是整个组织的战略构思和长时期的行动纲领。高层计划一般具有构思宏大、眼光深远、认识超前等特点，同时也较为抽象和稳定。

中层计划是中层管理机构制订、下达或颁布到有关基层执行并负责检查的计划，从属于高层计划，并指导低层计划。

低层计划是基层机构制订、颁布和负责检查的计划，一般是执行性计划，低层计划的制订必须以高层、中层计划的要求为依据，保证高层、中层计划目标的实现。低层计划具有构思细微、认识实在的特点，一般较为具体和易变。

高层、中层、低层计划是相对而言的，后者一般是前者分解的结果，前者则是后者的纲领和综合。较低层级的计划是较高层级计划的落实和保证。

（二）按照时间跨度来划分

按照时间跨度来划分，可分为长期计划、中期计划和短期计划。

长期计划的期限一般在 10 年以上，是组织在较长时间内的发展目标和方向，属于纲领性和轮廓性的计划。

中期计划的期限一般为 5 年左右，它来自长期计划，并且按照长期计划的执行情况和预测到的具体条件变化来编制。

短期计划的期限一般在 1 年左右，以年度计划为主要形式。它是在中期计划的指导下，具体规划组织本年度的工作任务和措施的计划。

三者的关系：长期、中期、短期计划在时间上的要求是相对的，在不同单位可能不同。前者是制订后者的原则和框架，后者是前者的具体化和实施。长期、中期、短期计划有机协调和相互配套，是计划目标得以实现的保证。

（三）按照计划的约束力来划分

按照计划对执行者的约束力来划分，可分为指令性计划和指导性计划。指令性计划是由上级部门下达的具有行政约束力的计划。它具有强制性、权威性、行政性和间接市场性的特点。指导性计划是由上级主管部门下达的起导向作用的计划。它具有参考性、灵活性和调节性的特点。

（四）按照计划的对象来划分

按照计划的对象来划分，可以分为综合计划、局部计划和项目计划。

综合计划是指具有多个目标和多方面内容的计划。

局部计划是指限于指定范围内的计划，它是在综合计划的基础上制订的，是综合计划的一个子计划。与综合计划相比，局部计划涉及的对象比较单一，计划的内容专一性强。

项目计划是为完成某一特定任务而制订的计划，内容专业性较强，目标比较明确。项目计划既可以包括在局部计划之中，又可以单独设立。作为局部计划的一个组成部分，项目计划是局部计划的进一步分解和落实；作为单独设立的项目，其又往往与综合计划相关。

（五）按照企业职能来划分

计划还可以按企业职能进行划分。例如我们可以将某个企业的经营计划按企业职能分为新产品开发计划、供应计划、生产计划、销售计划、财务计划、人力资源计划、设备维修计划、安全计划、后勤保障计划等。由此看来，这些职能计划通常就是企业相应的职能部门编制和执行的计划。按职能分类的计划体系，一般来说是与组织中按职能划分管理部门的组织结构体系相对应的。

（六）按照计划的表现形式来划分

按计划内容的表现形式划分，可将计划分为宗旨、目标、战略、政策、程序、规则、规划和预算等内容。

第一，宗旨（Mission）。各种有组织的活动，都具有或者至少应该有目的或宗旨。这种目的或宗旨是社会对该组织的基本要求，反映的是组织存在的社会价值。

第二，目标（Objective）。目标是在宗旨指导下提出的，它具体规定了组织及其各个部门的经营管理活动在一定时期要达到的具体成果。目标不仅仅是计划工作的终点，而且也是组织工作、人员配备、领导以及控制等活动所预期的结果。

第三，战略（Strategy）。战略是组织面对激烈变化的市场环境，为求得长期生存和不断发展而进行的总体性谋划，是指对确立组织的长期目标，如何采取行动，分配必需的资源，以实现目标。

第四，政策（Policy）。政策是指在决策或处理问题时，指导及沟通思想活动的方针和一般规定。政策指明了组织活动的方向和范围、鼓励的对象和限制的对象，以保证行动同目标一致，并有助于目标的实现。

第五，程序（Procedure）。它规定了处理那些重复发生的问题的方法、步骤。程序就是办事手续，是对所要进行的行动规定时间顺序。程序是行动的指南。因此，程序详细列出了完成某类活动的准确方式。

第六，规则（Rule）。规则是对在具体场合和具体情况下，允许或不允许采取某种特定行动的规定。规则也是一种计划。规则容易与政策和程序相混淆，应特别注意区分。规则不像程序，因为规则指导行动，而不说明时间顺序，可以把程序看做一系列规则的总和。政策的目的是要指导决策，并给管理人员留有酌情处理的余地。虽然规则有时也起指导作用，但是在运用规则时，没有自行处理的权力。

第七，规划（Programs）。规划是综合性的计划，它是实现既定方针所需要的目标、政策、程序、规则、任务分配、执行步骤、使用资源以及其他要素的复合体。因此，规划工作的各个部分的彼此协调需要系统的思考方法。

第八，预算（Budget）。预算作为一种计划，是一份用数字表示预期结果的报表。预算又被称为"数字化"的计划。例如，财务收支预算，可称为"利润计划"或"财务收支计划"。预算计划可以促使上级主管对预算的现金流动、开支、收入等内容进行数字上的整理。预算也是一种控制手段，又因为预算是采用数字形式，所以它使计划工作更细致、更精确。有关预算的详细情况将在本书关于控制职能的内容中详细讨论。

五、计划工作的程序

组织的计划过程是一个复杂的过程。就是计划目标的制订和实现的过程。具体而言，计划工作包括六个步骤，如图 3-2 所示。

（一）分析环境，预测未来

运用科学的分析方法（如 SWOT 分析）对组织环境进行综合分析，看清组织自身的优势和劣势、外部环境的机会和威胁。在此基础上，才能确定组织所要达到的目标。

（二）确定目标

组织要在环境分析的基础上制订其目标。计划工作的目标是指企业在一定时期内所要收到的效果。它指明所要做的工作有哪些，重点在哪里，以及通过战略、政策、程序、规划和预算等所要完成的是什么任务。

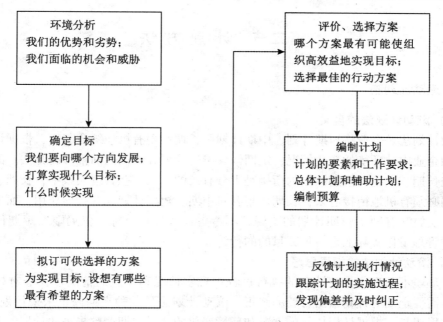

图 3-2　计划工作的程序

（三）拟订可供选择的方案

确定目标之后，就要拟订各种可行的计划方案供评价和选择。这一步是一个创新过程，因为一个计划往往有几个可供选择的方案。拟定方案时，不是找可供选择的方案，而是减少可供选择方案的数量，以便对最有希望的方案进行分析。当然，方案不是越多越好；拟定可行性方案应做到既不重复又不遗漏，拟定若干个比较有利于预期目标实现的可行性方案，借助数学方法和计算机进行选优，排除希望最小的方案。

（四）评价、选择方案

计划工作的第四步是评价备选方案并选择最佳方案，这是计划的关键一步，也即决策。本步骤是根据环境分析和组织目标来权衡各种因素，对各个方案进行评价。在比较各个方案的利弊的前提下选择最合适的方案。有时候，对可供选择方案的分析和评估表明两个或两个以上的方案都是合适的。在这种情况下，管理者应在确定首选方案的同时，把其他几个方案作为后备的方案，这样可以增加计划工作的弹性，使之更好地适应未来的环境。

（五）编制计划

做出决策之后，就要根据计划目标和最佳方案，按照计划工作的要求，采用科学的方法编制计划。总体计划要靠辅助计划来支持，而辅助计划又是总体计划的基础。所以，一方面，要编制总体计划，另一方面，还要编制辅助计划。

（六）反馈计划执行情况

为了保证计划的有效实施，要对计划执行情况进行跟踪检查，及时反馈计划的实施情况，分析计划执行中出现的问题并采取相应的措施。

第二节 计 划 方 法

一、滚动计划法

(一) 滚动计划法的含义

滚动计划法是企业将短期计划、中期计划和长期计划有机地结合起来，根据计划的执行情况和企业内外环境的变化情况，定期修订未来计划并逐期向前推移的方法。滚动计划法对促进长期、中期、短期计划的衔接是十分有效的，因为在管理实践中，长期、中期和短期计划必须有机地衔接起来，长期计划要对中期、短期计划具有指导作用，而中期、短期计划的实施又有助于长期计划的实现。不考虑长期计划目标，仅局限于短期任务的完成，这种管理工作实际上是一种无目的的行为。

(二) 滚动计划法的指导思想

由于环境不断变化，在计划的执行过程中现实情况和预想的情况往往会有较大的出入，这就需要定期对计划做出必要的修正。滚动计划法是一种定期修正未来计划的方法，它的基本思想是：根据计划执行的情况和环境变化的情况定期调整未来的计划，并不断逐期向前推移，使短期计划和中期计划有机地结合起来。如图 3-3 所示，假设计划的周期为 5 年，按照近细远粗的原则分别定出年度计划。计划执行一年后，认真分析实际完成情况与计划之间的差异，找出原因。根据新的情况和因素，按照近细远粗的原则修正各年度计划，并向后延续一年，以此类推。该方法虽然使得编制计划的工作量加大，但随着计算机技术的发展，计划的制订或修改变得简便易行，大大促进了滚动计划法的推广和应用。

(三) 滚动计划法的优点

(1) 适合于任何类型的计划。

(2) 缩短了计划的预计时间，提高了计划的准确性。编制这种计划时，对 3 年后的目标无需做出十分精确的规定，从而使计划在编制时有更多的时间对未来 1~2 年的目标做出更加准确的规定。

(3) 使短期计划和中期计划很好地结合在一起。

(4) 使计划更富有弹性，实现了组织和环境的动态协调。

由于长期计划的计划期较长，很难准确预测到各影响因素的变化，因而很难确保长期计划的稳定实施。而采用滚动计划法，就可以根据环境的变化和实际完成情况，定期对计划进行修订，使组织始终有一个较为切合实施的长期计划做指导，并使长期计划始终与短期计划紧密衔接在一起。

二、横道图法

(一) 横道图概述

横道图法由亨利·甘特于 1900 年发明，所以也叫做甘特图。横轴表示时间，纵轴表示要安排的工作内容，线条表示在整个期间计划和实际任务完成情况，线条之间有平行与先后两种关系，其中平行关系表示工作同时进行，先后关系表示必须前一工作完成后才能

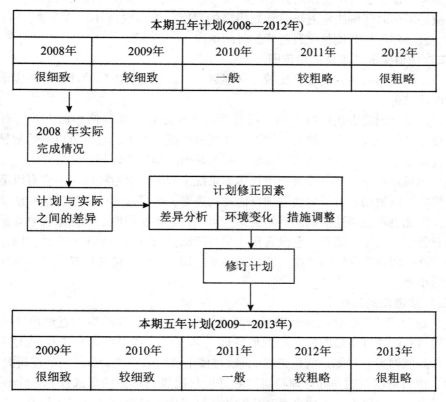

图 3-3 滚动计划法示意图

开始后一工作。横道图作为一种控制工具，直观地表明计划任务的起始时间，既简单又实用，使管理者对计划任务的完成情况可以一目了然，以便对计划工作进行正确的评估，如图 3-4 所示。

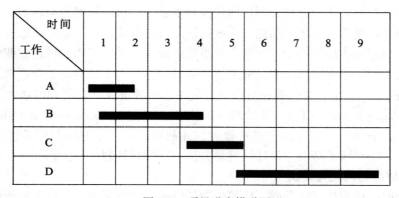

图 3-4 项目进度横道图

图 3-4 中显示了每项工作的开始时间和结束时间，横道线的长度表示该项工作的持续时间。横道图的时间维决定着项目计划粗略的程度，根据项目计划的需要，可以以小时、天、周、月、年等作为度量项目进度的时间单位。

（二）横道图的特点及适用范围

第一，横道图的最大优势是比较容易理解。一眼就能看出活动什么时间应该开始，什么时间应该结束。

第二，横道图是表述项目进展（或者项目不足之处）的最简单的方式，而且容易扩展，以确定其提前或者滞后的具体因素。在项目控制过程中，它也可以清楚地显示活动的进度是否落后于计划，如果落后于计划，那么是何时落后于计划的，等等。

横道图只是对整个项目或者把项目作为系统来看的一个粗略描述。它有以下缺陷：第一，虽然它可以被用来方便地描述项目活动的进度，但是却不能揭示出这些活动之间的相互关系，因此也不能描述活动的网络关系。第二，它不能指明活动如果较早开始或者较晚开始会有怎样的结果。第三，它没有指明项目活动执行过程中的不确定性，因此没有敏感性分析。这些弱点严重制约了横道图的进一步应用。所以，传统的横道图一般只适用于比较简单的小型项目。

（三）横道图的应用

（1）通过代表工作包的条形图在时间坐标轴上的点位和跨度来直观地反映工作包有关的时间参数；通过条形图的不同图形特征（如实线、波浪线等）来反映工作包的不同状态（如反映时差、计划或实施进度）；通过使用箭线来反映工作之间的逻辑关系。

（2）进行进度控制。其原理是将实际进度状况以条形图的形式在同一个项目的进度计划横道图中表示出来，以此来直观地对比实际进度与计划进度之间的偏差，作为调整进度计划的依据。

（3）用于资源优化、编制资源及费用计划。

三、网络计划技术法

（一）网络计划技术法的一般概念

随着现代化生产的不断发展，项目的规模越来越大，影响因素越来越多，项目的组织管理工作也越来越复杂。用横道图这一传统的进度管理方法，已不能明确地表明各项工作之间相互依存与相互作用的关系，管理人员很难迅速判断某一工作的推迟和变化，无法确定项目中最重要的、起支配作用的关键工作及关键线路。为了适应对复杂系统进行管理的需要，20 世纪 50 年代末，在美国相继研究并使用了两种进度计划管理方法，即关键线路法（Critical Path Method，CPM）和计划评审技术（Program Evaluation and Review Technique，PERT）。这两种方法被用于进度管理，并利用网络计划对项目的工作进度进行安排和控制，于是便形成了新的进度计划管理方法——网络计划技术法。

（二）网络图的构成与绘制

网络图是网络计划技术的基础。任何一项任务都可以分解成包含许多步骤的工作，根据这些工作在时间上的衔接关系，用箭线表示它们的先后顺序，画出一个各项工作相互关联，并注明所需时间的箭线图，这个箭线图就称为网络图。

网络图是因其外观与网络相似而得名，它是表达一项计划的进度安排、各项活动之间的相互衔接关系以及所需时间、资源的图解模型。从其构成来看，主要由活动、事项和线路三个部分构成。

（1）活动

活动是用箭线表示的，箭尾表示活动的开始，箭头表示活动前进的方向，箭线上部注明活动的名称，箭线下部注明活动所需的时间。一般情况下，箭线的长短与时间无关，但在时标网络图上，箭线的长度应与时间成正比。

网络图中还有一种虚活动，即不存在的虚拟活动，它只是用来表示活动之间的相互依存和相互制约的逻辑关系，但不消耗资源，也不占用时间。

（2）事项

在网络图中，事项表示一项活动的开始和结束。它是相邻活动的分界点和衔接点，即两条或两条以上箭线的交点，称为结点。事项用标有号码的圆圈表示，如图3-5所示。

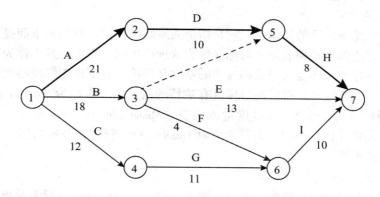

图3-5　网络图

网络图中只有一个始点事项，表示一项工程或任务的最初活动的开始，只有一个终点事项，表示最终活动的结束，其余的事项都具有双重含义，它是前项活动的结束和后项活动的开始。事项既不占用资源，也不占用时间，仅仅是表示某项活动开始或结束的一个符号。

（3）线路

线路是从起点开始，顺着箭头的方向，连续不断地到达终点的通道，一般网络图中有若干个通道。线路上各项活动之和称为路长，路长值最大的线路称为关键线路或主要矛盾线，关键线路之外的线路称为非关键线路。关键线路上的活动称为关键活动，网络分析主要是找出工程任务的关键线路。关键线路不是固定不变的，关键线路和非关键线路可以转化。如采取一定的技术措施后，可缩短关键路径上关键活动的作业时间，则使非关键路径上的一般活动的矛盾凸显出来，成为新的关键，引起关键线路的转化，这种变化是网络技术动态性的表现，必须随时注意计划的进度，及时发现关键线路的变化，对计划进行相应的调整。

（三）网络计划技术的评价

网络计划技术虽然需要大量而烦琐的计算，但在计算机广泛运用的时代，这些计算大多已程序化了。这种技术之所以被广泛运用是因为它有一系列优点：（1）通过网络图，可使整个项目及各组成部分一目了然；（2）可足够准确地估计项目的完成时间，并指明哪些活动一定要按期完成；（3）使参加项目的各单位和有关人员了解他们各自的工作及其在项目中的地位和作用；（4）便于跟踪项目进度，抓住关键环节；（5）可简化管理，使领导者的注意力集中到可能出问题的活动上。

第三节　目标与目标管理

一、目标

（一）目标的含义与作用

1. 目标的含义

目标是使命或宗旨的具体化，它是指个人或组织根据自身的需求而提出的在一定时期内经过努力要达到的预期成果。目标能够为管理决策确定方向，并可作为标准用以衡量实际的成效。良好的目标是组织获得成功的基础和保障，是实现组织战略的必备手段。

从管理学的角度看，组织的目标具有独特的属性，通常称为 SMART 特性，即目标一定要具体明确（Specific）；可以度量或测量（Measurable）；可以实现（Achievable）；目标之间相互关联（Relevant）；时间限定（Timebond）。管理者制定目标时，一定要把握好目标的这些基本特征。

2. 目标的用途

目标给人的行为设定明确的方向，使人充分了解自己每一个行为所产生的效果；目标可以使自己知道什么是最重要的事情，有助于合理安排时间；目标能清晰地评估每一个行为的进展，正面检讨每一个行为的效率；目标能预先看到结果，稳定心情，从而产生持续的信心、热情与动力。

目标有四种重要用途：首先，它们向组织成员提供指导，指明统一的方向。目标有助于每一位成员理解组织的方向以及这种方向的重要性。在数年前，通用电气公司的最高层经理们曾经设定目标，要求公司的各个业务部门必须在所在的产业内保持数一数二的地位。这一目标帮助企业经理们在同像惠而浦和伊莱克斯这样的企业竞争时作出适当的决策。与此相似，宝洁公司设定的下年销售收入翻番的目标帮助公司里每一位成员认识到推动公司成长和扩张的重要性。

其次，目标的设定强烈地影响规划工作的其他方面。有效的目标设定可以促进好的规划，好的规划可以协助未来的目标设定工作。例如，宝洁公司雄心勃勃的收入目标可以用来说明目标设定与实现目标的规划之间的互补性关系。更高的增长目标鼓励经理在规划中为扩张寻找新的市场机会。同时，他们还要警惕竞争对手的威胁，并发掘有助于未来扩张的新的思想。

再次，目标是对组织成员的一种激励。具体的和适当难度的目标可以激励人们工作更加努力，特别是在达成目标后可以获得奖励。意大利家具制造商 Industrie Natuzzi SpA 公司用目标来激励员工。每一位员工都有一个目标，要在多长时间内完成工作。例如，缝制沙发垫上用的皮革或为扶手椅子制造木制框架。完成工作后，员工们将自己的工号和完成工作的数量输入公司的计算机系统。如果完成工作的时间比目标值少，计算机系统会自动将奖金打入他们的账户。

最后，目标可以创造有效的评估和控制机制。有了目标，就可以在未来对工作业绩进行评估。例如，假设美国慈善基金会的官员设定了在一个小型社区中募集 25 万美元的目标。时间过半后，如果他们发现自己刚刚募集到 5 万美元，他们就很清楚必须改变做法或加大投入。如果他们最终只募集到 10 万美元，他们必须仔细分析没能实现目标的原因，决定明年应当如何改进。如果他们成功地募集到 26.5 万美元，评估的结果将会完全不同。

（二）目标的分类

目标可分为长期目标和短期目标，主要目标和次要目标，控制性目标和突破性目标，定量目标和定性目标。

1. 长期目标和短期目标

目标按时间跨度可分为长期目标和短期目标。一般来说，短期目标是指时限在一年内的目标；长期目标是指时限为五年以上的目标。如果要使计划工作收到成效，就必须把长期目标和短期目标有机地结合在一起。

2. 主要目标和次要目标

目标按重要程度可分为主要目标和次要目标。目标的优先次序意味着在一定的时间内某一目标的实现相对来说要比实现其他目标更为重要。确定目标的优先次序是极为重要的，任何一个组织都必须合理分配其资源。确定目标及其优先顺序是科学决策的体现。

3. 控制性目标和突破性目标

控制性目标是指生产水平或经营活动水平维持在现有水平；突破性目标是指生产水平或经营活动水平达到前所未有的高度。例如，某企业产品的废品率在 15% 左右，如果要在计划工作中不断提高产品质量，使废品率下降到 10%，这个 10% 就叫突破性目标。

4. 定量目标和定性目标

目标按性质可分为定量目标和定性目标。目标要有意义就必须是可以考核的。使目标能够考核的最有效、最方便的方法就是定量化。但是，在许多场合是不宜用数量来表示目标的，在组织的经营活动中，定性目标是不可缺少的。大多数定性目标是可以考核的，但考核的标准不可能和定量目标一样准确。尽管确定可考核的目标是十分困难的，但经验告诉我们，任何定性目标都能用详细的说明或用其他目标的特征来提高其可考核的程度。

二、目标管理

（一）目标管理的由来

目标管理是以泰勒的科学管理和行为科学理论（特别是其中的参与管理）为基础，形成的一套管理制度。美国管理学家彼得·德鲁克于 1954 年在他的著作《管理的实践》中首先提出了"目标管理"这一概念。他认为，企业的宗旨和任务必须转化为目标，各级管理人员必须通过这些目标对下级进行领导，以此实现组织总体目标。他强调组织的成员应参与目标的制定，通过"自我控制"实现目标。由于有明确的目标作为考核标准，因此对员工的评价和奖励更客观、更合理，大大激发了员工为完成组织目标而努力工作的热情。由于它较好地体现了现代管理的原理，在管理实践中受到广泛重视，特别适用于对管理人员的管理，所以被称为"管理中的管理"。

（二）目标管理的概念

当今有许多组织都在帮助其员工设定绩效目标，以便实现组织目标，这可以通过一种叫目标管理（Management By Objectives，MBO）的过程加以实现。

目标管理是指这样一个系统：由上、下级共同决定具体的绩效目标，首先确定出整体目标，将组织的整体目标转换为组织单位和成员的目标，层层分解，逐级展开，采取保证措施，定期检查目标的进展情况，依据目标完成过程中的具体情况来进行考核，从而有效地实现组织目标。

简言之，所谓目标管理就是指组织内部各部门乃至每个人为实现组织目标，自上而下地制定各自的目标并自主地确定行动方针、安排工作进度、有效地组织实施和对成果严格考核的一种系统的管理方法。

目标管理是一个全面的管理系统，它用系统的方法，使许多关键管理活动结合起来，将整体目标细分为组织中的单位与个人的具体目标，所以目标管理既是自下而上进行的，也是自上而下进行的，其结果是形成了一个不同层次之间目标相连的层级体系。如果组织中所有人都实现了各自的目标，那么单位的目标也就实现了，这样，组织的整体目标也就会实现。所以，德鲁克把目标管理看做将每一种工作的目标导向整个组织的目标。

（三）目标管理的基本思想

（1）目标管理是指一个组织的任务必须转化为目标，以求有效地开展工作。如果一个领域没有特定的目标，则这个领域必然会被忽视。组织的工作往往以目标为准绳，工作的目的也是为了目标的实现。

（2）目标管理是一种程序，由上下级共同决定目标。各级管理人员只有通过这些目标对下级进行领导，而且依照这个目标来衡量下级的工作或贡献大小，并适当给予必要的物质和精神激励，才能保证总目标的实现。如果一个企业没有一个共同目标，其组织也不会有效地进行工作，并且组织规模越大，人员越多，产生冲突和浪费的可能性就越大。

（3）目标分解与落实，强调自我控制。正是由于一个共同目标的存在，让组织中的每个员工都根据总目标来制定个人目标，并积极努力实现个人目标，进而实现组织的总目标。在目标管理的实施阶段和评价阶段，应充分信任员工，发扬民主精神并下放权力，让员工实行自我控制，依靠个人力量，独立完成目标。

（4）考核依据。在考核时，严格依据每个员工的实际贡献如实进行评定，做到实事求是，这也是尊重员工的表现，这可以进一步刺激员工的工作热情，充分发挥员工的积极性、主动性和创造性。

目标管理与危机管理、压制管理不同。危机管理是指管理者平时无所事事，只有在发生意外时才忙成一团，是一种"消防队救火式"的管理方式。压制管理是指管理者每时每刻都紧盯着他的下属，是一种"监工式"的管理方式。目标管理与这两种管理方式截然不同，企业的管理者在进行计划、组织、指挥、控制及人力资源等管理工作时，事先怀有"目标"，在执行过程中，充分相信员工，有条不紊，紧张而不慌乱，以实现"目标"的程度评价管理效能的优劣，因此，目标管理既融合了泰勒的科学管理学说，又加入了梅奥的人际关系学说，是一种根据工作目标来控制每个员工行动的管理方法。它的目的是通过目标的激励来刺激员工的上进心和成功欲，以实现总目标。

（四）目标管理的基本特点

1. 整体性

目标管理体现了系统论和控制论的思想，它是把组织目标作为一个系统看待，是经过总体思考而产生的。也就是说，在确定总目标的时候，就已经充分考虑了分目标的分解和落实，形成了完整的目标体系。

2. 目的性

目标管理要求组织确定下来的目标必须明确、具体，具有较高的清晰度。清晰度就是指目标的简洁程度。第一，组织在确定具体项目时应突出重点，在结构上，每个工作方面最好确定一项目标；第二，目标的文字表达要简单明了，使员工易于记忆和理解。

3. 层次性

目标具有层次性，目标管理相应也有层次性，总目标经过逐级分解之后，层次就显示出来了，重要的是怎样才能保持层次性。如果层次稳定下来，也就实现了目标管理；如果层次稳定不下来，实际上目标分解就没有落实，目标管理必然流于形式。

稳定层次的根本问题在于合理授权。在目标管理中，科学的领导应当只抓两项工作：一是根据组织的总体目标向下一层次发出指令信息，最后考核指令的执行结果；二是协调下一层次各单位（部门）之间的关系，对有争议的问题做出裁决。

4. 民主性

目标管理的重要原则之一是自我控制，经过分解，目标应当有利于提高人的主动性和创造性。目标管理的民主性体现在制定目标时要广泛实行民主参与，使员工对目标的意义有充分的了解，满足员工自我表达的需要，而且员工主动介入制定和控制目标，能促使他们约束自己的行为。当目标确定之后，对于选择什么样的方法去实现目标，应当给执行者留有较高的自由度。无论目标的分解如何细，不体现民主性都不是真正的目标管理。

（五）目标管理的基本过程

了解了目标管理工作的实践是怎样取得成功的，我们便能看出目标管理的重要性。各组织的活动性截然不同，目标管理的过程也不尽相同，其可以分为以下几个步骤。

1. 确定总体目标

企业在确定总体目标时，必须注意到目标的可分解性，就是说，不是主观地分解目标，而是根据目标的实际需要分解目标。总体目标的可分解性涉及许多方面的问题，但最主要的是利益问题。就我国企业的现状来看，职工利益与企业利益相背离是实行目标管理的障碍。如果这一问题不能解决，职工就不会主动去关心企业的目标，企业目标得不到落实，也就失去了可分解性。企业必须承认员工的利益和权利，但员工的利益只有与企业的利益挂钩才能实现。解决这一问题是实行目标管理的前提条件。

决策理论学派的代表人物西蒙和马奇指出：确定企业目标应看成是经营者、员工、股东、消费者、中间商的共同行为，个人的目的在企业中是通过诱因和贡献的平衡来实现的。企业目标的确定应遵循的原则是：第一，要以市场需求为依据，体现企业发展的战略思想；第二，在一定的价值观的支配下，提高企业的经济效益；第三，从实际出发，最有效地利用企业的有限资源；第四，目标要先进、合理，应当是经过努力可以实现的；第五，要提高目标的清晰度。

按照系统论的原则，确定目标时应当保证目标之间的整体性，要按照先整体后局部的原则，经过由整体到局部、由长远到近期、由专业到岗位、由总体到层次的全面考虑之后，再确定目标体系。

2. 目标分解

当企业总体目标确定之后，如何具体地将目标落实下去，这就是目标的展开问题。目标展开应包括以下工作：

（1）目标分解。从形式上看，目标分解就是将目标一层层划开，大划中、中划小，一直分解到班组和个人。在分解过程中，一定要理解这样做的目的，它实际上是一个自上而下层层展开、自下而上层层保证的过程。在企业中，目标分解是一项具有艺术性的工作，不能把目标分解理解为"目标均摊"。目标分解首先要将总体目标分解为专业目标，然后将专业目标经分解再落实到基层，形成基层的综合目标。经过层层分解，就形成了一个由综合到专业，再由专业到综合的有机分解过程。

（2）目标协商。在目标协商这一点上，充分体现出目标管理的特征。目标协商是指在目标分解过程中，企业上下级之间围绕企业目标的分解、层次目标的落实所进行的沟通和意见商讨。

目标协商是目标管理不可缺少的环节，它从根本上改变了过去上级往下级压任务、下级讨价还价的不正常现象。因此，目标协商有以下作用：①能使上下级的目标统一。由于层次目标主要是各层次根据企业目标自己制定的，有可能产生偏差，通过协商可以消除偏差。②可以加深执行者对目标的理解。通过目标协商，下级可以认识实现目标的意义。在协商过程中，上级可以向下级讲解为什么要实现目标，使员工增强实现目标的荣誉感和责任感；同时，还能促使员工树立全局观念，这就为以后进行横向协调打下基础。③可以消除下级的顾虑。经过协商之后，下级掌握了更多情况，了解了实现新目标的条件，就会提高实现目标的信心。④目标协商实现了员工民主参与。民主参与使员工摆脱了受驱使的感觉，感受到自身价值的实现，从而有利于调动员工的工作积极性。

（3）对策展开。当目标确定之后，实现目标的关键在于抓住主要问题，制定措施及时予以解决。对策展开的实质就是解决问题。

（4）明确目标责任。它不仅包括明确实现目标的质量标准和承担责任的项目，还包括向有关方面提供保证，同时配以奖惩措施。这些都应以明确的方式表示出来，使目标的执行者随时都可以检查自己的目标实现程度。若没有明确的责任加以约束，总体目标最终难以实现。

（5）编制目标展开图。目标展开图是以图表的方式，将目标管理所要实现的内容表示出来，图表方式比较直观，目标的分解、对策、责任、标准一目了然，而且还能使人们了解目标体系结构和自己在目标体系中所处的地位。目标展开图公布于众，有利于人们把握实现目标的进度，同时也便于讨论和分析问题。

3. 目标的实施

目标的实施阶段就是目标的实现过程，这一阶段的工作质量直接影响着目标成效。为了保证各层次、各成员能实现目标，必须授予相应的权力，使之有能力调动和利用必要的资源，保证目标实施有效地进行。这一阶段包含的内容如下：

（1）编制计划。经过目标分解和协商之后，各个部门和各个岗位所需完成的目标已经确定下来，目标分解解决的是每个部门应该做什么的问题，而编制计划要解决的是什么时候、做什么的问题。因此，在目标分解的基础上还要编制计划。

编制计划实际上就是确定实现目标的措施和手段，在目标管理中，这一步虽然要由目标执行者自己进行，但决不等于放任自流，而是要求领导者给予必要的协助。如提出各种建议，提供各种信息，组织各种沟通交流活动等。力图使制订出的计划更加严密和切实可行，同时也更加符合总体目标的要求。

（2）自我控制。自我控制是目标管理的一个十分重要的特征。它是员工按照自己所承担的目标责任，按照目标责任的要求，在目标实施过程中进行自主的管理。由于受控于目标，不会出现自由放任的现象。

自我控制采用的主要方法是自我分析和自我检查，而在实现目标的过程中，不断地总结经验与教训，通过一定的反馈方式，把握目标的实现程度；通过将实现程度与目标进行对比，从中找出差距与不足，并研究实现目标的有效方法。自我控制对目标的实现起着积极的作用。

自我控制并不意味着脱离领导，而是要建立新型的上下级协作关系。实现这种类型的关系要做到：第一，要保持一定的沟通，及时汇报目标的实施情况和存在的问题，使上级掌握工作进度，以便取得领导的支持和指导；第二，实施的情况要及时反馈给协作部门，以便实现相互间的良好配合，纵向和横向关系要做到制度化。

（3）监督与检查。目标的实施主要是靠员工的自我控制，但并不排斥管理者对目标实施进行必要的监督和检查。这是因为在实施目标的过程中，难免在局部会出现不利于总体目标实现的行为。通过监督和检查，可以对好的行为进行表扬和宣传，对偏离目标的现象及时指出和纠正，对实施中遇到的问题及时予以解决，从而保证目标的最终实现。

监督和检查的内容包括进度、数量和质量等。通过监督和检查可以实现对偏差的调整，并保证完成目标的均衡性，实现有效的协作和信息沟通。

4. 目标成果的评价

目标成果的评价是实施目标管理过程中不可缺少的环节，它可以起到激励先进和教育后进的作用。目标成果评价的步骤大致是这样的：先由执行者进行自我评价，并填入目标卡片中，送交上级主管部门；然后再由上级实事求是地给予评价，确定其等级。

进行评价的依据主要是目标的实现情况。同时，包括目标的困难程度和为实现目标的努力程度。若在执行目标过程中，由于各方面情况的变化对目标进行了必要的修整，则还应包括修正部分。对目标完成情况的考核一定要有说服力，能充分体现职工实际成绩的好坏。考核的具体办法应事先就规定好，让员工心中有数，具体的考核评价办法，可由企业根据自身的实际情况确定，其原则就是要能准确、真实地反映员工的绩效。

5. 实行奖惩

　　根据评价结果实行奖惩，评价考核一定要同物质及精神奖励结合起来，体现多劳多得。评价考核工作是否公平、合理，是否照顾到了大家的利益，对下期工作的影响是很大的。因此，企业领导人一定要谨慎抓好这项工作。

　　6. 新的目标管理循环

　　目标成果评价与奖惩，既是对某一阶段组织活动效果以及组织成员贡献的总结，也为下一阶段的工作提供参考和借鉴。在此基础上，再制定新的目标，开始目标管理的新一轮循环。

（六）目标管理的优缺点

　　虽然目标管理是现在最广泛的实际管理方法之一，但它的效果有时还有问题。管理实践表明，要评价目标管理的真正效果是困难的。原因是，其一，各种各样的组织给目标管理下了不同的定义并进行不同的实践。有的组织只是简单地设置目标，而有一些则把它看做一个全面的管理系统。其二，有效性也是不容易下定义的，而且业绩的增减可能是由于目标管理以外的其他因素造成的，要完成一项目标管理计划可能会用 2~5 年的时间，在这期间，这个计划以外的许多其他因素也可能对企业的经营有影响。如果一个目标管理方法产生效果，它一定与其特定的环境条件相适应。目标管理方法有若干缺点，但其在管理过程中仍是必不可少的一个重要环节。为了进一步认识目标管理的必要性，扬长避短，我们有必要了解目标管理的优缺点：

　　1. 目标管理的优点

　　（1）有利于提高管理效率。简单地讲，目标管理使得管理工作有很大的提高。用目标和预期结果来定向地计划工作，是非常有效的办法。目标管理迫使管理人员去考虑计划的效果，而不仅仅是计划本身的工作。为了保证目标的实现，它也需要管理人员去考虑实现目标的方法，考虑必需的组织、人员和物资。

　　（2）有利于明确组织的任务和结构。目标管理可以迫使管理人员弄清组织的任务和结构。在可能的范围内，各个岗位应该围绕所期望的关键目标而设立，各个岗位应有人负责，从而尽可能地把主要目标所要取得的成果落实到对实现目标负有责任的岗位上。

　　（3）可以有效地调动人们的积极性、创造性和责任心，鼓励他们专注于自己的目标。人们不再只是做工作、执行指示、等待指导和决策，他们实际上参与了目标的制定，且都是明确规定目标的个人；他们已有机会把自己的想法纳入计划之中了；他们了解自行处理的范围，而且还能从上级领导那里获得帮助，以保证完成自己的目标。

　　（4）更有效地实施控制。控制就是测定工作，就是采取措施以纠正在计划实施中出现的偏差，以确保目标的实现。管理控制系统的一个主要问题是要知道去监视什么，一套明确的考核目标就是进行监视的最好指导。

　　2. 目标管理的缺点

　　尽管目标管理有很多优点，但它也有若干缺点。

　　（1）对目标管理的原则阐明不够。"目标"二字看起来很简单，但是要把它付诸实施的管理人员必须很好地领会和了解它。他们必须依次向下层人员解释目标管理是什么，它怎样起作用，为什么要实行目标管理，在评价绩效时它起什么作用以及参与目标管理的人能够得到什么好处。但是实际上，许多管理人员对目标管理的基本思想理解不深。

（2）目标难以确定。真正可考核的目标是很难确定的，为了追求目标的可考核性，人们可能会过分使用定量目标，而且企图在不宜用数字表示的一些领域里也利用数字，或者对一些最终成果用数量表示有困难的重要目标，他们可能会降低等级。例如，一个良好的企业形象，可能成为企业的关键目标领域，但它用数字表示是困难的，为了体现目标管理的思想，可能会导致定量化的目标无法充分反映组织的总体要求，甚至会降低标准。

（3）目标短期化。在大多数的目标管理计划中，所确定的目标一般是短期的，很少超过一年，常常是一个季度或更短。为防止短期目标导致的短期行为，上级管理人员必须从长期角度提出总目标和制定目标的指导准则。

（4）不灵活。目标管理要取得成效，就必须保持其明确性和稳定性，如果目标经常改变，就难以说明它是经过深思熟虑和周密计划的结果，这样的目标是没有意义的。计划是面向未来的，而未来存在许多不确定因素，这使得必须根据已经变化了的环境对目标进行修正。目标的改变可能导致目标前后不一致，给目标管理带来困难。

虽然目标管理在某些情况下有许多困难，但实际上，这种管理方法所强调的是设置目标，人们一直认为这是计划工作和管理工作不可缺少的部分。这就要求组织成员不断探索，总结经验，以取得最好效果。

第四节　决策与决策的方法

一、决策的概念与作用

决策是为了实现某一目标而从若干个行动方案中选择一个满意方案的分析判断过程。决策是管理者从事管理工作的基础，是体现管理者水平高低的重要标志之一，在管理活动中具有重要的地位与作用，具体表现在以下几个方面。

第一，决策是管理的核心内容。管理工作是多方面的，都是围绕着决策而展开的。管理活动中的每一个具体环节都有具体的决策问题。首先，计划工作的每一环节都涉及决策。例如目标的制定、行动方案的选择等，都离不开决策。其次，组织、领导、人员配备、控制等管理职能的发挥也离不开决策，如采取何种组织结构形式，采用何种领导方式，如何选聘人才，如何进行控制等，都需要通过决策来解决。管理中时时处处会遇到问题，决策就是要解决问题。可以说，决策贯穿于管理过程的始终，存在于一切管理领域。

第二，决策是管理者的主要职责。有组织就有管理，有管理就有决策。不论管理者在组织中的地位如何，决策都是管理者的重要职责。管理者管理水平的高低，实际上在很大程度上体现为决策水平的高低。

第三，决策关系到工作目标的实现乃至组织的生存与发展。决策选择的行动方案的优劣直接影响到目标实现的速度、程度和质量，影响到管理的效率。决策失误，必然会导致管理与经营行为的失败。

二、决策的类型

（一）按决策的范围分类

按决策的范围分类，有战略决策和战术决策。战略决策是指与组织发展方向有关的重大问题的决策。如：企业经营目标的确定与改变；技术革新与技术改造；新产品开发计划；多元化经营的发展计划；企业联合或联营的决定，等等。

战术决策又称管理决策，它是为实现战略目标所采取的决策。如：企业组织机构的设计与变更；各种规章制度的建立和改革；企业内部人力、物力、财力的协调与控制，等等。

（二）按决策层次分类

按决策层次分类，可分为高层决策、中层决策和基层决策。高层决策是指组织最高领导层所做的决策。这类决策大多是有关组织全局以及与外界有密切联系的重大问题，如组织的经营方针、市场开拓等。中层决策是指组织中层管理人员所做出的决策。基层决策是指组织基层管理人员所做的决策，这类决策一般解决日常工作中的问题。一般来说，越往高层的决策，越具有战略性的、非常规型的、非确定型的种种特性；而越往低层的决策，就越具有战术性的、常规型的、确定型的特点。

（三）按决策依据分类

按决策依据分类，可分为经验决策和科学决策。经验决策是假定过去出现的事会重复出现，凭以往的这种经验判断所做出的决策，这类决策只适用于日常的一些事物上。科学决策则是运用运筹学、计算机、管理信息系统等现代决策技术而进行的决策。

（四）按决策的重复程度分类

按决策的重复程度分类，有程序化决策和非程序化决策。程序化决策是指这种决策是常规的、重复的，当某一问题发生时，不必要作出新的决策，可以按照原来设定的一定方式进行工作。这种决策属于定型化、程序化或定规化的决策。例如订货、材料与工具出入库、工资发放等。由于这些活动经常地、重复地进行，积累了一套经验，可以把这些不断重复的工作方法和顺序编制成固定的工作规则和程序，使这类工作有章可循。对这种经常性的业务工作和管理所作的决策称为程序化决策。这种决策工作主要由企业中、低层管理人员来承担。

非程序化决策又称一次性决策，它属于非常规的、非定型化、非例行的决策。这类决策活动不是经常重复出现的，它用来解决以往没有经验可资依据的新问题。

但是，程序化决策与非程序化决策并不是截然不同的，程序化决策有重复次数多少的不同，非程序化决策也可能包括某些过去的经验，也就是说，程序化或重复性是从高到低的一个连续系列。

（五）按决策主体的多少分类

按决策主体的多少分类，可分为集体决策和个人决策。集体决策是指多个人一起作出的决策，个人决策则是指单个人作出的决策。相对于个人决策，集体决策有一些优点：能更大范围地汇总信息；能拟订更多的备选方案；能得到更多的认同；能更好地沟通；能作出更好的决策等。但集体决策也有一些缺点，如花费较多时间，有可能出现责任不明的情况以及"从众现象"等。

（六）按决策的可靠程度分类

按决策的可靠程度分类，可分为确定型决策、风险型决策和不确定型决策。确定型决策是指一个方案只有一种确定的结果。这种决策问题的各种未来的自然状态非常明确，只要将各个方案的结果进行比较，确定一个最好的方案，即可做出决策。

风险型决策和不确定型决策都是指由于存在不可控制的因素，一个方案有可能出现几种不同的结果。例如，某一企业要生产一定数量的某种产品，由于无法控制市场变化的情况，销售难以预测，因此，盈利和亏本这两种可能性都存在。到底生产还是不生产，很难作出决策，需要冒点风险。一般认为，风险型决策和不确定型决策的区别在于，前者对各种可能的结果，有客观的概率可以作为依据，而后者只能靠决策者的经验和心理因素来确定。

三、决策的特征

决策的类型很多且各有特点，但同时也有共同的特征，可以概括出以下几点：

第一，超前性。任何决策都是针对未来行动的，要求决策者具有超前意识，思想敏锐，能够预见事物的发展变化，适时地做出正确的决策。

第二，目标性。决策目标就是决策所要解决的问题，无目标的决策或目标不明确的决策，往往会导致决策无效甚至失误。

第三，选择性。决策必须具有两个以上的备选方案，通过比较评定来进行选择。

第四，可行性。决策的若干个备选方案应是可行的，这样才能保证决策方案切实可行。所谓"可行"，一是指能解决预定问题，实现预定目标；二是方案本身具有实行的条件，比如技术上、经济上都是可行的；三是方案的影响因素及效果可进行定性和定量的分析。

第五，过程性。决策既非单纯的"出谋划策"，又非简单的"拍板定案"，而是一个多阶段、多步骤的分析判断过程。决策的重要程度、过程的繁简及所费时间长短固然有别，但都必然具有过程性。

第六，科学性。要求决策者能够透过现象看到事物的本质，认识事物发展变化的规律性，做出符合事物发展规律的决策。

第七，风险性。决策环境往往是不确定的、复杂的，目标也不很明确。人们不可能做到对未来有完全充分的了解，有时会出现失误。根据直觉、经验决策则更是如此。

四、决策的程序

决策是一个过程，为了对决策过程有更为详细的了解，我们将详细考察决策过程的每一个步骤和程序：

（一）界定问题

问题是决策的起始点，决策始于问题的识别，即发现问题，而问题就是现实和理想之间的差异。识别和发现问题在决策过程中是比较难的，必须不断地对组织与环境状况进行深入的调查研究和创造性的思考才能做到。发现问题后还必须对问题进行分析，包括弄清问题的性质、范围、程度、影响、后果、起因等各个方面，为决策的下一步做准备。

（二）确定决策目标

目标体现的是组织要达到的目的。目标是决策活动的开始，而实现目标，即取得预期的管理效果是决策的终点。

确定目标时，要注意以下几点：

1. 目标应明确具体

决策目标的确定是为了实现它，因而决策目标定得要准确，首先要求概念必须明确清晰，即对决策目标的理解应当只有一种，能够使执行者明确地领悟。如果一个目标怎样理解都可以，那么就无法做出有效的决策，也无法有效地执行。

2. 目标要分清主次

在决策过程中，目标往往不止一个，多个目标之间既有协调一致的时候，也有发生矛盾的时候。例如，要求商品物美价廉就有矛盾，物美往往要增加成本；价廉就得降低成本，有时还会影响质量。在诸多目标中，有的目标是必须实现的，有的目标是希望实现的，这样就可以使实现目标的严肃性和灵活性更好地结合起来。因此，在处理多目标问题时，一般应遵循两条原则：第一，在满足决策需要的前提下尽量减少目标的个数，因为目标越多，选择标准就越多，选择方案越多，越会增加选择的难度。第二，要分析各个目标的权重，分清主次，先集中力量实现必须达到的主要目标。

3. 要规定目标的约束条件

决策目标可以分为有条件目标和无条件目标两种，凡给目标附加一定条件者称为有条件目标，而所附加条件称为约束条件；不附加任何条件的决策目标称为无条件目标。约束条件一般分为两类：一类是客观存在的限制条件，如一定的人力、物力、财力条件；另一类是目标附加一定的主观要求，例如目标的期望值，以及不能违反国家的政策法规等。

4. 决策目标数量化

决策目标数量化就是要给决策目标画出明确的数量界线。有些目标本身就是数量指标，例如，产值、产量、销售量、利润等。在制定决策目标时要明确规定增加多少，而不要用"大幅度"和"比较显著"之类的词，有些关于组织问题、社会问题、质量问题等方面的决策，目标本身不是数量指标，可以用间接测定方法，例如，产品质量可以用合格率、废品率等说明。

5. 决策目标要有时间要求

决策目标中必须包括实现目标的期限。即使将来在执行过程中有可能会因情况变化而对实现期限做一定修改，确定决策目标时也必须把预定实现期限规定出来。

（三）拟定备选方案

决策目标确定以后，就应拟定达到目标的各种备选方案。拟定备选方案，要注意：

首先，要分析和研究目标实现的外部因素和内部条件，积极因素和消极因素，以及决策事物未来的变化趋势和发展状况。

其次，将外部环境各不利因素和有利因素、内部业务活动的有利条件和不利条件等，同决策事物的未来趋势和发展状况的各种估计进行排列组合，拟订出实现目标的方案。

最后，将这些方案同目标要求进行粗略的分析对比，权衡利弊，从中选择出若干个利多弊少的可行方案，供进一步评估和抉择。

拟订可行方案的过程是一个发现、探索的过程，也是淘汰、补充、修订、选取的过程。应当有大胆设想、勇于创新的精神，又要细致冷静、反复计算、精心设计。对于复杂的问题，可邀请有关专家共同商定。在拟订方案时，可运用头脑风暴法、对演法等技术。对演法就是让相互对立的小组制定不同的方案，然后双方展开辩论，互攻其短，以求充分暴露矛盾，使方案越来越完善。

（四）评估决策方案

备选方案一经确定，决策者就必须对每一备选方案进行评估。为了解决决策中的困难，通常的方法是根据目标的权重排出先后次序，然后通过加权求和的方式将其综合为一个目标；或者将一些次要目标看做决策的限制条件，使某个主要目标达到最大（或最小）来选择方案。

（五）选择最佳方案

从已列出的并且评估过的备选方案中选择最佳方案这一步骤是决策的关键环节。通过可行性分析和评估，确定出每个方案的经济效益和社会效益，以及可能带来的问题，按照一定的标准比较各个方案的优劣，从中选择最佳方案。方案选择的具体方法有两种：一种是定性方法，即决策者根据以往的经验和掌握的材料，经过权衡利弊，做出决断；另一种是定量方法，即借助于数学和计算机技术进行决策的方法。

（六）方案的实施与反馈

实施决策是指将决策传递给有关人员并得到他们行动的承诺。只有付诸实施，才能最终检验决策是否合理有效，才能发现偏差并作必要的调整。

一个决策方案的实施需要较长时间，在这段时间内，由于组织内部条件和外部环境的不断变化，原来的决策方案可能已经不符合实际情况。因此，管理者要对决策效果进行评价，及时获得决策方案执行情况的反馈信息，对没有达到预期效果的项目要找出原因，与既定目标发生偏离的，要对原定方案进行修订；客观情况发生重大变化，原定目标无法实现时，则要重新寻找问题或机会，重新审定目标，按照决策程序运作，直到选出新的最优化方案时为止。

五、决策的方法

随着决策理论和实践的不断发展，已经出现了许多科学的决策方法。总的归纳起来可以分为两大类：一类是定性决策的方法；另一类是定量决策的方法。决策者应当根据决策过程的性质和特点，灵活地运用各种方法，优势互补，提高科学决策的水平。

（一）定性决策的方法

定性决策的方法又称为"软方法"，也叫主观决策法，是指决策者根据个人或专家的知识、经验和判断能力，充分发挥出集体智慧进行决策的方法，所以也叫主观决策法。定性决策的优点是灵活简便，通用性强，易于为一般管理者采用，有利于调动专家的积极性，激发人的创造力，更适用于非常规型决策。但其缺点是多建立在专家个人主观意见的基础上，未经严格论证，主观性强。定性决策的方法主要有以下几种：

1. 德尔菲法

德尔菲法是 20 世纪 50 年代由美国兰德公司发明的，最早用于预测，后来推广应用到决策中来。它是一种通过信函向专家征求对未来有关事项意见的一种决策方法，也是目前采用得最普遍的一种现代预测和决策方法。

德尔菲法的要点是：①不记名投寄征询意见；②收集各专家意见；③统计、整理专家意见；④对整理后的意见进行多次反馈、咨询，直至意见比较集中为止。由于德尔菲法是以匿名及书信的方式进行的，因此专家们免受聚集一堂时彼此产生的心理作用的影响，可以最大限度地利用专家资源，获得比较满意的结果。但是，德尔菲法也有不足之处。一方面，用书信的方式咨询意见，使问题的讨论受到了很大的限制；另一方面，如果组织者不能很好地理解专家的意见，就有可能在整理和归纳专家意见时出现误差。

2. 头脑风暴法

头脑风暴法又名畅谈会法。类似于我们颇为熟悉的"诸葛亮会议"，其思想是邀请有关专家敞开思路，在不受约束的条件下，激发灵感、自由开放、群策群力，发挥集体智慧，针对某些问题畅所欲言，创造一种自由奔放的思考环境，诱发创造性思维的共振和连锁反应，产生更多的创造性解决方案。此方法的成果是名副其实的集体智慧的结晶。

该方法的具体操作规则可以用实例来说明，比如：选择 5～12 人，1 人为主持人，1～2 名记录员（最好是非正式与会人员），要求人人参与会议，时间以不超过 2 小时为宜，不受外界干扰，不允许有质疑和批评，不允许反驳，也不要做结论，建议越多越好，广开思路，不要重复别人的意见，思考、表达创意的气氛和空间应该是完全轻松自由的。这种方法适用于简单问题的决策。

3. 列名小组法

列名小组法是采用函询与集体讨论相结合的方式征求专家意见的方法。这种方法分为两个步骤：第一步请有关专家在互不接触的条件下，用函询的方式提出自己对某一个问题的意见。第二步邀请专家聚会，把第一步收集的意见匿名公布给大家，使大家畅所欲言，深入探讨。列名小组法可以有效地避免头脑风暴法和德尔菲法的弊端，既可以使专家们在第一阶段毫无顾忌地各抒己见，又可以在第二阶段相互启发，取长补短。但是，这种方法如果使用不当，也会失之偏颇。

4. 方案前提分析法

方案前提分析法是通过分析、评估决策方案赖以成立的前提来进行决策的方法。由于方案前提分析法不是讨论方案本身，而是讨论方案的前提，这样就能较好地避免决策中一些人为因素的消极影响。方案前提分析法的关键在于找出方案的前提。另外，在讨论时对前提成立的条件要尽量刨根问底，以求更详细、透彻地对方案的前提进行了解。

5. 提喻法

提喻法是通过讨论从其他角度提出的与方案有关或类似的其他方案，借助类比达到分析评估方案目的的方法。提喻法是 20 世纪 60 年代由美国学者哥顿首创的一种决策方法，因而也称为哥顿法。运用提喻法可以隐瞒决策问题的真相，因而可以防止与会者因个人利害关系而产生消极心态。同时，还有利于与会者从新的角度和侧面探讨问题，进行创造性思维，避免他们囿于成见而束缚思想。

6. 创造工程法

创造工程法是运用创新思维提出问题与解决问题的一种方法。这种方法把决策过程看成是一个有秩序、有步骤的创新过程，包括三个阶段：第一阶段是确定问题阶段；第二阶段是孕育、创新阶段；第三阶段是提出设想和付诸实施的阶段。创造工程法的核心是第二阶段，其灵魂是创造性思维。

（二）定量决策方法

定量决策方法又称为"硬方法"，是指建立在数学、统计学等基础上的决策方法。它的核心就是把决策变量之间、变量与目标之间的关系用数学式表示出来，建立数学模型，然后根据决策条件，通过计算（复杂问题要用计算机）求得答案。这种方法适用于决策过程中的任何一步，特别适用于方案的比较和评价。定量决策方法主要有：盈亏平衡分析法、决策树法、线性规划法、边际分析法、等概率法、小中取大决策法、大中取大决策法、期望值决策法、博弈论，等等。下面主要介绍盈亏平衡分析法和决策树法。

1. 盈亏平衡分析法

盈亏平衡分析法又称保本分析法或量本利分析法，是通过考察销售量、成本和利润的关系以及盈亏变化的规律来为决策提供依据的方法。

在运用盈亏平衡分析法时，关键是找出企业不盈不亏时的销售量（称为保本销售量或盈亏平衡销售量，此时企业的总收入等于总成本）。该法常用图形来考察销售量、成本和利润的关系。在应用此法时，通常假设产品价格和单位变动成本都不随销售量的变化而变化，所以销售收入曲线、总变动成本曲线和总成本曲线都是直线（见图3-6）。盈亏平衡分析是一种简单的方法，对管理者而言是很有价值的。

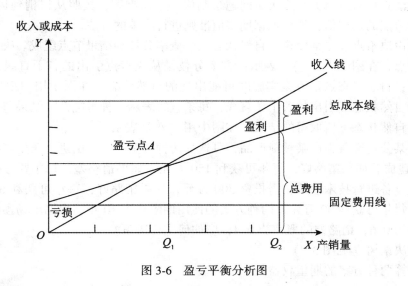

图3-6 盈亏平衡分析图

由图3-6可以看出，盈亏平衡的产销量为 Q_1 时，在这一点上企业不亏不盈。当产销量低于 Q_1 时，就产生亏损，产销量越少，亏损额越多；当产销量高于 Q_1 时就产生利润，产销量越多，产生利润也就越多。通过公式也可计算出盈亏平衡点 A，决策者需要知道产品销售的单位价格（P）、单位可变成本（V）及总固定成本（C）。盈亏平衡点 A 的产销量 Q_1 计算公式如下：

$$Q_1 = C / (P-V)$$

这个公式告诉我们：①当我们以某个高于可变成本的价格销售产品达到某个值时，总收入一定可以等于总成本；②价格与可变成本的差与销售数量的积等于固定成本。由此公式可以推算出有一定利润（L）的产销量 Q_2 的计算公式：

$$Q_2 = (C+L) / (P-V)$$

举例：长城股份有限公司生产销售机器，总固定成本 10 万元，单位变动成本 500 元，每台机器售价 1000 元，请计算出保本点销售量。依据公式可得：

$$Q_1 = C / (P-V) = 100000 \div (1000-500) = 200（台）$$

若该公司想赚取 5 万元的利润，那么，这时的销售量应是多少？依据公式可得：

$$Q_2 = (C+L) / (P-V) = (100000+50000) \div (1000-500) = 300（台）$$

2. 决策树法

决策树法主要应用于风险型决策，所谓风险型决策，就是在不确定情况下的决策。风险决策一般有以下特点：①决策目标明确、量化，一般是经济性的，如获得最大利润；②有多个方案可选择，可根据项目条件和市场预测资料对方案收益和损失进行比较准确地估计；③未来环境可能存在多种自然状态；④决策者可估算出不同自然状态出现的概率；⑤决策标准是使期望净收益达到最大或损失减至最小。因此，决策者在决策时，无论采用哪种方案，都要承担一定的风险。

决策树法是根据逻辑关系将决策问题绘制成一个树型图，按照从树梢到树根的顺序，逐步计算各节点的期望值，然后根据期望值准则进行决策的方法。

决策树由决策点、方案分枝、自然状态点、概率分枝和结果节点组成。决策点是进行方案选择的点，在图中用"□"表示；方案分枝是从决策点引出的若干直线，每条线代表一个方案；自然状态点是方案实施时可能出现的自然状态，在图中用"○"表示；概率分枝是从自然状态点引出的若干条直线，每条直线表示一种可能性；结果节点表示不同方案在各种自然状态下所取得的结果，在图中用"△"表示。

举例：某公司准备生产某种新产品，可选择两种方案：一是引进一条生产线，需投资 500 万元，建成后如果销路好，每年可获利 150 万元，如果销路差，每年要亏损 30 万元；二是对原有设备进行技术改造，需投资 300 万元，如果销路好，每年可获利 60 万元，如果销路差，每年可获利 30 万元。两种方案的使用期限均为 10 年，根据市场预测，产品销路好的概率为 0.6，销路差的概率为 0.4，应如何进行决策？

先绘制决策树（见图 3-7）。

然后计算两种方案的期望收益值：

方案一：① = （150×0.6-30×0.4）×10-500 = 280（万元）

方案二：② = （60×0.6+30×0.4）×10-300 = 180（万元）

最后根据期望值选择方案：

比较两种方案的期望收益可知，方案一的期望收益值大于方案二，所以决策者应选择方案一，即引进一条生产线。

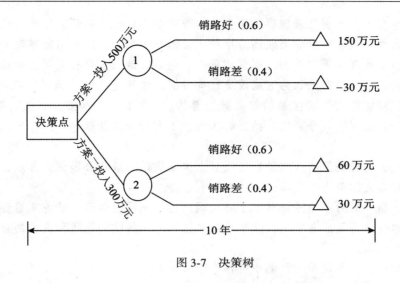

图 3-7　决策树

◎ **本章思考题**：

1. 简述计划的特征。
2. 简述计划的程序。
3. 简述目标管理的基本思想。
4. 简述目标的作用。
5. 简述滚动计划法的基本思想。
6. 请评价网络计划技术。
7. 简述决策的程序。
8. 定性决策方法有哪些？

◎ **章末案例**：

迪斯尼欧洲决策

　　法国迪斯尼开张两年后，尽管每月有 100 万游客，每天却损失 100 万美元，在什么地方发生了错误呢？

　　迪斯尼一直充满雄心，结果造成严重的战略和财务失误。在利率开始上升时过于依靠负债。他们假设公园会继续火爆，那时可以卖掉一些股份用于偿还债务。公园本身也有一些错误的决策，包括成本超出、无酒精政策（在法国，午餐有一瓶葡萄酒是正常的）、太少的淋浴卫生间，以及错误地认为法国人不在饭店的餐厅用早餐等。

　　公司认为是连续的欧洲经济衰退、高利率、法郎升值等造成了这些问题，它认为自己懂得最多，并将之强加于员工。法国建设与工业部的一位官员说："因为他们是迪斯尼，所以他们什么都懂。"欧洲迪斯尼的管理者感到他们不过是在充当总公司管理的副手而已。

迪斯尼在许多方面都表现得过于自信。管理者夸口他们能预测巴黎未来的生活模式；他们认为人们会转移到离欧洲迪斯尼很近的东部来；他们相信能够改变欧洲的人的习惯，例如欧洲人不像美国人那样认可孩子逃学，他们宁可在吃饭上少花时间也要更多的休闲时间。迪斯尼认为它能改变这些习惯。迪斯尼的一位前任管理者说："有一种倾向，即相信人们所接触的都是最完善的。"迪斯尼认为在佛罗里达能做到的，在法国一样能做到。过分骄傲、批评的压力、工人的士气低落等在一开始就使得游客远离。

迪斯尼公司在法国的欧洲迪斯尼项目上决策失误，最终公园依然开放，但观察家认为需要相当大的努力才能使这个项目盈利。

欧洲迪斯尼的财务风险评估基于对利润的过于乐观的估计。评论家曾经指出财务结构已经远远偏离了正常轨道，迪斯尼应该注意老式的欧洲思维和美式的自由市场财务思维是不同的。

尽管如此，公园还是如计划中一样有许多游览者。然而，成本太高了，同时经济环境也发生了变化。为了抵消成本，公园当局设定的门票价格为 42.25 美元，这比美国的门票高。迪斯尼完全没有看到欧洲经济处于不景气当中。一名高层管理者说："由于受到计划规定的开园日期的压力以及开园的诱惑，我们没能意识到一场大的经济衰退正在来临。"

迪斯尼主席米歇尔·艾思纳曾经鼓励过欧洲迪斯尼要在计划中大方一些。他执意保证迪斯尼的质量，忽视了预算和评论家的警告。

当事情完全出乎预料时，迪斯尼威胁要关掉公园，但是在谈判的最后关头，赞同了新的财务计划，至少暂时来说危机似乎解决了。也有许多观察家认为欧洲迪斯尼没有关门的危险，公司还有许多好牌，它的债权人和法国政府，一个提供低于市场利率的 7500 万美元的贷款，一个开始为公署提供公路和铁路网。

新管理层降低了门票价格并削减了成本。欧洲迪斯尼开始恢复并在财务上走向正轨。但是，迪斯尼又一次惹怒了欧洲人。动画电影《大力神》对原著的粗暴歪曲激怒了人们。一家欧洲的主要报纸评述论道："卡通（指《大力神》）歪曲和滥用了欧洲文化的一个基本传说。"并进一步指出："只顾赚钱，他们真的这样做了并赚了上亿的钱。"还有人评论道："好莱坞为了自己的顾客比迪斯尼更加歪曲欧洲文化。"

（资料来源：[美] 里基·W. 格里芬. 管理学. 刘伟，译. 中国市场出版社，2008.）

讨论：

1. 案例中你能找出多少次决策？对于这样一个巨大计划，哪些工作应该做而没有做？
2. 案例中有哪些要领和决策理论相关？你认为迪斯尼高层有什么错误？
3. 为了长期利益，迪斯尼可以做哪些工作？
4. 你对最后一段所描写的欧洲人的反应有什么看法？迪斯尼应该怎样做？

第四章 | 战 略

☞ **学习目标：**

掌握企业战略的基本概念及特征；掌握企业战略环境分析的方法与工具；熟悉企业总体战略的类型；掌握企业的三种竞争战略；了解企业战略实施与控制的内容。

☞ **教学重点：**

企业战略环境分析的方法与工具；企业三种竞争战略。

◎ 开篇案例

经过激烈的竞争，格兰仕攻占国内市场 60% 以上的份额，成为中国微波炉市场的代名词。在国家质量检测部门历次全国质量抽查中，格兰仕几乎是唯一全部合格的品牌，与众多洋品牌频频在抽检中不合格被曝光形成鲜明对比。格兰仕投入大量技术开发费用，获得多项国家专利和专有技术；今后，将继续加大投入，使技术水平始终保持在世界前列。

由于格兰仕的价格挤压，近几年微波炉的利润空间降到了最低谷。今年春节前夕，甚至出现个别韩国品牌售价低于 300 元的情况，堪称世界微波炉最低价格。国内品牌的主要竞争对手一直是韩国产品，它们由于起步早，曾经一度占据先机。在近几年的竞争中，韩国品牌落在了下风。韩国公司在我国的微波炉生产企业，在一些重要指标上被查出不合标准，并且屡遭投诉，这对于注重质量管理的韩国公司是不多见的。业内人士认为，200 多元的价格水平不正常，是一种明显的抛售行为。它有两种可能：一是韩国受金融危机影响，急需扩大出口，向外转嫁经济危机；二是抛库套现，做退出前的准备。

面对洋品牌可能的大退却，格兰仕不是进攻而是选择了暂时退却。日前，格兰仕总部发出指令，有秩序地减少东北地区的市场宣传，巩固和发展其他市场。这一决策直接导致了春节前后一批中小企业进军东北，争夺沈阳及天津市场。这些地区已经平息的微波炉大战，有重新开始的趋势。

格兰仕经理层在解释这种战略性退让时指出，其目的在于让出部分市场，培养民族品牌，使它们能够利用目前韩国个别品牌由于质量问题引起信誉危机的有利时机，在某一区域获得跟洋品牌直接对抗的实力，形成相对的针对洋品牌的统一战线，抵制那些搞不正当竞争的进口品牌。

从长远看，格兰仕保持一些竞争对手，也是对自己今后的鼓励和鞭策。格兰仕的目标是打出国门。1998年，格兰仕微波炉出口额为5000万美元，比上年增长两倍，在国内家电行业名列前茅，其国际市场价格平均高于韩国同类产品。前不久，在世界最高水平的德国科隆家电展中，第二次参展的格兰仕不仅获得大批订单，而且获得了世界微波炉经销商的广泛关注。今年格兰仕的出口目标是再翻一番。为继续扩大规模，格兰仕将有选择地在国内微波炉企业中展开收购工作。1998年收购安宝路未果后，公司吸取了经验教训，今年将重点联合政府部门实现新的目标。鉴于亚洲金融危机的影响短期内可能不会消除，格兰仕表示，并购工作对海外品牌企业一视同仁。

你认为格兰仕的成功经验有哪些？

第一节　战略管理概述

一、战略的定义

战略一词来源于希腊语"Strategos"，其含义是"将军"。我国的《孙子兵法》就是早期研究军事战略的杰出论著，后来广泛地应用到政治领域和经济领域。一般意义上的战略，泛指一个组织为了实现它的长远目标和重要使命而作的带有全局性、长远性和根本性的行动谋划和策略。将战略一词运用于企业经营管理，便是企业战略。它是指导企业行为的总体规划或计谋，是企业一定时期内带有全局性的方针政策。

二、战略管理的概念及特点

（一）战略管理的概念
战略管理是组织高层管理人员为了组织长期的生存和发展，在充分分析组织外部环境和内部条件的基础上，设定组织的战略目标，为保证目标的正确落实和实现所进行的战略决策、实施战略方案、控制战略绩效的一个动态管理过程。

（二）战略管理的特点
战略管理是一种管理思想和管理方式，它的特点是动态性管理、全局性管理、高层次性管理和长远性管理。

1. 动态性管理

战略管理的关键不是战略而是动态的管理。战略管理活动的重点是制定战略和实施战略。而制定战略和实施战略的关键就在于对组织外部环境的变化进行分析，对组织的内部条件和素质进行审核，并以此为前提确定组织的战略目标，使三者之间达成动态平衡，从而实现战略管理。

2. 全局性管理

战略是以组织的全局为对象，根据组织总体发展的需要而制定的。具体来说，战略管理不强调组织某一职能部门的重要性，而是通过确定组织的使命、目标和战略来协调组织各部门的活动。

3. 高层次性管理

战略管理的主体是组织的高层管理人员。由于战略决策涉及一个组织活动的各个方面，虽然它也需要组织上、下层管理者和全体员工的参与和支持，但组织的最高层管理人员介入战略决策是非常重要的。这不仅是由于他们能够统观组织全局，了解组织的全面情况，而且更重要的是他们具有对战略实施所需资源进行分配的权力。

4. 长远性管理

没有长远考虑的决策不是战略决策。长远性的意思是要有三年或者五年的发展战略规划，对于传统产业一般要求有五年规划，对于高新技术产业，因为发展比较快，一般要求有三年规划。从这一点上来说，战略管理也是面向未来的管理，战略决策要以经理人员所期望或预测将要发生的情况为基础。在迅速变化和竞争性的环境中，组织要取得成功，就必须对未来的变化采取有预见性的措施，这就需要组织做出长期性的战略计划。

三、研究企业经营环境的方法——SWOT 分析

企业经营环境分析常见的方法是机会优势（SWOT）分析法。

SWOT 分析法是研究企业经营环境的一种基本方法，是用来识别企业内部优势与劣势和企业外部机会与威胁的一种有效方法。所谓 S 是指企业的内部优势（Strength）；W 指企业的内部劣势（Weaknesses）；O 指企业外部环境的机会（Opportunities）；T 指外部环境的威胁（Threats）。将这四种因素综合起来分析，就简称为 SWOT 分析法。

从整体上看，SWOT 可以分为两部分：第一部分为 SW，主要用来分析内部条件；第二部分为 OT，主要用来分析外部条件。利用这种方法可以找出对自己有利的、值得发扬的因素以及对自己不利的、要避开的东西，发现存在的问题，找出解决的办法，并明确以后的发展方向。

根据这个分析，可以将问题按轻重缓急分类，明确哪些是目前急需解决的问题，哪些是可以稍微拖后一点儿的事情，哪些属于战略目标上的障碍，哪些属于战术上的问题，并将这些研究对象列举出来，依照矩阵形式排列，然后用系统分析的思想，把各种因素相互匹配起来加以分析，从中得出一系列相应的结论，而结论通常带有一定的决策性，有利于领导者和管理者做出较正确的决策和规划。

SWOT 分析法常常被用于制定集团发展战略和分析竞争对手情况，在战略分析中，它是最常用的方法之一。

进行 SWOT 分析时，主要有以下几个方面的内容：

（一）分析环境因素

运用各种调查研究方法，分析出公司所处的各种环境因素，即外部环境因素和内部环境因素。外部环境因素包括机会因素和威胁因素，它们是外部环境对公司的发展直接有影响的有利和不利因素，属于客观因素。内部环境因素包括优势因素和劣势因素，它们是公司在发展中自身存在的积极和消极因素，属主动因素，在调查分析这些因素时，不仅要考虑到历史与现状，而且更要考虑未来的发展问题。

优势因素是组织机构的内部因素，具体包括：有利的竞争态势；充足的财政来源；良

好的企业形象；技术力量；规模经济；产品质量；市场份额；成本优势；广告攻势等。

劣势因素也是组织机构的内部因素，具体包括：设备老化；管理混乱；缺少关键技术；研究开发落后；资金短缺；经营不善；产品积压；竞争力差等。

机会因素是组织机构的外部因素，具体包括：新产品；新市场；新需求；外国市场壁垒解除；竞争对手失误等。

威胁因素也是组织机构的外部因素，具体包括：新的竞争对手；替代产品增多；市场紧缩；行业政策变化；经济衰退；客户偏好改变；突发事件等。

SWOT 分析法不是仅仅列出四项清单，最重要的是通过评价公司的优势、劣势、机会、威胁，最终得出以下结论：（1）在公司现有的内外部环境下，如何最优地运用自己的资源；（2）如何建立公司的未来资源。

（二）构造 SWOT 矩阵

将调查得出的各种因素根据轻重缓急或影响程度等排序方式，构造 SWOT 矩阵。在此过程中，将那些对公司发展有直接、重要的、大量、迫切、久远影响的因素优先排列出来，而将那些间接、次要、少许、不急、短暂的影响因素排列在后面。

（三）制订行动计划

在完成环境因素分析和 SWOT 矩阵的构造后，便可以制订出相应的行动计划。制订计划的基本思路是：发挥优势因素，克服劣势因素，利用机会因素，化解威胁因素；考虑过去，立足当前，着眼未来。运用系统分析的综合分析方法，将排列与考虑的各种环境因素相互匹配起来加以组合，得出一系列公司未来发展的可选择对策。

四、组织的优势

组织的优势是组织据以形成和实施战略的技能和能力。不同的战略需要不同的技术和能力。例如，松下电气公司已经证明自己在制造和销售消费电器产品方面的能力。但是，该公司在电器方面的优势并不保证它扩张到其他业务中也能成功，比如保险、游泳池制造或零售。不同的战略需要不同的组织优势。SWOT 分析将组织优势分为两个类别：一般优势和独特竞争力。

一般优势是许多有竞争力的企业都拥有的能力。例如，所有的好莱坞大型电影公司都在灯光、音响、布景和服装设计、化妆方面拥有一般优势。竞争性等值指的就是当众多竞争性企业都有能力实施相同战略时的情景。在这种情况下，组织通常只能获得平均的经济绩效。

独特竞争力是只有少数竞争性企业才拥有的优势。独特竞争力是竞争组织间稀少的能力。例如，卢卡斯的 ILM 公司将电影特技带入了一个新的境界。ILM 的一些特技其他公司根本做不出来，这些特技就是 ILM 公司的独特竞争力。发展独特竞争力的企业通常能够获得竞争优势，实现超过平均水平的经济绩效。事实上，SWOT 分析的主要目的就是发现组织的独特竞争力，从而选择和实施能够利用这一组织独有的优势的战略。

拥有独特竞争力并且将其在战略中进行发挥的组织将获得竞争优势，实现高于平均水平的经济绩效。然而，它的成功会吸引其他组织复制这些优势。战略模仿就是复制其他公司的独特竞争力、实施有价值的战略的做法。有些独特竞争力是可以模仿的，而有些则是无法模仿的。当某些独特竞争力无法被模仿时，基于这些竞争力的战略将产生持续的竞争优势。持续的竞争优势是所有的战略模仿尝试停止后仍然存在的竞争优势。

独特竞争力无法模仿的理由有三个。首先，独特竞争力的获得或开发可能来自独一无二的历史环境，而其他组织无法复制。例如，卡特彼勒的持续竞争优势来自于在第二次世界大战中从美国陆军那里获得的一份长期合同。陆军之所以提供这样一份合约，是因为当时只有这家企业能够满足陆军在世界范围内兴建各类建筑的需要。而如今卡特彼勒的竞争对手，如小松公司和约翰迪尔公司，不可能复制当年的情景。

其次，独特竞争力难以模仿的原因可能是它的性质或特性无法被竞争对手理解。例如，宝洁公司认为它的持续竞争优势来源于长期的制造经验。宝洁公司工厂的很大一部分被遮蔽起来以防止其秘密泄露。卢卡斯的 ILM 公司同样拒绝披露它是如何制作出那些特技的。

最后，独特竞争力难以模仿的原因还可能是它基于复杂的社会现象，例如，组织团队或文化。竞争对手可能会知道，企业成功的原因是其经理们之间的团队精神，但是团队是很难创建的，因此它们还是无法模仿这种独特的竞争力。

第二节　企业总体战略

一、战略结构

一般来说，一个企业的战略可划分为三个层次，即公司战略、经营（事业部）战略和职能战略。

1. 公司战略

在大企业，特别是多种经营的企业，总体战略是企业最高层次的战略。它需要根据企业使命，选择企业参与竞争的业务领域，合理配置企业资源，使各项经营业务相互支持、相互协调。总体战略的任务，主要是回答企业应在哪些领域进行活动。经营范围选择和资源合理配置是其中的重要内容。通常，总体战略是企业高层负责制定、落实的基本战略。

2. 经营（事业部）战略

在大企业，特别是企业集团，往往从组织形态上把一些具有共同战略因素的二级单位（如事业部、子公司等），或其中的某些部分组合成一个战略经营单位（Strategic Business Units，SBU）。在一般的企业，如果各个二级单位的产品和市场具有特殊性，也可以视做独立的战略经营单位。因此，经营战略是各个战略经营单位或者有关的事业部、子公司的战略。

3. 职能战略

职能战略即职能部门战略，又称职能层战略，是企业各个职能部门的短期性战略。职能战略可以使职能部门及其管理人员更加清楚地认识本部门在实施总体战略、经营战略过程中的任务、责任和要求，有效地发挥有关的管理职能，保证企业目标的实现。

通常需要的职能战略，包括研究与开发管理、生产管理、市场营销管理、财务管理和人力资源管理等。每一种职能战略，都要服从于所在战略经营单位的经营战略以及为整个企业制定的总体战略。

三个层次的战略都是战略的重要组成部分，它们之间相互作用、紧密联系。如果一个组织要想获得成功，必须将三者有机地结合起来。组织中每一层次的战略构成下一层次的战略环境。同时，低层次的战略为上一层次的战略目标的实现提供保障和支持。

二、企业总体战略

（一）稳定型战略

1. 稳定型战略的概念及特征

稳定型战略是指在内外环境的约束下，企业准备在战略规划期使企业的资源分配和经营状况基本保持在目前状态和水平上的战略。

从企业经营风险的角度来说，稳定型战略的风险是相对较小的，对于那些曾经成功地在一个处于上升趋势的行业和一个不大变化的环境中活动的企业会很有效。

2. 稳定型战略的优点、缺点分析

稳定型战略的优点：

（1）企业的经营风险相对较小。由于企业基本维持原有的产品和市场领域，从而可以利用原有的生产领域、渠道，避免开发新产品核心市场的巨大资金投入、激烈的竞争抗衡和开发失败的巨大风险。

（2）能避免因改变战略而改变资源分配的困难。由于经营领域主要与过去大致相同，因而稳定型战略不必考虑原有资源的增量或存量的调整，相对于其他战略来说，显然要容易得多。

（3）能避免因发展过快而导致的弊端。在行业迅速发展的时期，许多企业无法看到潜伏的危机而盲目发展，结果造成资源的巨大浪费。

（4）能给企业一个较好的修整期，使企业积聚更多的能量，以便为今后的发展做好准备。从这个意义上说，适时的稳定型战略将是增长型战略的一个必要的酝酿阶段。

但是，稳定型战略也有不少缺陷：

（1）稳定型战略的执行是以市场需求、竞争格局等内外条件基本稳定为前提的。一旦企业的这一判断没有得到验证，就会打破战略目标、外部环境、企业实力之间的平衡，使企业陷入困境。因此，如果环境预测有问题的话，稳定型战略也会有问题。

（2）特定细分市场的稳定型战略也会有较大的风险。由于企业资源不够，企业会在部分市场上采用竞争战略，这样做实际上是将资源重点配置在这几个细分市场上，因而如果对这几个细分市场把握不准，企业可能会更加被动。

（3）稳定型战略也会使企业的风险意识减弱，甚至形成害怕风险、回避风险的文化，这就会大大降低企业对风险的敏感性、适应性和冒风险的勇气，从而增加以上风险的危害性和严重性。

稳定型战略的优点和缺点都是相对的，企业在具体的执行过程中必须权衡利弊，准确估计风险和收益，并采取合适的风险防范措施。只有这样，才能保证稳定型战略的优点的充分发挥。

（二）增长型战略

1. 增长型战略的概念及特征

增长型战略是一种使企业在现有的战略基础水平上向更高一级的目标发展的战略。它以发展作为自己的核心内容，引导企业不断开发新产品，开拓新市场，采用新的生产方式和管理方式，以便扩大企业的产销规模，提高竞争地位，增强企业竞争力。

从企业发展过程分析，任何企业都应经历一个增长型战略实施期，因为企业从竞争力弱小的小企业发展到实力雄厚的大企业，只有依靠实施增长型战略才能实现。

2. 增长型战略的利弊分析

增长型战略的优点体现在以下方面：

（1）企业能通过不断变革来创造更高的生产经营效率与效益。

（2）增长型战略能保持企业的竞争实力，实现特定的竞争优势。

增长型战略也可能有以下弊端：

（1）导致盲目地发展。

（2）可能降低企业的综合素质。

（3）忽视产品和服务的质量。

（三）紧缩型战略

1. 紧缩型战略的概念和特点

紧缩型战略是指企业从目前的战略经营领域和基础水平收缩和撤退，且偏离起点战略较大的一种经营战略。与稳定型战略和增长型战略相比，紧缩型战略是一种消极的发展战略。一般的，企业实施紧缩型战略只是短期的，其根本目的是使企业挨过风暴后转向其他的战略选择。有时，只有采取收缩和撤退的措施，才能抵御竞争对手的进攻，避开环境的威胁，迅速地进行自身资源的最优配置。可以说，紧缩型战略是一种以退为进的战略。

2. 紧缩型战略的利弊分析

紧缩型战略的优点有：

（1）能帮助企业在外部环境恶劣的情况下，节约开支和费用，顺利地度过其所面临的不利处境。

（2）能在企业经营不善的情况下最大限度地降低损失。在许多情况下，盲目而且顽固地坚持经营无可挽回的事业，而不是明智地采用紧缩型战略，会给企业带来致命的打击。

（3）能帮助企业更好地进行资产的最优组合。如果不采用紧缩型战略，企业在面临一个新的机遇时，只能运用现有的剩余资源进行投资，这样做势必影响企业在这一领域发展的前景；相反，通过采取适当的紧缩型战略，企业往往可以将不良运作处的资源转移一部分到这一发展点上，从而实现企业长远利益的最大化。

与上述优点相比，紧缩型战略也有一些弊端。

（1）实行紧缩型战略的尺度较难把握，因而如果盲目地使用紧缩型战略的话，可能会扼杀具有发展前途的业务和市场，使企业的总体利益受到损害。

（2）一般来说，实施紧缩型战略会引起企业内外部人员的不满，从而使员工情绪低落，因为实施紧缩型战略常常意味着不同程度的裁员和减薪，而且实施紧缩型战略在某些管理人员看来意味着工作的失败和不利。

第三节　企业竞争战略

在总体战略的指导下，组织内的战略经营单位要制定构建竞争优势的竞争战略。波特提出的竞争战略主要有成本领先战略、差异化战略、集中化战略。

一、成本领先战略

企业总是力争使其总成本降到行业最低水平，以此作为战胜竞争者的基本前提。这种战略的核心是争取最大的市场份额，以达到单位产品成本最低，从而以较低售价赢得竞争优势。为了支持成本领先战略，企业的营销和销售应当专注于简单的产品属性以及如何用低成本和有效的方式令这些产品属性满足顾客的需要。这些努力的目的是强调在一定价格水平下组织产品所提供的价值，而不是这些产品或服务的特性。它们的广告也强调了公司所实行的成本领先战略，例如天美时表（"一次上弦，终身滴答"）和沃尔玛（"永远可信赖的低价品牌"）。

在成本领先战略下，适当注重会计和财务控制是极为关键的。组织的成功取决于能否保持成本低于竞争对手，管理层必须尽一切可能降低成本。正是严格的会计和财务控制帮助那些组织成功地实施成本领先战略。在制造方面，这些企业通常从高度标准化产品的大规模制造中获益。产品设计要同时考虑顾客需求和制造时的便利。制造部门强调提高产量、降低单位制造成本。像东芝公司和德州仪器这样的企业就采用了这一方法来实施成本领先战略。

实施成本领先战略的组织的文化倾向于专注提高制造、销售和其他业务职能的效率。这些组织中的经理会疯狂地执著于控制成本。沃尔玛公司请求顾客将购物车放在停车场的指定区域内，并以醒目的标志书写"我们请求您帮助我们降低您的成本"。日本富士通电子公司在东京的制造工厂中墙面未刷漆，看得见煤渣砖和水泥，目的就是尽可能降低成本。

二、差异化战略

一般来说，为了支持差异化战略，营销和销售职能必须强调组织产品或服务的高品质、高价值的形象。高级百货商店在运用营销支持差异化战略方面做得非常出色。消费的顾客不是单纯为了买衣服或买家电。相反，逛高级百货商店被描述为"全面的购物体验"。其他采用类似营销职能实施差异化战略的组织包括香奈尔等。

在实施差异化战略时，会计和财务部门的职能是保证资金流不会妨碍持续开发新产品和新服务以满足顾客的需求。如果企业一味强调跟踪和控制资金的使用，而不是注重如何使用资金才能更好地满足顾客的需求，则无论是高科技企业还是时尚设计企业，都将无法有效地实施差异化战略。在制造方面，一家追求差异化战略的企业必须注重品质和满足特殊的顾客需求，而不是强调如何降低成本。制造部门有时必须在手中持有库存以备顾客需要。制造部门还必须提供成本高昂的定制产品或服务以满足顾客的需求。

可见实施这种战略，竞争优势主要依托在产品设计、工艺、品牌、特征、款式和顾客服务等方面，与竞争者相比能有显著的独到之处。由于不同的企业各有特色，顾客难以直接比较其产品的"优劣"，故而可以有效抑制市场对价格的敏感性，企业同样有可能获得不亚于成本领先企业的经济效益。一旦消费者对企业或者品牌建立较高的信任度，还能为竞争者的进入设置较高的门槛。有效地实施这一战略的前提是企业在市场营销、研究与开发、产品技术和工艺设计等方面，具有强大的实力；在质量、技术和工艺等方面，享有优异、领先的良好声誉；进入行业的历史久远，或者从事其他行业时积累的许多独特的能力依然有用；可以得到来自销售渠道各个环节的大力支持和合作。因此，一个企业必须能够对它的基础研究、新产品开发和市场营销等职能进行有效的协调和控制，可以吸引高技能的员工、专家和其他创造性人才以及采用有助于创新的激励机制。

三、集中化战略

一般来说，成本领先战略和差异化战略多着眼于整个市场、整个行业，在大范围内谋求竞争优势。重点集中或"聚焦"则是把目标放在某个特定的、相对狭小的领域内，争取成本领先或者争取差异化，从而建立相对的竞争优势。一般来说，它是中小企业多用的一种战略。虽然在整个市场上没有低成本战略和差异化战略的绝对优势，但在一个较狭小的领域中，却能取得这些方面的相对优势。只是一旦需求发生变化，或强大的竞争者执意一决雌雄，采用这种战略的企业就可能面临较大风险。

在同一市场上，采用同一战略的企业之间，事实上形成了一个"战略群落"。由于使用相同的"武器"，运用最佳的企业一般来说将收益最高。那些采用模糊的、非此非彼的战略的企业，则往往经营最差。它们想集所有战略的优势于一身，结果在哪一方面都没有突出成效。

第四节　构建公司层战略

绝大多数大型组织涉及多个业务、产业和市场，其中每一个业务或业务组通常被称为战略业务单位。像通用电气这样的组织经营着数百种不同的业务，从事从飞机引擎、核能发电到灯泡的各种业务。通用电气公司将这些业务组织成大约20家战略业务单位，即使那些只销售一种产品的组织也可能需要在几个独立的市场里经营。

进入哪个业务、产业和市场，如何管理这些不同的业务，这些都取决于组织的公司层战略。公司层战略最重要的问题是组织多元化的程度和性质。多元化描述的是组织涉及的不同业务的种类以及这些业务类别之间的相关程度。存在着三种多元化战略：单一产品战略、相关多元化和不相关多元化。

一、单一产品战略

如果企业正在迅速发展，消耗着所有可用的资本资源，占据着管理者所有的时间和精力，专注于单一产业是很有必要的。绝大多数企业刚开始都只专注于单一业务。只要所涉足的行业在持续增长，企业通常就会得到继续留在该行业的建议。当核心业务增长减速，

99

或者现有市场趋于饱和，并且整个行业增长放缓时，拓展进入其他行业将会成为一种选择。

在这个时候，管理者必须要回答的战略问题是：是进入新的行业，还是仅仅将现有业务产生的现金以更高红利的方式返还给股东。然而，管理者有时也可以通过垂直整合相邻行业，多样化拓展进入新行业或国际化拓展进入新市场等，提升公司整体绩效。

垂直整合包括向后进入为公司核心业务提供投入品的上游业务，或者向前进入使用公司核心业务产品的下游产业。后向垂直整合的例子是戴尔进入内存芯片产业，为自己公司的个人电脑生产内存芯片（戴尔是从独立供应商的手中购买这些芯片的）。前向垂直整合的例子是苹果公司决定建立苹果连锁商店，进入零售产业。

如果能够提升公司核心业务的竞争地位，垂直整合就是很有必要的。为了做到这一点，垂直整合必须使公司的核心业务要么成本更低，要么差异化程度更高。尽管垂直整合在表面上看起来很不错，但许多完成垂直整合的企业已经发现它们陷入了偏离自己竞争优势的高成本产业。一个常见的问题是内部供应商缺乏降低成本的动力，因为其产品有一个稳定的买家。结果，随着时间的推移，内部供应商变得越来越没有效率，让垂直整合变成了一种债务而不是资产。

二、相关多元化

多元化战略涉及新业务领域的进入。绝大多数大型企业在数个不同的业务、产业或市场中进行经营。如果这些业务之间存在某种关系，则称这家组织实施的是相关多元化的战略。

像宝洁这种公司的多元化业务的相关性是基于共同的分销网络（杂货店）和共同的营销技能（广告）。迪斯尼和环球公司依靠强大的品牌和商誉将多元化的业务联系起来，包括制片厂和主题公园。

相关多元化的战略有三种主要的优势。首先，这样做减少了组织对某一特定的业务活动的依赖，从而降低了经济风险。即使其中有一两项业务遭受了损失，组织作为整体还有生存的机会，因为其他健康的业务会产生足够的现金来支持组织中的其他业务。其次，相对于管理单一业务，同时管理多个业务可以减少一般管理费用。换句话说，如果正常的行政管理费用，例如法律服务和会计方面的费用，可以分摊到许多业务中去，则每一项业务负担的一般管理费用会低于由单一业务负担全部费用时的费用。因此，追求相关多元化的企业的一般管理费用通常低于同类单一业务的企业。最后，相关多元化允许企业在一项以上的业务中发挥自己的优势和能力。当企业成功地进行相关多元化时，会将协同效应，即存在于其业务之间的互补效应转化为资本。如果企业各项业务的经济价值的总和大于其分别加总，则在企业中存在协同效应。麦当劳在多元化进入其他餐馆和食品业务时就是在应用协同效应。

三、不相关多元化

实施不相关多元化的企业经营着相互之间没有逻辑关系的多元业务。例如，桂格麦片公司一度拥有服装连锁店、玩具公司和餐馆业务。在20世纪70年代，不相关多元化是非常流行的战略。在那一阶段，像 IrITr 和泛美公司这样的大型企业集团通过逐一收购数百家其他公司实现成长，它们将这些多元化的业务分别进行独立运营。即使在不同的业务之间存在着很大的协同的潜力，实施不相关多元化的企业也并不打算加以利用。

理论上，实施这一战略的企业会长期拥有稳定的绩效。在任何一个阶段，如果某些业务陷入周期性衰退，总有另一些业务处于周期性上升。不相关多元化被认为拥有资源配置优势。当公司每年决定在其不同业务间分配资本、人力和其他资源时，必须评估有关业务未来的信息，从而可以将资源投向回报最高的业务。实施不相关多元化战略的企业是这些业务的所有者并且拥有关于企业未来的信息，它应当能够作出令企业绩效最大化的资源配置的决策。

尽管有这些假想的优势，研究表明不相关多元化通常并不能产生高绩效。首先，这类企业的公司层经理通常对不相关企业缺乏足够的知识，无法提供有价值的战略建议或适当地配置资源。为了制定明智的战略决策，经理们必须掌握有关企业及其环境的完备的和微妙的知识。公司经理无法充分评估所有业务投资的经济重要性，他们可能过分看重业务当前的表现，这种狭隘的视野最终会阻碍公司的发展。国际收割机公司的许多问题就出在过分强调当前的绩效，而忽视了对企业未来成功所必需的投资。

由于实施不相关多元化的组织未能实现重要的协同，同实施相关多元化的企业相比处于竞争劣势。同迪斯尼公司相比，环球影片公司处于竞争劣势，因为它的主题公园、电影制片厂和授权部门与迪斯尼相比整合程度不够，因而缺乏协同效应。

正因为如此，绝大多数公司都放弃了将不相关多元化作为公司战略。泛美公司出售了众多业务，现在专注于一系列核心的相关业务和市场。没有专注于一系列核心业务的大型企业最终都被其他公司收购，然后予以拆分。研究表明，这些企业拆分为更小的部分比结合在一起价值更高。

实施多元化战略的企业面临着两个重要的问题。首先，企业如何从单一产品战略转向某种形式的多元化？其次，企业实施多元化之后如何有效地管理多元化？

绝大多数企业并不是从一开始就实施多元化的。相反，它们一开始可能只经营一项业务，追求一项业务层战略，是这一战略的成功为它们创造了可以用于相关业务发展的资源和优势。

有些企业通过在传统业务范围内开发新产品或服务实现多元化。本田公司走的就是这样一条路。依靠在摩托车市场上的传统优势，本田公司学会了如何制造省油、可靠的小型发动机。本田将它的优势应用到新的业务中：为日本本国市场制造小型、省油的轿车。20世纪60年代，这些轿车开始在美国销售。本田向美国出口的成功帮助公司扩大制造规模，改善轿车产品的绩效。此后多年，本田不断推出品质日益改善的轿车，直到生产出 Acura 豪华轿车产品线。当公司实行多元化，进入轿车市场时，本田还利用它在发动机制造方面的优势制造了一系列的全地形车、便捷式发电机和割草机。在每种产品中，本田公司都将自己的优势和资源成功地转移到新的业务中。

企业还可以通过取代从前的供应商和顾客实现多元化。停止从其他公司购买供应品（制成品或原材料）而自行生产的企业实施的是后向垂直整合。停止向顾客销售，改向顾客的顾客销售的组织实施的多元化称为前向垂直整合。许多利用网络进行销售的公司也在实施前向垂直整合。

另一种常见的多元化方式是通过兼并和收购，购买另一个组织。当两家组织规模相当时，这样的收购被称为兼并。如果其中一家比另一家大很多，则称为收购。通过并购实施多元化的企业收购从前的供应商和顾客而实现垂直整合。在德国和中国，并购也日益流行开来。

绝大多数组织通过兼并和收购来取得互补性产品或互补性的服务，这些产品和服务通过共同的技术或顾客联系起来。绝大多数兼并和收购的目标是创造或寻求一种协同效应。协同效应可以降低合并后组织的经营成本，提高收入，为组织创造全新的业务。

第五节　企业战略的实施与控制

成功的战略制定、决策并不能保证成功的战略实施，在实际工作中战略实施总是比战略决策要困难得多。战略实施关系到企业经营战略能否成功，关系到战略方案能否转化为实际的战略目标成果。

一、战略实施过程的任务

企业战略实施是借助中间计划、行动方案、预算和一定的程序，实现企业战略和政策的行动过程。战略实施是一项行政性管理工作，是在企业最高管理层的监督和指导下，由企业中下层管理人员组织实施的。企业的总经理必须对企业战略的实施承担全部的责任。在战略实施过程中有下列四项重要任务。

（1）确认实施所选择的战略对行政管理的要求，分析企业战略实施过程中将产生的问题。

（2）协调企业战略与企业的内部组织行为，使其相互适应。

（3）着手推进战略实施过程。

（4）监督战略实施过程。

二、战略实施过程的内容

企业战略实施过程包括制订中间计划、方案，编制预算，确立工作程序，调整组织结构。

（1）用计划推进战略实施，是将战略决策方案具体化，依据战略方案和重点，规定出任务的轻重缓急，明确工作量和期限。

（2）方案是完成某一次性计划活动和步骤的陈述。例如，一个企业选择了产品开发战略，就需要在战略实施中为开发新产品制订行动方案。

（3）预算是企业在一定时期内的财务收支预计。从企业战略管理的角度来讲，预算是为了管理和计划控制，确立每一项战略活动方案详细成本。预算是战略实施的财务保证。

（4）程序是规定的完成某一特殊行动或任务的步骤和方法。这些活动是实现企业战略目标所必需的，因而程序必须在时间、人、财、物等方面满足战略目标的要求。为了制定最佳工作程序，可以借助计算机和计划评审法、关键路线法、线性规划、动态规划、目标规划等一系列科学方法。

（5）调整组织结构。企业根据内外环境制定战略，以新战略为依据调整企业原有组织结构，使战略实施顺利完成。

三、战略控制的性质

战略控制是指监督战略实施进程，及时纠正偏差，确保战略有效实施，使战略实施结果基本上符合预期的计划的必要手段。

（一）战略控制的特点

战略控制的特点如下：

（1）必须考虑企业的外部环境，因而战略控制有开放性的特点。

（2）战略控制是企业高层管理对战略实施过程进行的总体控制。

（3）战略控制所依据的标准是企业的总体目标。

（4）战略控制要使战略计划保持稳定性和灵活性。

（5）战略控制根据企业的效益，客观地评价与衡量战略行为的正确性。

（二）战略控制的基本原则

战略控制的基本原则有：领导、组织、执行计划、资源分配和企业文化与战略相适应；战略具有可行性；企业要有战略控制的预警系统，严格执行完整的奖惩制度。

（三）战略控制的层次和制约因素

战略控制的层次有：组织控制、内部控制和战略控制。战略控制的制约因素有：人员、组织与企业文化。

四、战略控制的类型与过程

（一）战略控制的类型

战略控制的类型有：回避控制问题、具体活动的控制、成果的控制和人员控制。

回避控制问题的具体做法有：

（1）自动化。

（2）集中化。

（3）与外部组织共担风险。

（4）转移或放弃某种经营活动。

具体活动的控制方法有：

（1）行为限制。

（2）工作责任制。

（3）事前审查。

成果的控制是以企业的成果为中心的控制形式，其基本形式是成果责任制。

人员控制的方法有：

（1）实施职工训练计划。

（2）改进上下级的沟通。

（3）制定具有内在凝聚力的目标。

（二）战略控制的过程

战略控制的过程有四个步骤：

（1）制定效益标准。

（2）衡量实际效益。

（3）评价实际效益。

（4）纠正措施和权变计划。

制定的效益标准是根据评价计划得出的。衡量实际效益时，企业主要是判断和衡量实现企业效益的实际条件。评价实际效益时，企业要用实际的效益与计划的效益相比较，确定两者之间的差距，并尽量分析出形成差距的原因。纠正措施和权变计划时，企业应考虑采取纠正措施或实施权变计划。

五、战略控制的设计

（一）战略控制的方式

控制的方式有：

（1）事前控制。

（2）事后控制。

（3）过程控制。

（4）适时控制。

（5）开放控制。

（二）控制方式的选择

选择控制方式主要依靠企业管理人员对有关预期的具体活动方面的知识与评价重要效益方面成果的能力。为了确定控制方式，企业可以将这两个方面进一步分为丰富、贫乏、高、低四类，其中，丰富与贫乏是指有关预期的具体活动方面的知识。

（1）丰富/高：具体活动控制与成果控制。

（2）贫乏/高：成果控制。

（3）丰富/低：具体活动控制。

（4）贫乏/低：人员控制。

◎**本章思考题：**

1. 什么是战略管理？它有哪些特点？

2. 企业存在什么样的战略层次？

3. 何谓价值链？价值链分析的目的是什么？

4. 何谓五力分析法？

5. 何谓成本领先战略？成本领先战略的收益与风险有哪些？

6. 什么是差异化战略？差异化战略的适用条件与组织要求有哪些？

7. 什么是集中化战略？集中化战略的适用条件与组织要求有哪些？

8. 战略实施过程有哪些内容？

9. 战略控制的过程有哪些步骤?

◎章末案例:

俄亥俄州牛排包装公司

在牛排包装行业中,传统的成本链包括:在分布很稀疏的各个农庄和农场养牛,将这些活牛运到劳动密集型的屠宰场,然后将整块牛排送到零售商处,他们的屠宰部再把牛排砍得小一些,包装起来卖给购物者。俄亥俄州牛排包装公司采用了一个完全不同的战略,改造了传统的价值链:建立大型的自动化屠宰场,并将屠宰场建在便于运输牛群的地方,在加工厂将部分牛肉砍成更小一点从而数量会随之增多的牛肉块,之后装盒,然后再装运到零售商那里。该公司的入厂牛群运输费用在传统价值链下是一个主要的成本项目,但现在可以因减少了长途运输而大大减少了;同时,不再整块运送牛肉,因而也减少了大量的牛肉废弃,大大降低了出厂成本。该公司采取的战略非常成功,从而取得了美国最大的牛肉包装公司的地位,一举超越了先前的行业领先者。

(资料来源:张纲.现代企业管理实务.北京理工大学出版社,2011.)

讨论:
根据以上案例说明如何实现低成本战略。

第五章 | 组织设计与变革

☞**学习目标：**

　　了解组织设计的任务和原则；明确管理幅度与管理层次的关系；掌握横向及纵向组织设计的内容；熟悉组织变革的动力来源、内容和阻力等。

☞**教学重点：**

　　横向组织设计；纵向组织设计。

◎开篇案例

　　　　施斌作为惠光设备制造公司的副总经理已经好多年了。施斌是一位科学家，负责公司里的研究开发工作。在他的领导下，建立了正规的研究机构，有五个管理层次。施斌手下有三个关键人物：研究部主任、行政管理部经理和专利注册部经理。研究部主任领导两个处：一个抓基础研究，另一个搞应用开发。这两个处，各有五个探索领域：物理、有机合成、化学工艺、反应装置和分解学。依此类推，负责每个领域的科长手下有两三个具体抓课题的组长。在整个研究开发过程中，由施斌不时地复审所有的项目，然后拨款放权，让这些项目进入下一个阶段。如此安排，使研究工作大见成效，公司长期以来生意兴隆，获得了上千项专利。

　　　　但是近两年来，日本、德国的一些公司在竞争中不断地有惊人的突破，它们的研究队伍很快就进行了技术上的改进，并且捷足先登地投入生产开发。当施斌退休时，公司任命了一位新的副总经理来负责研究工作，授权他重新组织研究队伍，以便从整体上对环境作出快速反应，更见成效。

　　这位新上任的副总经理应该采取哪些基本措施来改进研究活动，提高工作效率呢？

　　组织是管理的重要职能之一。企业目标能否顺利实现，在很大程度上取决于企业组织能否有效地运行，组织结构是否合理，组织功能是否能够有效发挥，组织变革能否顺利实施。因此，合理的组织结构设计至关重要，这也是本章要重点阐述的内容。

第一节 组 织 概 述

一、组织与组织设计

（一）组织的概念

通常来讲，组织是按照一定的宗旨和系统建立起来的集体。在一个组织中，人们为了一个共同的目标而集合在一起，彼此分担相应的责任，同时进行相互协调，以确保组织目标的实现。

对于组织，古今中外的管理学家也从不同角度给出了定义。管理学家曼尼认为："组织就是为了达到共同目的的所有人员协力合作的形态"。巴德纳将组织定义为："两个或两个以上的人，有意识地加以协调的活动或力量系统。"罗宾斯将组织定义为由一群具有正式关系的人组成的群体。

组织有广义和狭义之说。从广义上讲，组织是指由诸多要素按照一定方式相互联系起来的系统。我们通常所讲的系统论、信息论、控制论、耗散结构论和协同论等，都是从不同的侧面研究有组织的系统的。所以在这个层面上，组织和系统是同等程度的概念。同时，在这个定义中包含生物学中有机体的组织，如皮下组织、肌肉组织等来自由细胞组成的活组织；动物的群体组织，如蜜蜂就是一个以蜂王为核心、井然有序、纪律严明的群体；还有人的组织等。从狭义上讲，组织就是指人们为了实现一定的目标，互相协作结合而成的集体或团体，如企业、党组织、工会组织、军事组织等。由此可以看出，狭义的组织是专门就人群而言，运用在社会管理之中。在现代社会生活中，人们已普遍认识到组织是人们按照一定的目的、任务和形式编制起来的社会集团，组织不仅是社会的细胞、社会的基本单元，而且可以说是社会的基础。本书所要研究的组织是狭义的组织。

从管理学的角度来看，组织是指在一定的环境中，由一定的群体组成的有机体，是一个为了实现某种共同的目标，按照一定的原则，通过组织设计，以特定的结构运行的一种集合体。

虽然随着实践的发展，人们对组织的认识将不断深入，并将进一步演变和深化，但究其根本，组织包含三个方面的内容：第一，每个组织都会确立一个目标，并为了目标的实现而努力；第二，目标不会自动实现，组织中的群体必须通过各种行动来实现这个目标；第三，所有组织都需要构建一个系统来规范组织成员的行为。

（二）组织设计的基本内涵

组织设计是组织工作基本过程的第一步，是组织工作中最重要、最核心的一个环节，也是有效管理的必备手段之一。组织设计是一项操作性很强的工作，其着眼于建立一个理论上比较合理、实践中能高效运行的组织结构框架，对组织成员在实现组织目标时的分工协作作出正式、规范的安排。

组织设计又称为组织结构设计，是指建立或改造一个组织的过程，即对组织活动和组织结构的设计和再设计，是对任务、岗位、部门、流程、职权、职责和制度等进行有效的组合和协调的活动。

可以看到，组织设计是一个动态的工作过程，包含众多的工作内容。其目的就是要通过创建柔性、灵活的组织，动态地反映外部环境变化要求，能够使组织内的资源有效地积聚起来，并协调好组织内部各个部门间的关系，最终保证组织工作有条不紊地开展和组织目标的顺利实现。总的来说，就是要进行科学的组织设计，即根据组织设计的内在规律有步骤地进行，只有这样才能取得良好效果。

组织结构设计通常用于三种情况：新建的企业需要进行组织结构设计；原有组织结构出现较大的问题或企业的目标发生变化，原有组织结构需要进行重新评价和设计；组织结构需要进行局部的调整和完善。由此可见，组织结构设计是一个过程，是一种连续的或者周期性的活动，而不是一次就能完成的事。同时，设计的组织结构也不是一成不变的，而是因地、因时、因人而异的。

二、管理幅度、管理层次与组织结构的基本形态

（一）管理幅度

1. 管理幅度

管理幅度，又称为管理宽度或管理跨度，是指一个主管能够有效地指挥和监督下属的数量。例如，总经理直接领导多少名副经理，副经理直接管理多少名科长和车间主任，车间主任直接领导多少名班组长等。若上级直接领导的下级的人员数量多，则称为管理幅度大或管理跨度宽。由此可见，管理幅度是一个组织横向结构扩展的表现。

2. 影响管理幅度的因素

从表面上看，管理幅度反映的是上级直接领导下级的数量，但这些下级或多或少承担着某个部门的管理业务，所以从实质上来讲，管理幅度也反映了上级直接控制和指挥业务量的多少。因此，建立有效的管理幅度是至关重要的。其有效性受到许多因素的影响，这些因素包括四个方面的内容。

（1）工作能力

这里的工作能力主要包括管理人员自身的能力和下属人员的能力两个方面。管理人员自身的综合能力强，在其他条件相同的情况下，就能有效地领导更多的下属，从而可以适当地增加管理的幅度。因此，经过系统的培训，拥有丰富的知识和工作经验，具有领导能力的管理人员，管理的下属可以多一些。除此之外，下属人员的工作能力和素质也对管理幅度有所限制。若下属的工作能力强，能在工作中独立处理所遇到的各种问题，就较少需要上级的指导和帮助，从而减少了对上级的时间占用。反之，管理者则需要花费更多的时间去指导、监督和帮助下属。也就是说，下属工作能力的强弱决定了他对上级的依赖程度，从而影响了管理幅度的选择。

（2）工作内容和性质

工作内容和性质主要包括四个方面，即管理者所处的管理层次、下属工作的相似性、计划的完善程度及非管理性事务的多少。

①管理者所处的管理层次。高层管理者往往是从战略的角度去考虑整个组织的全局性问题，因此直接指挥、监督下属的时间较少，而中、基层的管理者往往直接面对下属人员。因此，高层管理者直接管理的下属要比基层管理者少。换句话说，高层管理者的管理

幅度应小些，而中、基层管理者的管理幅度可以适当大些。

②下属工作的相似性。下属从事的工作内容和性质相近，那么管理者所给出的指导和建议也会基本相同，所以在这种情况下，管理幅度就会大。反之，管理幅度就会小。

③计划的完善程度。完善的计划使得管理者不需要花大量时间向下属人员进行解释说明，所以管理幅度可以大些；反之，计划不完善，管理幅度小。

④非管理性事务的多少。非管理性事务多，管理幅度小；非管理性事务少，管理幅度大。

（3）工作条件

在这里，工作条件包含助手的配备情况、信息手段的配备情况和工作地点等因素。如果管理者配有必要的助手，使其能更好地指挥下属，这时管理幅度可以大些。如果配有先进的信息手段，则管理幅度应该大些。对于下属的工作地点问题，若下属的工作地点分散，则不利于管理人员及时与下属沟通交流，管理幅度应该小些。但随着网络的发展，人们之间的沟通越来越方便，空间上的距离已不再成为沟通的障碍。所以，对这一因素应全面考虑。

（4）工作环境

组织环境的稳定与否会影响组织活动内容和政策的调整频率与幅度。环境变化越快，越不稳定，管理者就会花更多的时间来应对环境的变化，从而用于管理下属人员的时间就会减少，在这种情况下，管理幅度越受到限制。因此，环境越不稳定，管理幅度应该小些。

以上四点并不能包含所有影响管理幅度的因素，组织必须根据自身的特点来确定适当的管理幅度，从而决定管理层次。

（二）管理层次

1. 管理层次

管理层次是指组织内部纵向管理系统所划分的等级数。可见，管理层次是一个组织纵向结构扩展的表现。在组织人数一定的条件下，管理宽度的限制必然引起多层管理层次的产生。

2. 管理层次与管理幅度、组织规模的关系

①在组织的规模（组织人数）一定的情况下，管理幅度与管理层次存在反相关关系。即管理幅度越大，管理层次越少；反之，管理幅度越小，管理层次越多，如图5-1所示。

②在组织的管理幅度确定后，管理层次与组织规模成正比。组织规模越大，包括的成员越多，则层次越多。

③在同一组织内部，越往组织上层，管理幅度越小；越往组织下层，管理幅度越大。

（三）两种基本的管理组织结构形态

管理幅度过宽，会影响管理人员的工作效率，而管理层次过多，又会影响管理工作中信息传递的速度和管理的有效性。所以，一个组织的幅度和层次是在组织建设中需要考虑的重要问题。管理层次与管理幅度的反比关系决定了两种基本的管理组织结构形态：扁平化结构形态和高耸型结构形态。

1. 扁平化结构形态（Flat Structure）

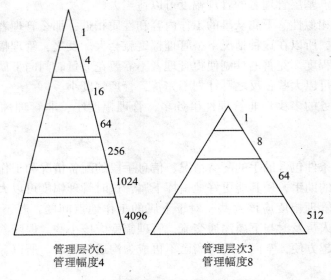

图 5-1　管理层次与管理幅度的关系

扁平化结构形态是指在组织规模一定的情况下，管理幅度较大而管理层次较少的组织结构形态。这种结构形态的优点体现在：

（1）由于管理层次少，缩短了上下级之间的距离，信息上传下达的速度变快，有利于高层尽快地发现问题，并及时采取相应的措施。

（2）扁平化结构形态也减少了中间管理层的信息过滤，信息失真的可能性降低。

（3）扁平化组织结构由于管理层次少，人员精简，从而降低了企业的成本。

（4）由于管理幅度大，上级对每名下属的控制相对较松，使下属的自主性增强，从而有利于提高他们的工作积极性，从而获得更多的满足感。

然而，扁平化的组织结构也不是完美无缺的，还是存在一定的问题。主要反映在上级对下属的控制较松，对其监督上不够充分，容易失控；同时同级之间的沟通比较困难；由于每个主管会从多个下属那儿得到信息，影响信息的及时利用。

2. 高耸型结构形态（Tall Structure）

高耸型结构形态是指管理幅度较小而管理层次较多，从而形成高、尖、细的金字塔式的结构。

高耸型组织结构的优缺点与扁平化的组织结构刚好相反。上下级等级森严，纪律严明，对下属的控制度高；同时管理幅度小，从而上级可以仔细考虑从每个下属那儿得到的信息；同级之间的沟通很方便。

然而，这种"金字塔式"的结构也存在诸多问题。过多的管理层次，使得信息沟通环节增多，信息的传递变得很慢；同时，组织中等级链的延长，加大了信息的失真的可能性；过多的管理层次增加了过多的管理人员，使管理成本上升；上级对下级控制得过多、过死，遏制了下属的积极性、主动性和创造性。

高耸型和扁平化的结构模式优缺点具体比较如表 5-1 所示。

表 5-1　　　　　　　　　　　　　高耸型和扁平化的结构模式优缺点

比较项目	扁平化组织	高耸型组织
纵向信息传递	纵向沟通渠道短，信息畅通且失真小，高层管理者容易了解基层情况，计划和控制难度小	纵向信息交流不畅且易失真，管理工作的效率降低，计划和控制难度大
同级沟通	同级管理者人数多；沟通不方便；但管理者掌握情况较多，沟通和协调的效果好	同级管理者人数少；沟通方便；但各管理者掌握情况较少，沟通和协调的效果差
对下属的控制	管理者对下属控制较松，下属需要自律，否则容易失控；但高层管理者对下级更接近，更有亲和力	上下级之间等级森严，纪律严明，领导的权威性高，便于对下属控制，组织稳定性高
工作负荷	工作负荷重，精力分散，对管理人员素质要求高	组织成员职责分明，分管工作面狭窄，工作负荷轻，工作质量高
管理成本	管理人员数量较少，管理费用降低	管理人员数量较多，管理费用升高
决策民主化	有利于提高组织决策的民主化程度	组织决策的民主化程度不高
管理人才的培养	有利于促进下级管理人员的成长	下级管理人员锻炼机会少

三、组织设计的任务和原则

（一）组织设计的任务

组织设计的实质就是在进行专业分工的基础上，建立起使各部分能够相互协调、密切配合的系统过程。所以组织设计的任务就是设计清晰的组织结构，规划和设计组织中各部门的职能和职权，确定组织中职能职权、参谋职权、直线职权的活动范围并编制职务说明书。简单地讲，组织设计的任务就是建立组织结构和明确组织内部的相互关系，提供组织结构图和职务说明书。

1. 横向管理部门划分

部门是指由若干性质相同或内在联系紧密的职务组成的管理单位。也就是根据各个职务所从事工作的性质、内容及职务之间的特点及相互关系，采取一定的部门化方式，依照一定的原则，将每个职务组合成被称为"部门"的管理单位。划分部门是管理者提高工作效率的有效手段，也是劳动分工思想在组织结构设计中的运用方法之一。虽说划分部门的标准千差万别，但主要还是受到组织活动的特点和环境条件的影响。总之，部门划分要根据企业的具体情况进行有效的设计。

2. 设计管理层次

由前面可知，管理层次是组织内部纵向管理系统所划分的等级数，也就是说，它是一个组织纵向结构扩展的表现。管理层次的设计一般由基层开始，向上逐级设置，最终确定组织的全部管理职务类别、数量与管理层级。在设计管理层次时，要根据组织的规模和工作任务的性质，仔细分析需要设置哪些工作岗位和相应的管理职务。认真研究每个职务应承担的职责及担任该职务的人员应具备的素质是组织结构设计的基础。但是，当现有的组织结构需要改进和调整时，往往自上而下地重新组合各类职务和确定纵向等级层级。

3. 组织结构形态的选择

组织横向部门的划分和管理层次的设计使组织结构在纵向与横向上交叉，从而建立组织的框架结构。明确各类层次的职务与各水平职位之间的相互关系是使组织结构有效运行的关键，在此基础上，每一位管理人员都能明确自己的职责和权限，明白自己上下左右的组织联系，从而形成一个管理严密、组织有效的管理系统。这个环节是通过对组织的职责和权限的分配以及对各种联系手段的度量，使组织中各构成部分（各职务、各部门、各层次）联结成一个有机的整体，使各方面的行动协调、配合起来。

组织设计工作的最终结果体现在两个方面。一个是组织结构系统图，也称组织结构图或组织图，它是组织结构的视觉表现，一般以树状图形的形式简洁、明了地展示组织内部结构构成及主要职权关系。二是职务说明书，一般是以文字的形式规定各种职位的工作内容、职责和职权，各职位与组织中其他职务或部门之间的相互关系以及各职务担当者所必须具备的任职条件等。

（1）组织结构图（Organization Chart）

简单来讲，组织结构图就是描述组织中所有部门以及部门之间关系的结构图（见图5-2）。通过组织结构图，管理者和组织中的成员可以清晰、明了地了解各部门之间的关系以及信息传递的网络，同时也可以清楚地知道自己所在部门的位置。尤其是在组织结构需要进行调整的时候，组织结构图可以帮助管理人员知道哪些部门需要裁减，哪些部门需要增强。

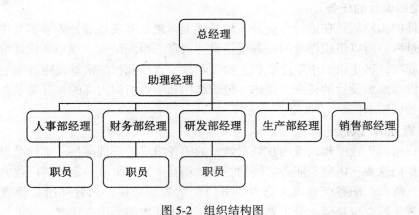

图 5-2　组织结构图

（2）职务说明书

职务说明书是描述管理岗位上的管理者的工作内容、职权职责范围、任务性质、与其他部门及管理者之间的关系，管理者应当具备的基本素质、技术知识、工作经验，以及对该职务完成任务的考核指标、未完成工作任务的惩罚、完成任务后的奖励等内容的文件。

所以可以看到，职务说明书简单而明确地描述了组织的职权分配、信息传递方式、部门划分以及组织的集权分权程度（见表5-2）。通过对职务说明书的编制，每一项职务都变得非常清晰，重复或者忽视的问题也会在此过程中浮现出来，这都有利于职务的清晰、完整以及职务之间的分工与配合。职务说明书可以使任何一个刚刚走上工作岗位的管理者迅速地了解与其工作有关的一切情况。说明书对每一项职务应当做什么，做到什么程度，完成任务有什么样的报酬奖励，没有完成任务将受到什么样的惩罚都进行了明确的规定，这就使每一个管理者对自己在组织目标完成中所起的作用有清楚的认识，进而形成管理者的自我约束与激励。

表 5-2　　　　　　　　　　　某企业信息部主任的职务说明书

工作名称：信息部主任	直接上级：情报系统经理	工资等级：12 级
定员：1 人	所辖人员：12 人	工资水平：14800～20700 元/年
分析日期：　年　月	分析人：人事部李××	批准人：人事部经理周××

工作概要：指导控制信息处理、设备维修、保养和履行所分配的其他任务的职责

工作职责：

1. 基本活动

　　（1）独立上机操作；（2）定期向上汇报；（3）听取信息使用者意见

2. 选择、培训、发展人员

　　（1）挑选信息处理人员；（2）发展合作精神，增强相互了解；（3）保证下属得到必要的培训；（4）指导下属工作

3. 计划、指导和控制

　　（1）向下属分配任务；（2）检查、评价下属的工作；（3）指导和解决问题

4. 分析业务，预测发展

5. 制订部门发展计划

资格要求：

1. 知识

　　（1）教育：具备硬件、软件方面的知识，四年制工商管理和信息处理技术方面的证书

　　（2）经验：5 年以上信息处理和程序编制的实际经验

　　（3）技能：必须在信息处理的方法、系统设备方面有很高技能，并有处理人际关系的良好能力

2. 解决问题的能力

　　（1）分析：具备分析评价技术理论方面和人事管理方面的能力

　　（2）指导：根据下属的业务能力状况，把复杂的任务转化为可理解的指令

　　（3）沟通：具备广泛的沟通能力，能使用简练的语言或术语交流技术和思想，维护本部门和其他部门以及硬件销售单位所建立的联系

3. 决策能力

　　（1）人际关系：能正常运用正式或非正式的方法，指导、辅导和培养下属，紧密结合下属工作和其他管理系统的技术技能

　　（2）管理方面：接受一般监督，在复杂的环境中指导下属履行信息处理人员的职责

　　（3）财务方面：有 50000 元以下的财产处理权力和 15000 元以下的现金处理权力，并参与计划和控制

4. 负有责任

　　成功地完成所分配的任务，增加信息使用者的理解和满意，提高工作效率

（二）组织设计的原则

组织在不同时期所处的环境、制定的战略、发展的规模和采用的技术都不同，从而所需的部门和相应的职务也不同。因此，为了有效地降低管理成本，集合各种资源，提高企业竞争力，企业在设计组织时，必须遵循以下几个方面的基本原则：

1. 目标一致原则

企业组织结构设计的根本目的，就是实现企业的经营管理目标，尤其是实现企业的战略目标。这是一条最基本的原则，是由组织具有特定目标的特点决定的。任何一个组织都有特定的目标和任务，否则就没有了存在的意义。因此，管理者在进行组织设计时，无论采用何种形式的组织结构，设置何种职位、部门和层次，都必须服从组织总体目标的实现这一前提。具体来讲，就是对组织目标层次的分解，相应的是将机构层次建立下去，直到每一个人都了解自己在总目标实现的过程中应完成的任务。那么这样建立起来的结构才是一个有机的整体，才能为目标的实现奠定基础。如一个企业在没有开展国际化经营之前组织结构中没有专门的负责国际业务的机构，而当企业开展这项任务之后，就需要增加海外业务部，随着海外业务的增加，可能还需要建立子公司等。

2. 权责对等原则

组织中每个部门都必须完成规定的工作任务，每个职务都有一定的职责。为了每个部门和部门中的每个成员都能按照工作目标的要求保质、保量地完成工作任务，必须对组织的人、财、物及信息、技术等进行合理的调配、安排，不仅要明确各部门的任务和责任，还要明确规定这些部门利用人、财、物以及信息、技术的权力。总的来说，职权与职责要匹配。如果有责无权，或者权力范围过于狭小，责任方就有可能因缺乏主动性、积极性而无法履行责任，甚至无法完成任务；如果有权无责，或者权力不明确，权力就有可能被滥用，势必影响到整个组织系统的顺畅运行。

3. 管理幅度与管理层次相结合的原则

一般来说，任何主管人员因为精力、时间等原因，能够直接、有效地指挥和监督的下属人员总是有限的。管理幅度过大，会导致指导监督不力，使组织陷入失控状态；管理幅度过小，又会导致主管人员配备增多，管理效率降低。管理幅度的大小同组织层次的多少成反比，所以，组织设计必须一方面根据管理人员的能力、下属人员的素质、工作的性质和组织的环境等确定恰当的管理幅度，尽可能地做到精简、高效；另一方面，在确定管理层次时，既要对层次的数量进行控制，又要考虑到管理幅度的制约，尽量做到管理幅度与管理层次的相互协调。

4. 因事设职与因人设职相结合的原则

前面我们讲到，组织设计的根本目的是保证组织目标的实现。因事设职指的是在进行岗位或职位设计时要以事为中心，因事设机构、设岗位、设职务，配备适宜的管理人员，做到人和事的高度配合，正所谓"事事有人做"。因事设职，简单地讲，就是使目标活动的每一项内容都能落实到具体的岗位和部门。但这并不意味着在组织设计中要忽视人的因素。由于组织中的每项活动都是由人去完成，组织部门设计就必须考虑人员的配置情况，使得人尽其能、才尽其用。因此，要认真贯彻二者相结合的原则，及时调整与组织环境不相适应的部门和人员，从而实现组织内人力资源的整合和优化。

5. 统一指挥原则

统一指挥原则是组织设计中一个最古老的原则。统一指挥是指一个下级只能有一个直接的上级领导者，并且对于某一具体任务只能服从一个上级领导者的指令，以避免多头领导。换句话说，在进行组织设计时，一定要考虑到一个下级只能接受一个上级的指挥，或者说一个人只能接受一个领导的命令。若出现多个上级，则会因为上级可能下达不同的命令而使下属困惑。所以，如果确实需要两个或两个以上领导同时指挥，那么在下达命令前，领导人必须提前互相沟通，达成一致意见后再行下达。如果情况紧急，来不及沟通，就必须在事后讲清楚，以避免出现多头指挥的现象。

6. 集权与分权相结合的原则

企业在进行组织设计和调整时，既要有必要的权力集中，又要有必要的权力分散，两者不可偏废。这一原则要求，在处理上下管理层次的关系时，必须将把必要的权力集中于上级（集权）与把恰当的权力分散到下层（分权）正确结合起来，只有这样才能增强组织的灵活性和适应性。集权和分权都是相对的。集权是社会化大生产的客观要求，它有利于保证组织的统一领导和指挥，有利于人、财、物的合理分配和使用。而分权则是调动下属的积极性、主动性的必要组织条件。合理分权有利于基层根据实际情况迅速而准确地做出决策，也有利于上层领导摆脱日常事务，集中精力抓大事。因此，集权与分权是相辅相成的，是矛盾的统一。在组织设计时，一定要找出最佳结合点。

第二节　横向组织设计

从组织设计的定义可以看到，组织设计实质上是通过对管理劳动的分工，把不同的管理人员安排在不同的管理岗位和部门中，通过他们在特定环境、特定相互关系中的管理作业来使整个管理系统有效运转起来。这也就是如何把工作组合起来以更好地满足组织的环境、战略、技术和人力资源的需要。

管理劳动的分工，主要有横向和纵向两个方面。横向的分工，是基于不同的标准，将管理分解成不同岗位和部门的任务，可以说横向分工的结果就是部门的设置；纵向分工，是根据管理幅度的限制，确定管理系统的层次，并根据管理层次在管理系统中的位置规定管理人员的职责和权限。所以说，纵向分工的结果，是责任分配基础上的管理决策权限的相对集中或分散。

横向的组织结构设计，又称部门化组织的横向设计，其任务是分解整个管理系统，并进一步再分解成若干相互依存的基本管理单位。它是在管理劳动横向分工的基础上进行的。分工的标准不同，所形成的管理部门以及各部门之间的相互关系也不同。

下面，我们将具体列出一些常见的组织结构类型，包括：直线制、职能制、直线职能制、事业部制、矩阵制和网络型。

一、直线制组织结构

直线制组织结构是一种最古老、最简单，也是最早开始使用的组织结构形式。在这种组织结构形式中不设专门的职能机构，组织中的各种工作和职务是按照垂直系统直线排列，各级主管人员对所属下级拥有一切职权，并按照统一指挥的原则对所属下级行使管理职权。直线制是一种典型的集权式组织结构形式，如图5-3所示。

图5-3 直线制组织结构

从图5-3中可以看到，直线制优点明显：结构比较简单，管理人员少，管理成本比较低；同时权力相对集中，权责分明，便于统一指挥和集中管理；信息沟通便捷，决策迅速。其缺点也是很显著的，直线制结构横向联系少，管理中更注重纵向的沟通而往往忽视横向联系；没有职能机构分担管理任务，管理工作量和难度大，从而使管理者的负担较重，特别是在组织规模扩大的情形下，管理工作会显得更加繁重且复杂，使得管理会变得越来越缺乏效率。直线制结构一般适用于那些人数少、规模小、无须按照职能实行专业化管理的小型组织。

二、职能制组织结构

职能制组织结构又称U形组织结构。职能制组织结构的特点在于组织按照职能的不同被划分为若干垂直管理部门，每个部门进行分工，并直接由最高主管协调控制。同时，权力集中于组织高层，实行等级化的集权式控制，如图5-4所示。

图5-4 职能制组织结构

职能制的优点在于：分工严密，职责明确，实行职能专业化分工，每个管理者只负责一个方面的管理工作，能够更好地发挥专业人才的作用；能够集中利用有限资源，具有较高的组织效率。但职能制的缺点也不能忽视：过度集权；组织适应性比较差。职能制组织结构适用于规模小、产品单一、市场销售较稳定的企业。

三、直线职能制组织结构

直线职能制组织结构由直线制和职能制两种组织结构形式结合而成。这种组织结构的特点在于：以直线为基础，在各管理层次上设置职能部门，从事专业管理，协助直线主管工作。直线职能制组织结构是一种"直线指挥+职能参谋"的组织结构类型，如图 5-5 所示。

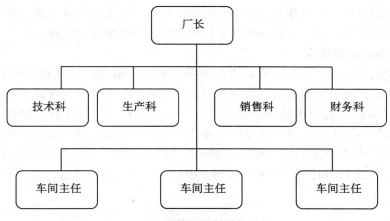

图 5-5　直线职能制组织结构

显而易见，直线职能制综合了直线制和职能制的优点，抛弃了它们的缺点。这种组织结构既保持了直线制的统一指挥，又体现了职能制的专业管理职能，实现了集中统一指挥和职能专业化管理的结合，提高了组织管理的效率。正因为如此，直线职能制组织结构是组织管理史上的一个重大进步。然而，这种结构也存在一定的缺点：首先，各职能部门的横向联系较差，直线主管和职能主管之间会因目标不一致而产生矛盾；其次，下级缺乏必要的自主权，因为权力集中于最高的管理层，同时高层管理者高度集权，也使组织对环境变化的适应能力比较差；最后，可以看到，信息链较长，信息沟通速度较慢。直线职能制组织结构也是典型的集权式管理。

四、事业部制组织结构

职能型组织结构的缺点随着企业的不断成长日益明显，尤其是因多元化经营等问题的出现，职能型组织结构无法应付多种多样的产品、顾客和地理区域。因此，大型组织的多数管理者选择采用事业部制组织结构来创立一系列业务单元，从而为不同的顾客生产其所需要的产品。所谓事业部制组织结构，就是在一个企业内对具有独立的产品责任、市场责任和利益责任的部门实行分权管理的一种组织形态。也就是说，事业部制组织结构必须具备三个要素：具有独立的产品和市场，是产品责任或市场责任单位；具有独立的利益，实行独立核算，是一个利益责任单位；是一个分权单位，具有足够的权力，能够自主经营。

事业部制组织结构遵循的是集中决策和分散经营的原则，这也是事业部制的突出特点。事业部制组织结构实行集中决策指导下的分散经营，按产品、地区和顾客等标志将企业划分为若干独立的经营单位，分别组成事业部。各事业部在经营管理方面拥有较大的自主权，在公司的统一领导下实行独立经营、独立核算与自负盈亏，并可根据经营需要设置相应的职能部门。可以看到，各事业部是多种职能或多个部门的一种组合，这些职能或部门共同运作；建立事业部的目的是在组织内部创建一个更小、更好管理的单位。

一般来说，事业部制组织结构有三种形式：产品型组织结构、区域型组织结构和市场型组织结构。产品型组织结构，即管理者按照他们提供的产品和服务的类型来组织事业部；区域型组织结构，是管理者按照消费市场所在的区域来组织事业部；而当管理者按照他们不同的顾客类型来组织事业部时，他们采取的是市场型组织结构。

（一）产品型组织结构

在产品型组织结构中，高层管理者把各种截然不同的产品线或业务放到不同的事业部，并让事业部经理负责制定适当的业务层次的战略，使该事业部在其产业市场上进行有效竞争（见图5-6）。每个事业部独立自治，具有众多职能，如营销、R&D、财务等，职能经理向业务部经理汇报，业务部经理向高层管理者或公司经理汇报。多元化倾向强烈的企业偏重使用产品型组织结构。强生公司就是一个典型的产品型组织结构，强生公司共有168个事业部，它们被划分成33个组，每一组都对少数产品负责。

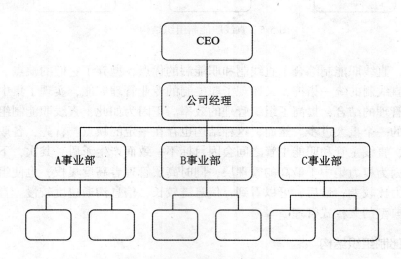

图 5-6　产品型组织结构

产品型组织结构的优点体现在：首先，这种结构能使企业将多角化经营和专业化经营结合起来，有利于企业及时调整生产方向；其次，有利于促进企业的内部竞争并有利于高层管理人才的培养。然而，这种结构依然存在一定的局限性，表现在：需要较多高素质管理人员；各个部门可能过分强调本单位利益，从而影响企业的统一指挥；机构设置重叠，管理费用增加。这种结构比较适用于组织规模较大、产品较多的企业。

（二）区域型组织结构

当组织在国内和国外迅速扩展时，总部或中心的管理者要管理全国乃至世界的业务就会更加困难，而区域型组织结构就是事业部按消费市场的地理位置来划分，在这种情况下这很容易成为管理者的选择（见图5-7和图5-8）。同时，当企业实施跨国战略时，由于处在不同地区的消费者对产品的要求会存在很大差异，管理者会采用全球性的区域型组织结构，即在组织运作的每个区域设计不同的事业部。

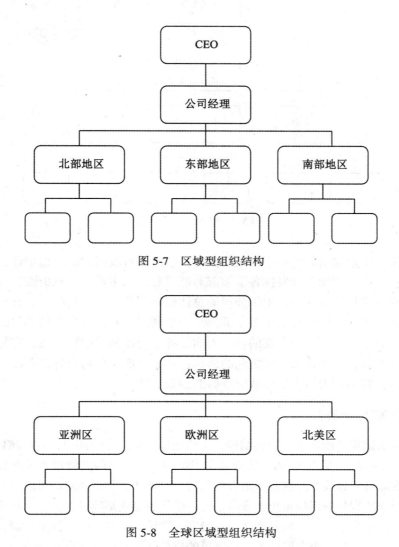

图 5-7　区域型组织结构

图 5-8　全球区域型组织结构

区域型组织结构的优缺点与产品部门化相似。它主要适用于组织规模较大、产品较多、地区分散的企业。

（三）市场型组织结构

市场型组织结构主要针对的是不同顾客对产品产生的不同要求（见图5-9），例如银行贷款部可能面临小企业、个人消费贷款、抵押贷款、大笔投资性贷款等不同的客户要求。在这种情况下，公司可能采取市场型组织结构来满足各种各样的顾客需求。事业部按照顾客的需求类型组合起来，能够使管理者对顾客的需求反应变得更迅速，从而能根据顾客不断变动的需求迅速做出决策。

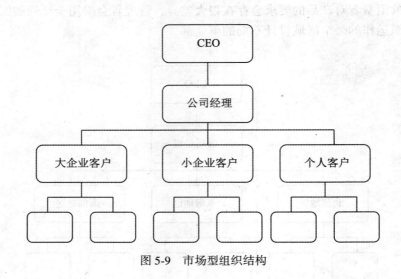

图 5-9 市场型组织结构

总的来说，事业部制的优势还是很明显的。它既具有较高的组织稳定性，又有较高的组织适应性；事业部制能充分发挥各事业部对经营管理的主动性、积极性，同时又有利于公司总部摆脱日常具体事务而集中于公司的总体战略部署；在此基础上，有利于培养出全面的管理人才；此外，因为每一个事业部都是一个利润中心，所以考核部门的绩效评价体系容易构建。但是其缺点还是存在的：一方面，各事业部利益的独立性，容易使各事业部只考虑自己的利益，影响各事业部之间的协作；另一方面，公司与各事业部的职能机构重叠，用人较多，费用较大，容易导致资产的滥用和浪费。

五、矩阵制组织结构

矩阵制组织结构又称规划—目标结构，是指把按职能划分的部门和按产品划分的部门结合起来组成一个矩阵（见图 5-10）。矩阵制组织结构是由纵横两套管理系统叠加在一起组成一个矩阵，在原有的直线职能制组织结构的基础上，再建立一套横向的组织系统。其中，纵向系统是按照职能划分的指挥系统，横向系统一般是为完成某项专门任务而组成的项目管理系统。例如，企业为了开发一项新产品，在研究、设计、试制、生产各个方面，要由有关职能部门派人参加，组成一个专门小组，小组里的成员既同原职能部门保持组织上和业务上的联系，接受原部门主管的领导——主要是专业技术上的领导，又要对项目小组的主管负责，服从项目主管的管理——作为一个作业部门的领导者对其工作人员的全面管理。

矩阵制组织结构的优点在于：将企业的横向联系和纵向联系较好地结合，为各部门之间的沟通提供了渠道，有利于加强各职能部门之间的协作和配合，组织具有较大的灵活性

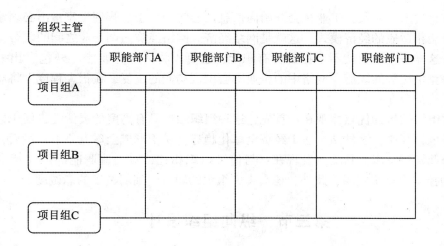

图 5-10　矩阵制组织结构

和适应性；采用了集权与分权兼有的结构，有利于发挥专业人员的潜力，有利于各种人才的培养。其缺点在于：首先，多头领导的问题，由于组织成员必须接受双层领导，当双重主管意见出现分歧时，下属会感到无所适从，而工作出现差错时，又不易分清领导责任；其次，小组成员来自于各个职能部门，当任务完成后，仍要回到原来的工作部门，因而容易产生临时观念，对工作有一定的影响，稳定性差；再次，小组成员来自不同的部门，给项目负责人带来了很大的管理困难；最后，从职能部门看，人员经常调进调出，也会给正常工作造成某些困难。这种结构通常适用于需要对环境变化作出迅速而一致反应的企业。

六、网络型组织结构

网络型组织结构是指一种很精干的核心机构，以契约关系的建立和维持为基础，依靠外部机构进行制造、销售或其他重要业务经营活动，如图 5-11 所示。

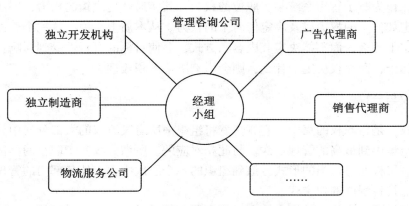

图 5-11　网络型组织结构

随着信息技术的发展，工业社会开始向信息社会转变，于是管理学家指出必须建立一个与信息社会相适应的经济模式，这就是网络经济。网络经济强调企业之间的联合，进行资源共享，这样一个企业就不必拥有所有职能，它可以将一部分职能"外包"出去，只保留一些有竞争优势的职能。网络中的企业不会出现功能的重复，在很大程度上将规模经济和范围经济结合在一起。

网络型组织结构的优点体现在：首先，这种组织结构具有高度的灵活性，便于适应动态变化的环境；其次，这种结构适于经济全球化趋势，易于形成全球竞争力；最后，这种结构易于降低管理费用。其缺点表现在：与传统组织相比，对一些职能部门（特别是制造部门）的控制力有所减弱；此外，还会丧失组织的职责，削弱员工的忠诚度。

第三节　纵向组织设计

纵向组织设计是将管理权力在不同管理层次之间进行分配。组织的不同部门拥有的权力范围不同，会导致部门之间、部门与最高指挥之间以及部门与下属单位之间的关系不同，从而导致组织结构不同。纵向的组织设计，简单来讲，就是解决组织的集权与分权的问题。

一、权力的定义与特征

（一）权力的定义

要分析一个组织是集权还是分权，首先要理解权力的概念。

所谓权力，通常用来描述组织中人与人之间的关系，是指处在某个岗位上的人对整个组织或所辖单位与人员的一种影响力，简称管理者影响别人的能力。这种影响力主要包括三个方面：个人影响权、专长权和法定权。个人影响权是指因个人品质、社会背景等因素赢得别人的尊重与服从的能力，也可以体现在个人的魅力上；专长权是指管理者因具备某种专门知识、特长或技能而对他人产生的影响力；法定权是指与管理职务相关、由管理者在组织中的地位所决定的影响力。而我们在这里主要关注法定权，也叫做制度权。

（二）权力的特征

制度权，作为赋予管理系统某一职位的权力，其实质就是决策的权力，即决定干什么的权力，决定如何干的权力以及决定何时干的权力。从本质上来说，这三个方面是不能割裂的：只决定干什么，而不能决定其内容和方式，会使目标的可行性受到影响；相反，如果只决定如何干，而无权决定干什么，则会影响决策的积极性。

二、集权与分权

所谓集权，是指职权的集中，它意味着将组织中所有决策权的大部分集中到较高的管理层次，乃至集中到最高的管理层次。与此相对应的，所谓分权是指职权的分散，它意味着将组织的决策权通过适当的形式分散到组织的各个层次中去，使各部门的管理者对本部门的工作都有某种程度的自主权。

集权与分权是一个相对的概念，它们所表明的都只是一种职权分配的倾向性，其间并没有明确的界限。绝对的集权意味着组织的全部权力集中在一个主管手中，组织活动的所有决策均由主管作出；绝对的分权意味着全部权力分散在各个管理部门，没有任何集中的权力，这在现代社会是不可能的。在某个时期、某种情况下、处理某个问题时，可能需要集权程度高一些，而在另外某个时期、某种情况下，又有可能需要分权程度高一些。所以，我们要研究的并不是应该集权还是分权，而是哪些权力易于集中，哪些权力易于分散，何时集权的成分多一些，何时分权的成分多一些。

三、集权的原因和过分集权的危害

（一）集权倾向的产生原因

集权倾向主要与组织的历史和领导的个性有关，但有时也有可能是为了追求行政上的效率，主要体现在以下三个方面：

（1）领导的个性问题。权力被授予一定职位的管理人员，所以权力的运用可以提高、保证其使用者在组织中的地位。组织中个性较强的领导者往往喜欢所管辖的部门完全按照自己的意志行动，而集权则是保证个人意志被服从的先决条件。

（2）组织的历史问题。如果组织是在自身小规模的基础上发展而来的话，并在发展过程中没有其他组织加入，则集权倾向可能更为明显。因为，当组织规模小时，大部分的决策都是由最高领导层直接指定和实施的。决策权一旦使用习惯，并不容易轻易放开。因此，即使组织规模不断扩大，最高领导层也不愿轻易下放手中的权力。

（3）政策和效率的问题。集权化至少可以带来两点好处：一是可以保证组织总体政策的统一性；二是可以保证执行的效率。集中的权力制定出组织各部门必须执行的政策，可以有效地保证整个组织的认识统一、行动统一和处理内外事务的统一。

（二）过分集权的危害

一个组织，当它的规模还比较小的时候，高度集权可能是必需的，但随着组织规模的扩大，若决策权还是过度地集中在较高的管理层次，则可能出现种种问题：

（1）组织适应能力的降低。组织中的各个部分都与社会环境有着或多或少的联系，并随着组织的发展，这种联系会更加复杂。因此，组织必须根据环境中的各种因素的变化不断地进行自我调整。这种调整要么是局部性质的，要么是全局性质的。而过度集权的组织，可能会使各个部门失去自我适应和自我调节的能力，因而削弱组织整体的应变能力。

（2）组织工作热情的降低。权力高度集中的组织，大部分的决策都是由高层管理者制定，而基层管理者和员工只能被动接受并执行命令。长期下来，组织员工的积极性和主动性会大大降低，工作热情也会慢慢退却，从而使组织失去发展的基础。

（3）组织决策质量的降低。大规模组织的主管远离基层，基层发生的问题经过层层请示汇报后再作决策，这样不仅影响决策的正确性，而且影响决策的及时性。在这种情况下，高层主管了解的信息在传递过程中极有可能被扭曲，而根据被扭曲的信息制定的决策是很难保证质量的，很可能会对组织造成重大的危害。

四、分权及其相关内容

（一）评价分权程度的标志

要研究组织的分权，首先要确定组织是否实行了分权以及分权程度的标志。评价分权程度的标志主要有四个：

（1）决策的幅度。组织中较低管理层次决策的范围越广，涉及的职能越多，则分权程度越高。

（2）决策的频度。组织中较低管理层次决策的频度或数目越大，则分权程度越高。

（3）决策的重要性。决策的重要性可以从两个方面衡量：一是决策的影响程度，二是决策涉及的费用。如果组织中较低管理层次的决策只能影响日常工作而非今后发展，则该决策对整个组织影响程度小，分权程度低，反之则高。类似的，若较低层次的管理部门能制定需要较多费用的决策，则组织的分权程度高。

（4）对决策的控制程度。如果高层对低层的决策没有过多的控制，则组织分权程度高，反之则低。

（二）影响分权的因素

组织进行分权是必要的，所以我们必须认清哪些因素有利于分权，哪些因素会阻碍分权。

1. 利于分权的因素

（1）组织的规模。规模越大，管理层次自然越多。多层次管理人员为了协调和指挥下属的活动，必然要求相应的权力。因此，权力往往随着组织规模的扩大而逐层分解。前面我们也讲到，当组织规模达到一定程度后，决策权仍高度集中，则会产生种种弊端，所以分权往往是一个最佳手段。

（2）组织的分散性。组织的某个工作单位如果远离总部，则往往需要分权。这是因为分散的工作地点，使得上级的指挥和信息难以迅速到达员工处，这样，分权不失为一种好的方式。

（3）管理人员培训的需要。低层管理人员若很少有实践权力的机会，或只有很少实践权力的机会，则难以培养成为能够统筹全局的人才，也就无法成为组织在内部造就高层管理人员的后备力量。

2. 阻碍分权的因素

（1）政策的统一性。政策的统一性会要求组织内部各方面的政策是一致的。如果一个企业在同一产品销售给不同的用户的价格、职工的报酬标准等方面采取不同的政策，则可能导致统一组织的瓦解。

（2）符合要求的管理人员的缺乏。分权与管理人员的培训是息息相关的。分权化导致基层决策权的增加，要求权力被释放，但要运用这些权力，管理人员必须具备相应的素质。若现有组织缺乏足够的符合要求的低层次管理人员，则会对分权造成一定的限制。

（三）分权的方式

权力的分散可以通过两个途径来实现，即组织设计中的权力分配和主管人员在工作中的授权。组织设计中的权力分配也叫做制度分权，是在组织设计上考虑到组织规模和组织活动的特征，并在工作分析、职务和部门设计的基础上实行的。而授权则是担任一定管理职务的领导者，在实际工作中，为充分利用专门人才的知识和技能，将部门解决问题、处理新增业务的权力委任给某个或某些下属。

虽然制度分权和授权在结果上是相同的，都是使较低层次管理人员行使较多的决策

权,也就是权力的分散化,但二者还是有很大区别的:

(1) 制度分权具有一定的必然性,授权有很大的随机性。制度分权是在详细分析、认真论证的基础上进行的,而工作中的授权往往与管理者个人的能力和精力、下属的特点、业务的发展等相关。

(2) 制度分权仅考虑整个结构的要求,而授权不仅要考虑工作的要求,还要考虑下属的工作能力。

(3) 制度分权是相对稳定的,除非整个组织结构重新调整,否则制度分权不会收回;相反,授权是某个主管将自己担任的职务所拥有的权力委任给某个下属,但这并不意味着放弃权力,因为其随时可以收回权力。

(4) 制度分权主要是一条组织工作的原则以及在此原则指导下的组织设计中的纵向分工;授权主要是一种领导艺术、一种调动下属积极性的方法。

(四) 适度分权的意义

(1) 有利于决策科学与责任明确。基于适度分权,中下层管理者可以拥有一定程度的自主权,能够根据自己所处层次或各部门的具体情况和面临的形势与任务迅速作出决策,从而增强组织决策的灵活性与及时性。而且就组织决策而言,一些程序性、日常性的事务性决策本身也无需由最高管理层定夺,相关管理层次或部门完全可以自行决策,而且有可能作出更为科学的决策。适度分权有利于实行分级决策与分层负责,既能保证决策的科学性,又能更好地实行上下层次的分工与协作,借此,能够做到决策科学化、责任明确化。

(2) 有助于整体提升组织的管理能力。对权力的运用既是一门艺术,也是一门科学。适度分权能够促进中下层管理者更快地走向成熟,因为如果他们不能够恰当地运用自己的权力,那么他们就无法很好地履行所肩负的管理职责,就会被迫丧失管理者的身份和地位,这无疑是一种巨大的组织压力。另外,适度分权后,中下层管理者需要更多地独当一面,借此,他们可以拥有更多的机会接受锻炼、积累经验与施展才华。特别是适度分权后,组织的高层管理者可以更好地集中时间和精力从事组织的战略部署,提升自己的战略管理能力。毋庸置疑,适度分权有助于提升组织的整体管理能力。

第四节 组 织 变 革

一、组织变革的概念和目标

现代管理理论认为,组织是一个开放的系统,它始终处于一个复杂多变的环境之中,特别是进入 21 世纪后,环境、技术等因素更是瞬息万变。组织变革存在于企业成长的各个时期,组织变革与组织演变相互交替,进而促使组织发展。一种组织结构或组织制度在现阶段是合适的,但过一段时间,在新的环境因素下,可能就不太适应了。任何组织要想生存、发展,都必须适时地对组织的目标、结构和功能进行各种调整和修正。组织变革是任何组织都无法回避的问题,是组织保持活力的一种重要手段。

所谓组织变革(Organizational Change),是指组织根据内、外部环境的变化,对组织的目标、结构及组成要素进行各种调整和修正，以提高其生存和发展能力的活动过程。

环境的变化，使得组织不得不进行组织变革。具体来讲，组织变革的基本目标主要表现在三个方面：

（1）使组织更具环境适应性。组织要想在瞬息万变的环境中生存发展，就必须顺势变革自己的组织目标、管理制度、组织结构等。只有这样，组织才能有效地把握机会，更具环境适应性。

（2）使管理者更具环境适应性。管理者在组织变革中起着至关重要的作用。因此，一方面管理者需要调整自己过去的领导风格和决策程序，使组织更具灵活性和柔性；另一方面，管理者要根据环境的变化来重构层级之间、工作团队之间的各种关系，使组织变革的实施更具针对性和可操作性。

（3）使员工更具环境适应性。组织变革的最直接感受者就是组织的员工。改变员工固有的观念、态度和行为是一件非常困难的事；组织要使员工更具环境适应性，就必须不断地进行再教育和再培训，决策中要更多地重视员工的参与和授权，只有这样，组织才能更好地适应环境，改造和更新整个组织文化。

对于组织变革，我们不能仅仅局限于技术、人员和结构上的改变，更应该关注新思想和新模式。一个向上、有活力的组织必须时刻评估自己的组织效能，掌握组织自身的发展规律，积极地调查外部环境的变化，不断自我完善、扬长避短，有计划地主动寻求各种变革，以跟上时代发展的步伐。

二、组织变革的动因

一般来说，推动和促使组织变革的因素可以分为两个方面，即外部因素和内部因素。

（一）外部因素

外部因素主要包括社会、经济、政治、文化等几个方面。通常，组织难以控制这部分的因素，所以只有主动适应外部环境。换句话说，整个组织要随着外部环境的变化而进行相应的变化。只有变才能应变，也只有变才有出路。外部因素具体包含以下几个方面：

1. 政治因素

一个国家政局稳定与否，直接影响着组织的日常经营，对于跨国公司而言，贸易往来的国家的政局也对企业当前的组织经营有着重要的影响，如两国的军事、外交、贸易等都会影响组织变革。

2. 经济因素

随着全球经济一体化的发展，不仅国内的利率、通货膨胀率、证券市场指数、经济周期等因素会影响组织的发展，国际经济形势的变化也会对组织的运营产生重大影响。例如，在全球经济不景气的压力下，企业不得不更加注重成本；又如，中国加入 WTO，既是机遇又是挑战，这就对组织的变革提出了更高的要求。

3. 法律法规因素

组织的各种行为都必须符合国家有关法律、法规的规定，尤其是跨国公司，还必须遵守相关国家的法律。法律法规也是组织变革的一个常见动因。法律从宏观上规定了组织应该做什么、不能做什么，而且随着时间的推移，新法律的出现和原有法律法规的补充都将对组织的经营产生巨大影响，从而导致组织变革的发生。

4. 科技因素

科学技术是第一生产力。科技的迅猛发展，新工艺、新材料、新技术、新设备的出现，都对组织固有的运行机制带来了强有力的挑战。在这样的新形势下，组织只有做出相应的变革才能进一步生存和发展。

5. 竞争环境因素

随着市场经济的发展，组织之间的竞争也愈演愈烈，竞争的方式从原有的价格竞争发展到了质量、品种乃至服务的竞争。组织为了适应竞争，就必须在竞争观念上顺势调整，争取主动。

除此之外，知识经济发展的助推、市场需求变化的制约都影响到组织的变革。当今世界经济的相互依存度越来越高，许多组织，尤其是一些大型跨国集团，不得不主动变革，以适应外界环境的变化。特别是网络经济的到来，使得组织间的交流更加迅速、信息的传递更加便捷、交易手段更加现代化，进而使各个组织之间的关系变得越来越密切，这一系列的变化都推动着组织的调整和变革。

（二）内部因素

内部因素主要来自于组织的内部活动和决策，主要是人的变化、组织运行和成长中的矛盾所引起的。具体的组织内部因素包括管理、人员和技术三个方面。

1. 管理因素

这里，管理因素主要包括管理条件的变化和管理者理念的执行。管理条件的变化主要包括实行计算机辅助管理、实行优化组合等。管理者理念的执行主要表现在，高层管理者必须根据组织外部环境的变化去更新自己的理念，重新制定和调整组织战略，如更新组织结构、重组相关职务、重新配置人员等。

2. 人员因素

人员因素的变化包括人员结构的调整和人员素质的提高等。此外，受外界环境因素的影响，组织内部员工的态度也在不断发生变化。如对工作的不满足感会日益增加，从而导致出勤率下降、自动辞职增多乃至发生严重的劳资纠纷甚至罢工，这也会导致管理政策和实践的变革。所以，组织必须密切关注内部员工的变化，以及时变革。

3. 技术因素

技术因素的变化包括企业实行技术改造，引进新的设备以及技术、生产、营销等部门的调整。技术变革对组织具有深远的影响，尤其是在动态的组织环境中，技术变革可能会对组织产生至关重要的影响。例如，某种新技术的采用会导致生产组织的深刻变化、劳动生产率的大幅度提高，并影响到组织结构和员工的心理状态。

除此之外，引起组织变革的内部力量还很多，如领导者的领导作风、组织价值观、组织制度、组织战略等的变化，都会对组织变革产生一定的影响。

三、组织变革的内容

组织作为社会系统的一部分，其变革同样具有系统性，组织中任何一个因素的改变，都会带来其他因素的变化。但是如果就某一阶段而言，由于环境情况的不同，变革的内容会有所不同。综合而言，管理者可根据组织内外环境的变化对结构、人员、战略、技术以及文化进行变革。

结构的变革就是通过改变现有的组织结构，进一步明确工作内容与组织目标，使组织分工更合理，职责更明晰，协调更舒畅，信息传递更便捷，管理成本更低，组织成员更具凝聚力。结构的变革具体包括职权关系、协调机制、集权程度、职务与工作再设计等其他结构参数的变化。管理者的任务就是要对如何选择组织设计模式，如何制订工作计划，如何授予权力以及授权程度等一系列行动作出决策。现实中，固化式的结构设计往往不具可操作性，需要随着环境的变化而变化。这样，管理者作为变革的推动者，就应该根据实际情况灵活改变其中的某些要素组成。管理者可以针对结构要素中的一个或多个加以变革。例如，可将几个部门的职责组合在一起，或者精简某些层次、拓宽管理幅度等。通过提高分权化的程度加快决策制定的速度。另一种选择是对整体的组织结构设计作出改变。例如，宝丽来公司替换原有的职能型结构，采用一种跨职能团队来安排工作的新型的结构设计。

1. 人员的变革

人员的变革主要是指员工在思想、态度、期望、认知和行为上的改变。组织发展虽然包括各种变革，但人还是最主要的因素，毕竟人既可能成为推动变革的力量，也可能成为反对变革的力量。人员的变革是组织变革中最复杂、最深刻的部分，也是最难把握的部分之一。变革的主要任务就是重新分配组织成员之间的权力和利益等资源。为了顺利实现这种分配，组织必须注重员工的参与，注重改善人际关系并提高实际沟通的质量。

2. 战略的变革

战略的变革涉及组织的宗旨、使命、战略形态、经营方针等的调整问题。换句话说，战略的变革就是组织对其长期发展战略所做的变革。如果组织决定实行扩张战略，就必须考虑并购的对象与方式以及组织文化的调整；如果组织决定收缩业务范围，就必须考虑剥离非关联业务。大多数组织都需要对自己的战略和结构做出调整和变革。当组织环境相对稳定时，很多组织只需要进行微小的变革，一般不会涉及战略层次。但当周边环境发生天翻地覆的变化时，组织就必须在战略上做出变革。比如目前随着网络经济的盛行，越来越多的企业正在彻底脱离传统的组织模式，开始转向网络导向的战略和结构。

3. 技术的变革

技术的变革强调改变管理系统的技术水平，通常是指工作过程、工作方法、机器设备的改变。传统的科学管理是基于动作和时间研究来推进技术变革的，现代的技术变革则主要是指引进新的设备、工具和方法，实现自动化、计算机化等。技术的变革可以间接地促进组织任务的改变，或直接促进组织技术条件与制造方法的改进，从而影响组织人员与组织结构。近年来较明显的技术变革包括计算机应用范围的不断扩大，众多组织都安装有复杂的管理信息系统；杂货店已经将条形码扫描仪与提供实时库存信息的计算机相连接。没有计算机化的办公室已很少见了。

4. 文化的变革

文化的变革是指组织成员共有价值观的改变。文化是由相对稳定和持久的因素构成，经历相当一段时间所形成的，其一旦形成，就成为牢固和不易更改的东西。组织文化的稳定和持久性，往往会使文化变革存在相当大的阻力。因为，它确立了对人们应做什么、不应做什么的约束，并被组织成员普遍认可和遵循。观念是行为的先导，从这个意义上说，组织变革首先是组织文化的变革，任何形式的组织变革必然同时伴随着组织文化的变革。组织文化有强弱之分，在强势的组织文化中，存在特别大的变革阻力。一般来讲，在面临大规模危机、领导职位易人、组织规模小、组织建立时间短、组织文化弱等条件下，更有利于促成组织文化变革。通常来讲，组织文化变革常常需要经历多年的时间，而不是仅仅在几周或几个月内就能完成的。

组织变革具有系统性和互动性特点，组织中任何一个因素的改变，都会带来其他因素的变化。由于环境情况不同，变革的内容和侧重点也有所不同。事实上，在组织变革的实践中，上面所详述的五种变革并不是割裂开来的，往往是以某一种变革为主导，各种内容的变革交织在一起。

四、组织变革的过程

组织变革的过程是一个复杂而困难的过程，有时还伴随着巨大的风险。成功而有效的组织变革，通常需要经历三个有机联系的过程，即解冻—变革—再冻结

（一）解冻阶段

简单来讲，解冻阶段就是变革前的心理准备阶段，其任务就是使组织的全体成员都认识到组织存在的问题和进行组织变革的必要性，以提高他们改变自己行为方式的意愿。变革通常就是要打破原有的平衡，这必然触及组织成员的利益。也就是说，组织变革首先要解决一个观念转变的问题，因为任何一项组织变革或多或少会面临来自组织自身及其成员的一定程度的抵制，所以说组织变革需要有一个解冻阶段作为实施变革的前奏。为此，在这个阶段，变革的领导者必须激励员工，营造气氛，并在采取措施克服变革阻力的同时具体绘制组织变革的蓝图，明确组织变革的目标和方向，以形成有待实施的比较完善的组织变革的方案。

（二）变革阶段

变革阶段是变革过程中的行为转换阶段，也是组织变革的第二个阶段，是至关重要的阶段。它指组织成员表现出新的行为并学会工作中将会用到的新技能的过程。这一阶段，就是按照所拟定变革方案的要求开展具体的组织变革的行为，以使组织从现有结构模式向目标模式转变。可以看到，此阶段是变革的实质性阶段，一般分为实验与推广两个步骤。这是因为组织变革的涉及面较为广泛，并有着相当复杂的联系，甚至"牵一发而动全身"。这种状况就使组织变革方案在全面付诸实施之前不得不先进行一定范围内的典型实验，从而可以总结经验，纠正偏差。在试验取得初步成效后再进入大规模的全面推广阶段。这样做的优势就是可以使一部分对变革尚有疑虑的人能在实验阶段便及早看到或感觉到组织变革的潜在效益，从而有利于争取更多组织成员在思想和行动上支持所进行的组织变革，并踊跃参与变革，由此实现从观望者、反对者的角色向变革的积极支持者和参加者的角色转变。

（三）再冻结阶段

再冻结阶段是变革后的行为强化阶段，其目的是通过对变革驱动力和约束力的平衡，

使新的组织状态保持相对稳定。当组织成员养成了新的态度或价值观并受到组织的充分认可后，就进入此阶段，换句话说，再冻结是一个相对稳定、巩固变革成果的阶段。由此可以看到，组织变革过程不是在实施了变革行为后就宣告结束了。由于组织变革涉及人的行为和态度，若这些因素不能定形，那就有可能出现组织变革行动发生之后，组织及其成员又退回到原有习惯的行为倾向。为了避免出现这种情况，变革的管理者就必须采取相应措施保证新的行为方式和组织状态能够不断地得到强化和巩固。其方式有两个：一是个人主动将新的态度与行为融入自己的个性、情感和品德之中，固定下来；二是组织使用强化手段固定新的态度和行为模式。缺乏这一再冻结阶段，变革的成果就有可能退化消失，而且对组织及其成员也将只有短暂的影响。

五、组织变革的阻力

组织变革是一种改变现状的努力。任何一项变革方案，无论该方案的计划和沟通工作做得有多么出色，都会或多或少地遇到变革对象的阻力和反抗。所谓组织变革的阻力，是指人们反对变革、阻挠变革甚至对抗变革的制约力。组织变革阻力的存在，意味着组织变革不可能一帆风顺，这就给变革者提出了更严峻的任务。为此，变革的领导者必须先认清楚变革阻力的来源，然后对症下药，采取得力措施降低或转化各种阻力，以达到变革的预期目的。

常见的抵制现象有：①生产量、销售量和经济效益持续下降；②消极怠工、办事拖拉、等待；③离职人数增加；④发生争吵与敌对行为，人事纠纷增多；⑤提出许多似是而非的反对变革的理由，等等。组织变革阻力产生的原因在于人们害怕变革的风险，认为变革不符合公司的最佳利益或是害怕变革给自己的利益带来冲击。

一般来说，组织变革的阻力来自于三个方面，即个体阻力、组织阻力和外部环境阻力。

（一）个体阻力

变革中的个体阻力一般来源于人类的基本特征，如知觉、个性和需要。具体阻力如下：

（1）利益的影响。正所谓经济是基础，人们在面对任何问题时，都呈现出应有的理性行为，十分关注自身的经济利益。如果变革增加他们的利益，他们会由衷地支持和拥护变革，但是当变革将会损害他们的利益时，如岗位的要求有了变化，有些人可能会失去工作机会，那么出于对自身利益的保护，他们会极力反对变革，从而形成对变革的阻力。

（2）习惯的影响。人类是有习惯的动物，习惯会使人们在处理事务时较为熟悉、轻松，不需要学习，也不用花费太多的精力，除非遇到紧急情况，否则人们总是安于现状。所以当进行变革时，个人的思维定式和行为习惯就会自觉不自觉地抵制变革，因为变革即意味着习惯的改变，也就意味着必须重新适应新的环境和条件，建立新的行为方式，这就会威胁到原有的内心平衡，因而人们会产生恐惧感。所以他们宁愿抱残守缺，也不愿意尝试变革。

（3）安全和认知的影响。安全是人的基本需要之一，而变革意味着变化，有时可能会造成震荡，会带来不安全感。因此，人们追求稳定、平安的心理无形中会对变革进行抵制，越是高安全需要的人，抵制变革的力量就会越大。而个体通过知觉塑造自己的认知世界，这种认知一旦形成就很难改变。为了保持知觉的整体性，个体会有意识地对有关信息进行选择性加工，即只接受那些自己想得到的、自认为对自身有利的信息，而排斥那些对自己构成挑战的、不利的信息。因此，组织成员对问题认知的偏差必定形成对变革的阻力。

（4）未来的影响。人的天性是追求可预知性。很多时候，人们之所以反对变革，是因为对未来趋势缺乏清醒的认识，对环境给组织造成的压力认识不足，总觉得组织目前所处的环境还相当不错，足以应付任何挑战。再加上当变革用模糊和不确定性代替已知的、确定的东西时，就会给人们带来一种莫名其妙的心理恐惧。人们因变革而产生的对未来的恐惧心理，将导致阻力的产生。

（二）组织阻力

任何组织在其发展过程中，都具有集体形成的历史、文化、思维和运作模式，从而使组织本身成为变革的阻碍。来自组织的阻力，主要包括现行组织结构的束缚、组织运行的惯性、变革对现有关系和资源分配所造成的破坏和影响，以及保守型的组织文化等，这些都是影响和制约组织变革的因素。

（1）组织习惯。组织有其固有的机制保持其稳定性。如组织制度的规范化使其有一套完整的规章制度、工作规范，它们构成了组织结构得以维持和组织运作正常进行的内在动力。这种力量本身的惯性必然形成组织变革的反作用力。

（2）组织现有关系。这里的关系主要是指组织现有的责、权、利关系。组织在设计过程中会充分考虑责、权、利关系的平衡，所以一个组织长期的运作必然形成一个权力网络。在长期的工作中，员工与组织之间、员工与领导之间、员工与员工之间，已形成了某种默契或者说契约，而任何决策权力的重新分配都会威胁到组织长期以来形成的某种权力关系、工作关系和工作方式，因此这种既存权力关系必然会对变革进行抵制和干扰。

（3）现有的资源分配。组织中控制一定数量资源的群体常常视变革为威胁，他们是现存资源分配格局的既得利益者，并倾向于对现有状态感到满意，对可能影响未来资源分配的变革感到忧虑，从而形成组织变革的阻力。企业的组织变革必然会对企业的组织结构进行重组或再造，这就自然会对某些部门、某些层次予以合并、撤减以及重新进行权责界定，一些处于不利地位的部门和层次就会反对变革。

（4）保守型文化。组织文化对组织运行发挥着至关重要的作用，先进的文化将推动组织的变革和发展，而保守的文化将安于现状，沉醉于已有的成就之中，很容易与组织变革发生冲突，进而产生阻力。

（三）外部环境阻力

组织的外部环境条件也往往是形成组织变革阻力的一个不可忽视的因素。如：缺乏竞争性的市场条件往往造成组织成员的安逸状态，束缚组织变革的进程；外部对组织管理者的经营业绩的评价方式，也会影响到组织变革，若对管理人员的业绩考评重视不足或者考评方法不正确，会导致组织变革压力和驱动力的弱化；全社会对变革发动者、推进者的期待和支持态度及相关的舆论和行动以及企业特定组织文化在形成和发展中所根植的整个社会和民族的文化特征，这些都是影响组织变革成败的重要力量。这些因素对变革持积极姿态时，会促进组织变革，它们对变革持消极姿态时，就构成了组织变革的阻力。

◎本章思考题：

1. 简要说明管理层次与管理幅度的关系。
2. 分别描述高耸型和扁平化结构模式的优缺点。
3. 传统的组织结构有哪些？
4. 在何种情况下，更适合于使用事业部制的组织结构？
5. 有哪些因素推动着组织变革？

◎章末案例：

一个成功企业家的难题

一、前言

刘月是一家拥有 16 亿元资产，下属 9 家境内独资及控股子公司、4 家境外独资公司的大型综合性铜冶炼加工的企业集团（伟业集团公司）的老总。

一直以来，该公司在整个行业都占据着主导地位，效益十分可观。企业经营状况良好，前景一片光明，公司正在实施低成本扩张战略，已成功地兼并了几家关联企业，按计划将在 5 年内成为中国铜业的霸主。对此，年届不惑的刘月充满信心。然而，深谋远虑的刘月并非盲目乐观之人。他隐约感到公司似乎已处在某种生死攸关的嬗变阶段，许多问题操作起来都已不如以前那么得心应手，第六感告诉他，潜在的危机越来越大。经过几天的冥思苦想后，他请来了新近担任公司高级人事顾问的杨教授。

此时杨教授正坐在一间非常简陋的办公室里。如果不是门口挂着的牌子上赫然写着"刘董办公室"的字样，杨教授一定会以为是走进了一间乡村中学教师的办公室：一张书桌，一张椅子，外加一张单人床。办公室有一扇门直通隔壁会议室，公司全体高层管理干部正在开会，门未关紧，本地方言的争论声伴着一股呛人的烟味一阵阵传来，刘董的声音总是最洪亮的。

"真不可思议，这就是一个拥有 16 亿元资产的大型企业集团的高层会议室，这屋子里的决策者们竟然没有一个受过正规的高等教育。"尽管杨教授是长年泡在企业，为企业提供各类咨询服务的务实型管理专家，也不得不惊叹于家乡这一知名企业迅速崛起的奇迹。凭经验，他感觉到此行的担子不轻，也预感到面临的可能是中国当代企业所遇到的典型难题。他不由得涌起一种莫名其妙的激动与兴奋……

两个星期后，通过与公司所有上层管理成员的深入接触以及一系列规范化的调查分析，杨教授带着研究小组反复讨论过的初步诊断意见，与刘月花了一整天时间，就有关重要问题专门探讨交换意见之后，得出了一些初步研究纲要。

二、公司管理概况

伟业集团是先有一个核心企业，再由"核"扩散发展起来的，产权纽带紧密，实际上属于一种较典型的母子控股公司模式。集团公司对下属子公司的经营战略、重大投资决策和人事任免均有绝对控制权。刘月既是集团公司董事长兼总经理，又是二级控股（独资）公司的董事长、法人代表。集团公司总部管理班子十分精干，总共不到80人。新老三会在职能上实际是交叉互兼的：党委会、工会与职代会的主要领导是监事会的主要成员。集团董事会是最高权力和决策机构，由集团正副总经理和二级公司总经理组成的理事会实质上是协商和执行机构，无决策权。这是一种较典型的中小型企业集团的管理模式。

在职能部门设置方面，董事会实际上只有董事会办公室是实体，其职能并未与董事会的需要相吻合。理事会是最近才设立的，职能也未明确界定。从人员配置上看，各部部长都是由对应的主管副总经理兼任，形式上是直线职能模式，实质上是职能式组织模式，即职能部门除了能实际协助所在层级领导人的工作外，还有权在自己的职能范围内向下层人员下达指令。这种模式运行起来可能会不利于集中统一指挥，各副总经理之间协调工作量大，主要负责人易陷入事务之中，不利于责任制的建立和健全。公司组织机构变动频繁，高层管理人员的职位更迭像走马灯似的，许多高层经理都弄不清公司现在的组织结构。

三、面临的困惑

刘月说，他请来杨教授，主要是为了解决以下三大难题。

一是集权分权问题。刘月觉得自己太累了，每天签审公司上下报账的财务票据就要花2个小时，公司其他大小事情几乎都要他拍板，总有做不完的事。他平均每天只睡3个小时，最近就有两次晕倒在办公室，再这样下去肯定不行。

当杨教授听说公司采购员差旅费也要刘董亲自签字时，不禁惊讶地问：其他副总经理和部门负责人怎么不分忧？不分权怎么能经营这种大型企业？刘月敏感地解释道："我也懂得要分权，而且曾坚决奉行'用人不疑'的原则，可是教训太大了。曾经因为放权，贸易公司经理用假提单卷走了980万元人民币，至今没有下落。我只得集权，工作不到两年，实在不行，只好再度放权，没想到这次是总经理携款1500万元跑到国外去了，他还是我的亲戚，公司的创业元老。我只好再次集权，如今是董事长、总经理一肩挑，每天上午8：00—10：00就成了审核资金报告的专门时间。我知道这不是长久之计，但现在实在不知道该相信谁了。该怎么办，到底人家外国人是怎么分权的，请专家们帮助筹划。"

二是决策风险问题。公司越做越大，大小决策都集中在自己身上。"我总是胆战心惊的"，刘月恳切地说："过去我拍板下去，涉及的资金少的只有几十元，多的也就几万、几十万元，现在任何决策动辄就是几千万元、上亿元，弄不好就是全军覆没。我心里没底，但也得硬着头皮拍板，怎么会不紧张惧怕呢？我表面故作轻松，其实心理压力太大了。这不，才四十岁，头发几乎全白了。"

三是控制问题。在深入的交谈中，刘董向杨教授表白了心迹："外面的人总以为我在公司里是绝对权威，甚至耀武扬威、随心所欲。其实我觉得要控制这家公司是越来越困难了。过去，我给员工发一个小红包、拜个年什么的，就会得到员工真诚努力的回报。近年来，尤其是有关部门界定我个人在公司中的产权占90%、镇政府只占10%后，员工们的心里似乎在悄悄地变化，过去最亲密的战友都和我疏远了，表面上工作很努力，实际上大多是在应付我。我给他们的工资一加再加，现在高层经理年薪已达 10 万~15 万元，还每人配备了专车、司机和秘书，但他们就是怪怪的，提不起劲。现在公款消费和大手大脚浪费的现象也开始在公司蔓延，原有民营企业的优势正在逐步消失，两起携款外逃事件似乎是必然的，而且以后也还可能发生类似的事情。我感觉到我的公司在全面地腐化堕落。更糟糕的是，我控制不了局面，在这个庞大的公司面前竟显得那么虚弱和无能为力。我对前景感到害怕……"

（资料来源：郑煜. 现代企业管理：理念、方法与应用. 清华大学出版社，2011.）

讨论：

1. 如何重新设计集团组织结构，从而解决集权分权问题？
2. 如何减少决策风险，避免个人的错误决策？
3. 如何增强企业的凝聚力？

第六章 | 人力资源管理

☞学习目标：

了解当代人力资源管理的基本概念；了解并掌握人力资源管理的基本职能；提高分析问题、解决问题的能力。

☞教学重点：

人力资源管理的基本概念、人力资源招聘、绩效考核与薪酬管理。

◎开篇案例

韬睿惠悦咨询公司与《财富》（中文版）共同发布2011年"卓越雇主——中国最适宜工作的公司"榜单。该榜单是由双方合作每两年进行一次的"卓越雇主"调查所产生，自2003年至今已是第五次发布该榜单。

在2011年上榜的20家企业中，三一重工、京东商城、路易·威登、杰尼亚、东风日产等14家企业均是首次登上"卓越雇主——中国最适宜工作的公司"榜单。

此外，通过《财富》（中文版）对部分上榜企业的采访发现，"卓越雇主——中国最适宜工作的公司"榜单中的企业在留住和培养人才上的举措十分令人关注，比如东风日产建造住宅小区，以成本价销售给员工；三一重工从集团的制造、工艺体系选取有潜力的员工，送到世界顶级大学培训；京东商城斥巨资将中高层管理人员陆续送到高校读EMBA课程；等等。

我们还发现此次上榜的20家公司虽然来自于不同的行业，但如历年上榜的"卓越雇主"一样，它们都拥有管理制度透明、员工归属感和认同感强的特质。

另外，因为"员工敬业度"是这一次评选的唯一标准，所以三一重工、百胜、东风日产等企业的上榜，也令我们注意到：即使是在从业人员跳槽率高、流动性大的服务行业和制造行业中，这些上榜的"卓越雇主"仍可以吸引和留住高敬业度的员工。

目前通过《财富》（中文版）和韬睿惠悦合作进行的"卓越雇主——中国最适宜工作的公司"调研已成为国内市场上参与公司最多、影响最大的雇主品牌调研。为确保整体调查的质量和"卓越雇主"评选的公正性，所有参选公司都要经过最为严谨的审核筛选：包括企业基本条件审核、员工问卷回复率审核以及电话回访和抽查参与人员等。通过这些最为严谨的审核和层层筛选后，最终产生了国内公司和跨国公司各 10 家上榜。

你认为这些企业成为卓越雇主的原因有哪些？

第一节　企业人力资源管理概述

一、人力资源的基本概念及特点

（一）人力资源的概念

1954 年，全球知名的管理学家彼得·德鲁克（Peter F. Ducker）在其出版的《管理的实践》一书中首次提出了"人力资源"的概念，提出人力资源与其他资源相比拥有的独特的"协调能力、融合能力、判断能力和想象能力"，管理者必须考虑人力资源这一"特殊资产"，并且要注意人力资源只能为人力资源所有者自己利用的特性。在此书中，德鲁克虽然提出了人力资源的概念并指出了其重要性，却未对人力资源这一概念给出详细的定义。后来不同的学者从不同的角度给出了不同的定义，并没有统一的看法。人力资源最一般的含义是：能够推动整个经济和社会发展、具有劳动能力人口的总和。人力资源最基本的方面，包括体力和智力。如果从现实的应用形态来看，则包括体质、智力、知识和技能四个方面。具有劳动能力的人，不是泛指一切具有一定的脑力和体力的人，而是指能独立参加社会劳动、推动整个经济和社会发展的人。所以，人力资源既包括劳动年龄内具有劳动能力的人口，也包括劳动年龄外参加社会劳动的人口。

（二）人力资源的特点

人本身所具有的生物性、能动性、智力性和社会性，决定了人力资源具有以下特点。

（1）人力资源是主体性资源或能动性资源。主体性或能动性是人力资源的首要特征，是与其他一切资源最根本的区别。所谓主体性，就是说人力资源在经济活动中起着主导作用。一切经济活动首先是人的活动，由人的活动才引发、控制、带动了其他资源的活动。另外，在经济活动中，人力资源是唯一起创造作用的因素。经济活动的生命是发展、是进取、是创新，而只有人力资源才能担负起这种发展、进取和创新的任务，其他任何生产要素都不具有这样的能力。

（2）人力资源是特殊的资本性资源。人力资源作为一种经济性资源，具有资本属性，与一般的物质资本有共同点。即：①人力资源是公共社会、企业等集团和个人投资的产物，其质量高低主要取决于投资程度。从根本上说，人力资源的这个特点起源于人的能力获得的后天性。因为任何人的能力都不可能是先天就有的，为了形成能力，必须接受教育和培训，必须投入财富和时间。②人力资源也是在一定时期内可能源源不断地带来收益的资源，它一旦形成，一定能够在适当的时期内为投资者带来收益。③人力资源在使用过程中也会出现有形磨损和无形磨损。例如劳动者自身的衰老就是有形磨损，劳动者知识和技能的老化就是无形磨损。但是，人力资源又不同于一般资本，对一般实物资本普遍适用的收益递减规律，不完全适用于人力资源。在现代社会的经济发展中，呈现的是人力资本收益递增规律，当代经济的增长主要应当归因于人力资源。

（3）人力资源的社会性。每个人都生活在一定的社会环境中，会不可避免地受社会文化的影响，形成特有的价值观念和行为方式，既可能与企业所倡导的文化价值一致，也可能相互冲突。这就增加了人力资源管理的复杂性和难度。

（4）人力资源开发的持续性。人力资源是可以不断开发的资源，它不像物质资源那样，形成最终产品之后就无法继续开发了。人的培训、积累、创造的过程都是人力资源持续开发的过程。对个人而言，在其职业生涯结束前，个人所拥有的人力资源都是可以持续开发的资源。

（三）人力资源管理的概念及基本功能

1. 人力资源管理的概念

人力资源管理是企业的基本管理职能之一，其基本任务是：吸引、保留、激励、开发企业所需的人力资源，促成企业目标的实现，从而使企业在市场竞争中得以生存和发展。简单地说，就是把企业所需的人力资源吸引到企业中来，将他们保留在企业之内，调动他们的工作积极性并开发他们的潜能，从而获得人力资源高效率的利用。

2. 人力资源管理的基本功能

人力资源管理应该具备以下五项基本功能：

（1）人力获取

人力获取包括招聘、选拔、委派。

（2）整合

整合是指让被招收的员工了解企业的宗旨与价值观，使之内化为他们自己的价值观，从而建立和加强他们对组织的认同感和责任感。

（3）保持与激励

保持与激励包括为员工提供所需奖励，增加其满足感，使之安心和积极工作。

（4）控制与调整

控制与调整包括评估员工的素质，考核其绩效，然后做出相应的奖惩、升降、斥退、解聘等决策。

（5）开发

开发是对员工实施培训，并为他们提供发展的机会，指导他们明确自己的长短处与今后的发展方向和道路。

这五项功能密切关联、相辅相成。管理者在某一方面的决策常常会影响到其他方面。例如：激励可以使员工对工作满意、留恋、安心，从而促进了整合；开发使员工看到自己在本企业的前途，从而更积极和安心，等等。

人力资源管理是生产力发展到一定阶段的产物，随着生产力的进一步发展、人力资源素质的提高，其管理理念和模式也不断地被调整以适应新的管理环境的要求。

二、人力资源管理的发展阶段

人力资源管理活动的起源可以追溯到非常久远的年代，伴随着组织的出现而产生。组织中对"人"的管理发展至今，大致经历了三个阶段：雇佣管理、人事管理、人力资源管理。

（一）雇佣管理

在古埃及和古巴比伦时代，经济中的主要形式是家庭手工工厂的生产模式。当时，工厂主以有组织的方式对工人进行技能的培训，以保证具有合格技能的工人的供给。到了13世纪，西欧的手工艺培训非常流行，与此同时，开始出现手工业行会，这是管理机构的雏形。当时的手工业行会负责监督生产的方法和产品的质量，并对各种行业的员工条件做出不同的规定。这种家庭手工业占主导地位的产业结构一直持续到产业革命前，产业的所有者就是管理者，而不需要专职的人事管理者。

18—19世纪，随着英国及其他一些资本主义国家工业革命的兴起，农村人口大量涌入，出现产业阶层，雇佣劳动随之产生。这一时期出现了一些不做工的工头，他们的主要任务就是凭借个人经验招聘雇佣工人，并监督他们的工作，实行的是以录用、安置、调动、退职和教育训练为中心的劳动力管理。因此，这个阶段对人的管理只能称为雇佣管理，其显著特点是：把劳动者当做商品来买卖而完全无视他们的心理需要，雇佣工人只是在固定的岗位上从事简单的、机械的劳动，没有形成系统的人力资源管理理论与方法。

（二）人事管理

19世纪末20世纪初，欧洲工业革命引起了大机器生产方式的形成，导致了劳动专业化水平的提高和生产率的提高，用机器取代人力和寻求更高效率的工作方法，成为管理的首要问题，人事管理应运而生。同时，工业革命还对生产过程提出了建立监督层级的需要，因此生产过程中出现了管理人员。从这一时期开始，人事管理被组织所接受，人事管理作为一种管理活动也正式进入了企业的管理活动范畴。

1. 科学管理阶段

从管理阶段上看，人事管理始于科学管理，20世纪初，泰勒提出的科学管理理论在美国被广泛地采用，引起了人事管理理论和实践上的一次革命。科学管理作为一种管理理论，对工人的基本假定是"经济人"，把人当做纯粹的生产工具，管理的中心问题是提高劳动生产率。科学管理提出的劳动定额、工时定额、工作流程图、计件工资制等一系列管理制度与方法奠定了人事管理的基础。就人事管理而言，这一时期人事管理的主要目的是激励、控制和提高员工，尤其是提高新员工的劳动生产率水平。实施科学管理成为人事管理的主要工作。人事管理人员开始进行时间和运动姿势及特征的研究，并以此为基础来进行职务分析，通过工作分析制定工作说明书。在员工招聘和选择中，开始考虑员工的体力、脑力和工作相匹配的问题，生理和心理测试逐渐成为员工招聘的辅助手段。

科学管理理论没有顾及员工的感受，使员工开始对工作产生不满情绪，因此并没有真正起到激励效果。在这种情况下，一些企业开始实施早期的员工福利计划，如建立员工的休闲娱乐设施、员工援助项目和医疗服务项目。由于当时的家长式管理方式，这些福利设施不能完全为企业所接受，大工业生产的工作体系决定了工人只能沦为机器的附庸，同时，20世纪30年代美国经济大萧条以及全球经济危机，使得原有的一些计划被取消，科学管理理论也逐渐被新的理论所代替。

2. 人际关系管理阶段

社会因素在机器化大生产中的作用是在著名的霍桑实验中被发现的。由于科学管理理论中关于金钱是激励员工和提高员工生产率因素的理论在实践中难以得到证实，人们开始寻找新的领域和研究方向。20世纪30年代霍桑实验的结果使人事管理从科学管理转向人际关系研究，进入了人际关系管理阶段。

1924—1932年，哈佛商学院的梅奥（E. Mayo）等人在芝加哥的西方电器公司霍桑工厂进行实验，这一实验的目的本来是研究照明对工人生产率的影响，但结果有了新的发现：员工的生产率不仅受到工作方式设计和报酬的影响，而且受到某些社会和心理因素的影响；在工作中，更能影响生产率的不是外界条件，而是员工的心理状态，实验中，由于请员工们进行合作，使员工感到自己是被公司重视的一个组成部分，自己的建议和帮助对公司有重要意义，正是因为员工对公司的积极态度，使得实验中生产率得到很大的提高。

霍桑实验的研究结果启发人们进一步研究与工作有关的社会因素的作用，这些研究的成果导致了所谓的人际关系运动，它强调组织要理解员工的需要，对员工要关心、支持，要增强员工与管理人员之间的沟通，这样才能提高员工的生产效率。这些管理理念也被许多企业所采用，但后来的实践证明，良好的人际关系对生产效率提高的作用并不是很明显，其原因主要有以下几点：

（1）这种方法是建立在简单组织中人的行为分析基础之上的，然而"快乐的员工就是一个好员工"的推论并没有得到证实。

（2）没有考虑到个体的差异性，对不同员工有激励作用的事物往往是不同的。

（3）这种方法也未能认识到对于工作结构和员工行为控制的需要。在很大程度上，它忽视了生产过程、标准和指导员工朝组织目标努力的规章制度的重要性。

（4）这种方法没有看到人际关系只是保持高水平员工激励的许多必要条件之一，生产率的提高还可以通过绩效管理等方式来实现。

从20世纪50年代开始，人际关系管理方法逐渐衰落，已经不能适应当时的人事管理的需要，不再是组织中的主要管理风格，但追求良好的人际关系仍然是组织的一个重要目标。

3. 行为科学管理阶段

人际关系管理理论建立在简单的员工行为分析的基础上，认为组织中员工的行为方式就是人际关系，这种认识是不全面的。因为组织本身对人们的表现就具有造就、限制和调整的作用，而且人的行为还要受到各种职位上的权威、工作和技术要求的影响，组织中员工的行为也是多种多样、复杂多变的。人际关系管理理论急需新的理论的指导。

组织行为学的发展使人事管理对个体的研究与管理扩展到了对群体与组织的整体研究与管理，人事管理进入了行为科学管理阶段，并在20世纪六七十年代达到了顶峰。在"霍桑实验"基础上又相继出现了赫兹伯格的"双因素理论"、马斯洛的"需求层次理论"，这些理论将工人设想为有各种需求的"社会人"、"自我实现人"，把人作为影响劳动生产率的一个重要因素，提出要充分尊重工人的各种需要以提高士气，进而提高劳动生产率。

总而言之，人事管理阶段的重点放在劳动效率的提高上，组织一味追求效用最大化，对员工的重视更多地体现在"工作"中，直到20世纪60年代，人事还只被认为与蓝领或操作工人有关，它的作用就是记录活动、颁发奖章和协调每年一次的公司野餐会。彼德·德鲁克（Peter Drucker）对人事管理进行的综述也反映了人事管理的蓝领倾向。德鲁克说，人事工作"部分是档案员的工作，部分是管家的工作，部分是社会工作者的工作，部分是消防员的工作，不顾一切地解决工会的问题"。

（三）人力资源管理

随着科学技术的发展，人类进入后工业化社会。在后工业化社会中，组织中员工的素质和需求发生了变化，具有相当知识基础和技能的员工大量出现，经济需求不再是人们的唯一需求，员工在组织中的地位发生了变化。人们逐步认识到，相对于资金、技术、原料、能源等其他资源，人力资源更加需要管理者的重视，因为这个资源具有强大的主观能动性，只要善于发掘，就可以发挥巨大的作用，对生产会有强大的推动作用。

根据考夫曼（B. E. Kaufman）所说，美国最早用人力资源代替人事管理是在 1964 年，当时梅耶斯（Mayers）等人把他们所著的人事管理教材更名为《人力资源管理：人事管理阅读材料》。到 20 世纪 70 年代，人事管理和人力资源管理两个术语被交替使用，但从 20 世纪 80 年代初开始，人们开始快速地转向并青睐人力资源管理。不仅一些专业协会开始更名，而且企业中人事副总裁也开始被人力资源副总裁所取代。在学术界，到 20 世纪 90 年代中期，绝大多数商学院都把专业和课程设置中的人事管理更名为人力资源管理，绝大多数教材都放弃了人事管理而选择了人力资源管理。

人事管理关注人力资源对组织的影响，人力资源管理的目标则更关注组织在竞争力、利润、生存能力、竞争优势和劳动力的灵活性等方面的提高。相对于物质资料，人的知识和经验才是唯一的竞争优势，曾经作为组织生产资料的劳动力——员工开始成为组织的一种资源。因而，人事管理也就开始向人力资源管理转变，但是这种转变经历了一段相当长的时间，并且现在仍然在进行之中。

在中国，对人力资源管理的研究可以追溯到 20 世纪 80 年代中期。1984 年，中国人力资源开发研究会的前身——中国人力资源开发研究中心成立，任务是"组织研究中国人力资源开发问题的理论和政策，探索具有中国特色的人力资源开发和管理体系，开展有关人力资源研究和开发的国际合作，提供咨询服务等"。但是系统地研究人力资源管理理论实际上是从 20 世纪 90 年代初期才开始的，一些学者出版了一些人力资源管理方面的专著。目前，中国绝大多数主要大学的商学院都设有人力资源专业或研究方向；许多企业的人事部门也逐渐被人力资源部门所代替，不仅大公司意识到人力资源管理的重要性，小企业也不例外。越来越多的企业已经认识到"企业的成败最终归结为企业中的人"。

三、传统人事管理与人力资源管理的比较

传统人事管理与现代人力资源管理的区别如表 6-1 所示。

表 6-1　　　　　　　　　传统人事管理与现代人力资源管理的区别

	传统人事管理	现代人力资源管理
管理观念	视员工为成本负担	视员工为有价值的重要资源
管理模式	以事为中心	以人为中心
工作方式	控制	参与、透明

续表

	传统人事管理	现代人力资源管理
管理方式	制度控制和物质刺激	人性和激励管理
管理策略	近期、战术性	长远、战略性
管理技术	传统方法、机械式、单一	科学性、艺术性、多样性
管理体制	被动反应型，注重管好	主动开发型
部门属性	非生产、非效益部门	生产与效益部门
管理层次	上级决策、下级执行	参与决策

（1）人事管理多从事战术性和事务性的工作，内容相对简单，主要是招聘、选用、为事择人，人事相宜后就是调配、薪资福利、安全保健等一系列的管理监督；人力资源管理更重视战略性管理工作，内容丰富化、扩大化，除担当传统的职责外还负责职务分析、工作设计、预测人力资源的需求与供给、制订人力资源计划、协调工作关系、组织创新等多项管理任务。

（2）人事管理实行的是控制型管理，将人单纯地看做成本，其管理以降低成本为宗旨，缺乏激励机制；人力资源管理则将人看做一种在生产过程中起能动作用的经济资源，实行的是开发型管理，以人为本成为现代人力资源管理的指导思想。

（3）人事管理将企业看做一个不受环境影响的封闭系统，实行封闭型管理；人力资源管理将企业看做一个开放的系统，实行的是开放型管理。

（4）传统人事管理中，管理者与被管理者身份界限分明，员工只能被动地接受管理，无责任主动参与管理，而且管理手段是硬性控制，制定的规章制度和惩罚手段具有不可抗拒性；在现代人力资源管理中，管理者与被管理者双向沟通，员工积极参加企业的管理，而且实行柔性管理，使员工把实现企业的目标作为一种自觉的行为。

第二节　企业人力资源规划

一、人力资源规划概述

（一）人力资源规划的概念

人力资源规划（Human Resource Planning），有时也叫人力资源计划，是指根据企业的人力资源战略目标，在分析企业人力资源状况的基础上，科学预测企业在未来环境变化中人力资源的供给与需求状况，制定必要的人力资源获取、利用、保持和开发策略，确保企业对人力资源在数量上和质量上的需求，保证企业和个人获得长远发展。人力资源规划作为企业人力资源管理的一项核心工作，其关键在于科学分析企业人力资源现状，有效进行企业人力资源的需求和供给预测，并制订相应人力资源开发方案。人力资源规划工作需要在人力资源战略的指引下进行。

（二）人力资源规划的基本内容

人力资源规划的基本内容如表6-2所示。

表6-2　　　　　　　　　　　　　人力资源规划的基本内容

计划内容	目　标	政　策	预　算
总体规划	数量、素质、结构、绩效、满意度	扩大、收缩、稳定、改革	资金安排
人员补充计划	类型、数量、结构、绩效的改善等	人员标准、来源、起点待遇	招聘选拔费用
人员配置计划	部门编制、HR结构优化、职位匹配、职务轮换	任职条件、职务轮换范围及时间	薪酬预算
接替提升计划	后备人才数量保持、提高人才结构	选拔标准、资格，使用期，提升比例，未提升资深人员安置	职务变更引起的工资变化
培训与开发计划	素质及绩效改善，培训类型、数量，培训内容	培训时间保证，培训效果保证（待遇、考核、使用）	培训开发的总成本
工资激励计划	人才流失减少，士气提高，绩效改进	工资政策，激励政策，激励方式	增加工资、奖金的数额
员工关系计划	减少非期望离职率，劳资关系改进，减少投诉率及不满	参与管理、加强沟通	法律咨询诉讼费
退休解聘计划	劳务成本降低及生产率提高	退休政策，解聘程序	安置费

二、人力资源规划的程序

（1）收集人力资源规划所需的信息。
（2）预测人员需要。
（3）清查和记录内部人力资源情况。
（4）确定招聘需要。
（5）与其他规划协调。
（6）评估人力资源规划。

三、人力资源的预测方法

（1）经验预测法。经验预测法是人力资源预测中最简单的方法，它适合于较稳定的小型企业。经验预测法就是用以往的经验来推测未来的人员需求。不同的管理者的预测可能有偏差，但可以通过多人综合预测或查阅历史记录等方法提高预测的准确率。要注意的是经验预测法只适合于企业在一定时期的发展状况，对于新的职务或者工作的方式发生变化的职务该办法不合适。

（2）现状规划法。现状规划法假定当前的职务设置和人员培养是恰当的，并没有职务空缺，所以不存在人员总数的扩充的问题。人员的需求完全取决于人员的退休等情况的变化。所以，人力资源预测就相当于对人员退休等情况的预测。人员的退休是可以准确预测的，人员的离职包括人员的辞职、辞退、重病等情况是无法预测的，通过历史资料统计和分析比例，可以更为准确地预测离职人数。现状规划法适合于中、短期的人力资源预测。

（3）模型法。模型法是通过数学模型对真实情况进行实验的一种方法。模型法首先要收集自身和同行业其他企业的相关历史数据，通过数据分析建立数学模型，根据模型去确定销售额增长率和人员数量的增长率之间的关系，这样就可以通过企业未来的计划销售增长率来预测人员数量的增长。模型法适合于大、中型企业的长、中期人力资源预测。

（4）专家讨论法。专家讨论法适合于技术型企业的长期人力资源预测。现代社会技术更新非常迅速，用传统的人力资源预测方法很难准确预计对未来的技术人员的需求。相关领域的技术专家由于把握了技术发展的趋势，所以能更加容易地对该领域的技术人员状况作出预测。为了增加预测的可信度，可以采用二次讨论法。在第一次讨论中，各专家独立拿出自己对技术发展的预测方案，管理人员将这些方案进行整理，编写成企业的技术发展方案。第二次讨论，主要根据企业的技术发展方案来进行人力资源预测。

（5）定员法。定员法适用于大型企业和历史悠久的传统企业。由于企业的技术更新比较缓慢，企业发展思路非常稳定，所以每个职务和人员编制也相对确定。这类企业可以根据人力资源现状来推比出未来的人力资源状况。在实际应用中，有设备定员法、岗位定员法、比例定员法和效率定员法等几种方式。

（6）自上而下法。自上而下法就是从企业组织结构的底层开始的逐步进行预测的方法。具体方法是先进行企业组织结构中最底层的人员预测，然后将各个部门的预测层层向上汇总，最后进行企业人力资源总体预测。由于组织结构最底层的员工很难把握企业的发展战略和经营规划等，所以他们无法做出中长期的人力资源预测。这种方法适合于短期人力资源预测。

四、职务分析的基本内容

职务分析又称为工作分析，作为全面了解一项职务的管理活动，是对该项职务的工作内容和职务规范（任职资格）的描述和研究过程，即制定职务说明和职务规范的系统过程。

具体来讲，职务分析就是全面收集某一职务的有关信息，然后再对该职务的任务要求进行书面描述、整理成文的过程。对职务分析主要从七个方面进行调研：工作内容（What）、责任人（Who）、工作目的（For What）、工作岗位（Where）、工作时间（When）、怎样操作（How）、为何要这样做（Why）。

五、职务分析相关术语

在职务分析中，会涉及一些常用术语，但这些术语又常被人们混淆，因此掌握和了解这些术语对职务分析是十分必要的。

（1）工作要素。工作要素是指工作中不能继续再分解的最小动作单位。例如，饭店的迎宾服务工作要素：开门、请客人进来。

（2）任务。任务是指工作中为了达到某种目的而进行的一系列活动。任务可以由一个或多个工作要素组成。例如工人给产品贴标签这一任务只有一个工作要素。上面提到的迎宾员，任务是迎接客人，包括两个工作要素。

（3）工作。工作就是组织为达到目标必须完成的若干任务的组合。

（4）职责。职责是指任职者为实现一定的组织职能或完成工作使命而进行的一个或一系列的工作。

（5）职位。职位也叫岗位，是指担负一项或多项责任的一个任职者所对应的位置。在一般情况下，有多少个职位就有多少个任职者。例如，经理、秘书、财务总监等。应该注意的是职位是以事为中心而确定的，它强调的是人所担任的岗位，而不是担任这个岗位的人。职位是确定的，而职位的任职者是可以更换的。

（6）职务。职务是由一组主要责任相似的职位组成的，也称为工作。在不同的组织中，根据不同的工作性质，一种职务可以有一个或多个职位。例如，处长这一职务，在不同的部门都设有这个职位。职务具有职务地位和职务位置的双重含义，即在同一职位，职务可以不同，如同是副厂级干部，却分为第一副厂长、第二副厂长等。虽然都是副厂级，但其职务地位却不同。一个职务也可以有多个职位。如办公室需要两个秘书，即一个职务有两个职位或需要更多的人来承担这一工作。而对于科长，则由一人担当，它既表示职位又表示职务。一般来说，职务与职位是不加以区别的。但是，职务与职位在内涵上是不同的，职位意味着要承担任务和责任，它是人与事的有机结合体；而职务是指同类职位的集合体，是职位的统称。如行政管理部门的处级干部，职务都是处级干部，但是职位却相当多。职位又称为编制。所以职位的数量是有限的。一个人担当的职务不是终身制，但对这一职务他可以是专任也可以是兼任，可以是常设的，也可以是临时的，所以职务是经常变化的。职位不随人员的变动而变动，它是相对稳定的。职位可以进行分类，而职务一般不进行分类。

（7）职位分类。职位分类是指将所有的工作岗位（职位），按其业务性质分为若干职系、职组（横向），然后按责任大小、工作的难易程度和技术高低又分为若干个职级、职业等。对每一职位给予准确的定义和描述，制成职务说明书，以此作为对聘用人员管理的依据。

①职系。职系是指一些工作性质相同，而责任轻重和困难程度不同的工作。

②职组。职组是指工作性质相近的若干职系的总和。

③职级。职级是分类结构中最重要的概念，是指将工作内容、难易程度、责任大小、所需资格皆很相似的职位划为同一职级。

④职业。职业是一个更广泛的概念，它是指在不同的组织中从事相似活动的一系列职务。职业的概念有较大的时间跨度，在不同时期，从事相似工作活动的人都可以被认为具有相同的职业。例如，教师、工程师、工人、服务员等都属于职业。

（8）职权。职权是指依法赋予的完成特定任务所需要的权力，职责与职权紧密相关。特定的职责要赋予特定的职权，甚至特定的职责等同于特定的职权。例如，企业的安全检查员对企业的安全检查，这既是他的职责又是他的职权。

六、职务分析的意义

职务分析是现代人力资源管理所必需的职能，它是人力资源获取、整合、保持与激励、控制与调整、开发等职能工作的基础和前提，只有做好了职务分析与设计工作，才能有效地完成人力资源管理的其他工作。具体来讲，职务分析有如下几个方面的意义。

（1）对招聘而言，职务分析能为应聘者提供真实、可靠的需求职位的工作职责、工作内容、工作要求和人员的资格要求；同时也为选拔应聘者提供了客观的选择依据，提高了选择的可信度和效率，降低了人力资源选择成本。

（2）对绩效考核而言，职务分析能为绩效考核标准的建立和考评的实施提供依据，使员工明确企业对其工作的要求，从而减少因考评引起的员工冲突。

（3）对薪酬管理而言，职务分析明确了工作的价值，为工资的发放提供可参考的标准，保证了薪酬的内部公平，减少了员工间的不公平感。

（4）就管理关系而言，职务分析明确了上级与下级的隶属关系，明晰了工作流程，为提高职务效率提供了保障。

（5）就员工发展而言，职务分析使员工清楚了员工工作的发展方向，便于员工制订自己的职业发展计划。

由此可见，职务分析是人力资源管理的最基本的工具之一。

七、职务分析的过程

职务分析是对工作做一个全面评价的过程，这个过程可以分为准备阶段、调查阶段、分析阶段和总结及完成阶段。

（一）准备阶段

准备阶段的任务是了解有关情况，建立与各种信息渠道的联系，设计全盘的调查方案，确定调查的范围、对象与方法。

（1）确定职务分析的意义、目的、方法与步骤。

（2）组成由职务分析专家、岗位在职人员、上级主管参加的工作小组，以精简、高效为原则。

（3）确定调查和分析对象的样本，同时考虑样本的代表性。

（4）根据职务分析的任务、程序，将职务分析分解成若干工作单元和环节，以便逐项完成。

（5）做好其他必要的准备工作。在进行职务分析之前，应由管理者向有关人员介绍并解释，使有关人员对分析人员消除不必要的误解和恐惧心理，帮助两者建立起相互信任的关系。

（二）调查阶段

调查阶段是职务分析的第二阶段，主要工作是对工作过程、工作环境、工作内容和工作人员等主要方面做全面的调查。具体工作如下：

（1）编制各种调查问卷和提纲。

（2）在调查中，灵活运用面谈法、问卷法、观察法、参与法、实验法、关键事件法等不同的调查方法。

（3）根据职务分析的目的，有针对性地收集有关工作的特征及所需要的各种数据。

（4）重点收集工作人员必要的特征信息。

（5）要求被调查人员对各种工作特征和人员特征的问题发生频率和重要性做出等级评定。

（三）分析阶段

分析阶段是对调查阶段所获得的信息进行分类、分析、整理和综合的阶段，也是整个分析活动的核心阶段。具体工作如下：

（1）整理分析资料。将关于工作性质与功能的所得资料，进行整理分析，分门别类，编入工作说明书与工作规范的项目内。

（2）创造性地分析、揭示各职位的主要成分和关键因素。

（3）归纳、总结出职务分析的必需材料和要素等工作。

（四）总结及完成阶段

总结及完成阶段是职务分析的最后阶段。这一阶段的主要任务是：在深入分析和总结的基础上，编制工作说明书和工作规范。

（1）将信息处理结果写成职务说明书，并对其内容进行检验。

（2）召开工作说明书和工作规范的检验会时，将工作说明书和工作规范初稿复印，分发给到会的每位人员。

（3）将草拟的职务描述书与任职说明书与实际工作对比，以决定是否需要进行再次调查。

（4）修正职务描述书与任职说明书，对特别重要的岗位，还应按前面的要求进行再修订。

（5）将职务描述书与任职说明书应用于实际工作中，并注意收集应用的反馈信息，不断完善这两份文件。

（6）对职务分析工作进行总结评估，并以文件形式将职务说明书确定下来并归档保存，为今后的职务分析提供经验与信息基础。

工作职务说明书要定期进行评审，看看是否符合实际的工作变化，同时要让员工参与到职务分析的每个环节。一起探讨每个阶段的结果，共同分析原因，需要调整时，也要员工加入调整工作，只有亲身体验才能加强员工对职务分析的充分认识和认同。

八、职务分析的常用方法

（一）观察法

观察法是工作人员在不影响被观察人员正常工作的前提下，通过观察将有关的工作内容、方法、程序、设备、工作环境等信息记录下来，最后将取得的信息归纳整理为适合使用的结果的过程。

采用观察法进行岗位分析时，应力求结构化，根据岗位分析的目的和组织现有的条件，事先确定观察内容、观察时间、观察位置、观察所需的记录单，做到省时高效。

观察法的优点是取得的信息比较客观和正确。但它要求观察者有足够的实际操作经验；主要用于标准化的、周期短的以体力活动为主的工作，不适用于工作循环周期长的、以智力活动为主的工作；不能得到有关任职者资格要求的信息。观察法常与访谈法同时使用。

（二）访谈法

访谈法是访谈人员就某一岗位，与访谈对象按事先拟定好的访谈提纲进行交流和讨论。访谈对象包括：该职位的任职者、对工作较为熟悉的直接主管人员、与该职位工作联系比较密切的工作人员、任职者的下属。为了保证访谈效果，一般要事先设计访谈提纲，交给访谈者准备。

访谈法通常用于工作分析人员不能实际参与观察的工作，其优点是既可以得到标准化工作的信息，又可以获得非标准化工作的信息；既可以获得体力工作的信息，又可以获得脑力工作的信息；同时可以获取其他方法无法获取的信息，比如工作经验、任职资格等，尤其适合对文字理解有困难的人。其不足之处是被访谈者对访谈的动机往往持怀疑态度，回答问题时有所保留，信息有可能会被扭曲。因此，访谈法一般不能单独用于信息收集，需要与其他方法结合使用。

（三）问卷调查法

问卷调查法是根据工作分析的目的、内容等事先设计一套调查问卷，由被调查者填写，再将问卷加以汇总，从中找出有代表性的回答，形成对工作分析的描述信息。问卷调查法是工作分析中最常用的一种方法。问卷调查法的关键是问卷设计，主要有开放式和封闭式两种形式。开放式调查由被调查人自由回答问卷所提问题；封闭式调查则是调查人事先设计好答案，由被调查人选择确定。

设计问卷的要求：

（1）提问要准确。

（2）问卷表格设计要精练。

（3）语言通俗易懂，问题不能模棱两可。

（4）问卷表前面要有导语。

（5）问题排列应有逻辑，能够引起被调查人兴趣的问题放在前面。

问卷调查法的优点是费用低、速度快、调查范围广，尤其适合对大量工作人员进行工作分析；调查结果可以量化，进行计算机处理，开展多种形式、多种用途的分析。但是，这种方法对问卷设计要求比较高，设计问卷需要花费较多的时间和精力，同时需要被调查者积极配合。

（四）工作日志法

工作日志法是指任职者按照时间顺序详细记录自己的工作内容和工作过程，然后经过工作分析人员的归纳、提炼，获取所需工作信息的一种工作分析方法，又称工作活动记录表法。根据不同的工作分析目的，需要设计不同的工作日志的格式，这种格式常常以特定的表格体现。通过填写表格，提供有关工作的内容、程序和方法，工作的职责和权限，工作关系以及所需时间等信息。

（五）关键事件法

关键事件法是通过收集、整理导致某工作成功或失败的典型、重要的行为特征或事件，从而进行职务分析。

它是在第二次世界大战期间由 John C. Flanagan 开发出来用于识别各种军事环境下提高人绩效的关键性因素的手段和方法；John C. Flanagan 认为，关键事件法应对完成工作的关键性行为进行记录，以反映特别有效和特别无效的工作行为。

关键事件法需要专业人员对"关键性事件和行为"进行信息收集、概括和分类；没有提供对工作全方位的描述和探察，主要应用于下述工作分析目的：绩效评价标准的建立（BARS）、甄选标准的开发以及培训员工。

第三节　企业人力资源的招聘

一、招聘的含义及意义

（一）招聘的含义

企业在面临人力需求时，透过不同媒介寻找、吸引那些有能力、有兴趣的人前来应征，并从中挑选出能胜任工作岗位空缺的合格候选人。

（二）招聘的意义

（1）招聘关系到组织的生存和发展。

（2）确保员工队伍具有良好的素质。

（3）获取企业所需要的人，促进企业创新与发展。

（4）履行企业的社会义务，提供就业岗位。

二、人才招聘的渠道

1. 常见的招聘渠道

（1）人才招聘会。企业参加招聘会，有几个基本原则要把握：第一，高层职位不要选择普通的招聘会，这会降低这个职位的含金量，事实上你也招不到。第二，不要频繁地参加招聘会，因为求职者都会判断：天天去参加招聘会的企业，要么就是人才不稳定，要么就是企业管理有问题，因此，企业的名声容易受损。

（2）报纸招聘。报纸招聘曾经是很重要的渠道，不少报纸都辟有招聘专版。不过随着网络的大面积普及，报纸招聘的重要性越来越低。但是如果要兼收宣传企业的效果，那就另当别论。就单次招聘成本来说，报纸招聘是比较昂贵的。是否选择这个传统媒体，要取决于找什么职位的人才。很多专业人士都有阅读专业刊物的习惯，比如，你要招一个市场方面的人才，就要分析一下这种目标人才主要聚集在什么区域，然后把目标区域最具影响力的专业刊物找出来，从中选择一个最合适的媒体投放招聘广告。

（3）网络招聘。网络招聘是目前相当普及的一个招聘渠道。较具规模的网站有前程无忧、中华英才网、中国人才热线、智联招聘等。是否选择网络招聘，取决于公司人才招聘层次以及人才需求战略，企业应该根据自身的现状去寻找最适合的网站，以实现较好的招聘效果。

（4）猎头公司。猎头公司在企业人才争夺战中起到了资源优化的作用——让适合的人到合适的岗位上，也为高级人才的身价增长起到了积极的推动作用。但随着猎头公司不断地增多，服务市场鱼龙混杂，猎头的服务质量大大下降，许多猎头顾问胡乱推荐，其服务的专业性和职业性受到破坏。所以在选择猎头公司时，考察它们的实力和口碑是至关重要的。

（5）人才中介。中介机构的价值就是为招聘企业和求职者提供一个信息交换平台，中介机构通过将求职者推荐到有需要的企业去应聘而获利。选择人才中介，最关键的是看它是否合法和是否诚信经营，其次看它提供的求职者的质量和速度是否符合企业的要求。由于不少人才中介存在欺骗求职者、骗取求职者服务费的现象，其服务质量必然会严重影响招聘单位的声誉。

（6）内部推荐。内部推荐支付的招聘成本非常低，被介绍的人也因为有熟人在这个企业工作而信任这个企业。能最好地发挥内部推荐功效的，应该是招聘专业技术人员和中高层管理人员。这些人在市场上很难招聘，或者说在市场上招聘成本高昂，招聘周期长。对于管理系统比较健全、管理团队职业化程度较高的企业，应多采用此招聘方式，而且应形成内部推荐制度，对推荐成功的内部员工，给予奖励。但是大量地采用这种招聘方式也有一定的负面影响：员工集体跳槽或者在企业内形成多种"帮派"，互相拆台，导致企业很多管理工作无法开展。所以，对于在社会上容易招聘的员工，不要轻易接受内部员工推荐，如果接受，一定要适度控制。

（7）校园招聘。已在中国投资的跨国公司或国内部分知名本土企业，它们的人才争夺战早已在校园中开始了。名校的高才生基本上还没毕业就已名花有主了。在各高等院校，每年年底的企业招聘宣传会一浪接一浪，一家又一家的企业粉墨登场，向即将毕业的学子推销其职位。对于每年有计划招收应届毕业生的企业，校园招聘是不错的选择。

2. 不同招聘渠道的比较（见表6-3）

表6-3 　　　　　　　　　　　　　　不同招聘渠道的比较

招聘渠道	优　点	缺　点
校园招聘	可信度大，省时省力	受时间限制，竞争范围较小
在转业军官中招聘	可信度大，省时省力	受时间限制，竞争范围较小
人才流动中心	工作量小	成功率低
电视、电台广告	能起到广告效果	资金投入大
杂志广告	便于保存	仅限杂志拥有者范围
报纸广告	发行量大，读者群多	易于被遗忘
街头散发广告单	投入少	效果差
关系介绍	成功率较高	易受人情困扰
人才信息网络	方便快捷、信息量大	受储备的信息量限制
猎头公司	方便快捷	收费较高，可能危及原单位利益

三、人力资源招聘中常见甄选方法

在现代人力资源管理中，招聘时所采用的甄选方法大致可以分为两大类：面试法和测评法（也叫测试法）。

（1）面试法。面试法是指通过与应聘者正式的交谈，使企业能够客观地了解应聘者的业务知识水平、外貌风度、工作经验、求职动机等信息，同时，也使应聘者更全面地了解企业信息的方法。面试法是企业最常用的一种甄选方法，其灵活性强，可以对应聘者的多种能力进行综合考察，但随意性较大，会受到面试者主观因素的影响，从而影响甄选的公平性。

根据应聘者参与面试的方式，面试可分为个别面试、小组面试、集体面试；根据面试所达到的效果，面试可以分为初步面试、诊断性面试；根据面试的组织形式，面试可以分为压力面试、行为描述面试、能力面试。美国人力资源顾问公司 HR Chally 的商业发展副总裁约翰·伍德说："面试是有难度的，而招聘面试可能是一名经理最重要的工作。"

（2）测评法。通过测评可以消除面试过程中主考官的主观因素对面试的干扰，增加招聘的公平性，更加客观地验证应聘者的能力与潜力，有效地剔除应聘者资料和面试中的一些"虚假信息"。现代测评方法源于美国的人才测评中心，主要分为心理测评与能力测评。

①心理测评。心理测评主要是针对被测评人的个性特征和素质进行的。个性是一个人能否施展才华、有效完成工作的基础，某人的个性缺陷会使其所拥有的才能和能力大打折扣。对于企业而言，一个干劲十足、心理健康的员工，远比一个情绪不稳定、积极性不高的员工更具有价值。因此，心理测评已经成为当代人力甄选中一个不可缺少的重要组成部分。很多人提到心理测评，想到的就是做卷子。甚至不少企业也认为心理测评只要有几套题就可以所向无敌了。其实不然，不同的岗位对人才个性的要求是千差万别的，比如同样是销售人员，卖计算机设备的和卖矿泉水的也有很大区别。而且即使是最权威的人格测试，也只能测试人的大概性格特征，并且很难把人的个性与具体的岗位联系起来。所以，在企业招聘中，心理测评并不是找几套题目那么简单的事，而是一个系统的工作过程。

②能力测评。能力测评用于对应聘者的职业能力、工作技能和专业知识进行测评。

a. 职业能力倾向测评。这是用于测定从事某项特定工作所具备的某种潜在能力的一种心理测评。这种测评可以有效地测量人的某种潜能，从而预测他在某职业领域中适应的可能性，或判断哪项工作更适合他。

b. 工作技能测评。工作技能测评是对特定职位所要求的特定知识的测评。其内容因岗位不同而不同。如对财会工作者需测评计算、记账、核算能力，对秘书则需测评打字、记录速度和公文起草能力。技能测评有许多种形式，可以进行现场测评，也可验证应聘者已经获得的各种能力证书，如会计的会计上岗证、会计等级证等。

c. 专业知识测评。专业知识测评是对特定职位所要求的特定知识的测评。其内容也因岗位不同而不同。如对国家公务员要进行行政管理知识、国家方针政策、法律法规知识的考核，对管理人员要测评管理的基本知识等。

不管是何种甄选方式，总而言之都是通过一系列科学的手段和方法对人的基本素质和能力实施测评的人力资源管理活动。但是就目前而言，人才测评在我国还处于初级阶段，专业水平还有待进一步提高，测评工具还有待进一步完善。对企业而言，在使用这些测评工具的时候更要慎重，最好是在专业咨询公司的帮助下，首先弄清楚本公司的实际情况，再结合这些情况科学地使用测评工具，这样才能使其在招聘中充分发挥作用，否则会适得其反。

第四节　员工培训

一、员工培训的概念及特征

作为企业人力资本投资的主要形式，员工培训在企业发展中起着至关重要的作用。我们通常所说的员工培训是指企业实施的有计划的、连续的系统学习行为或过程，其目的是通过培训使员工的知识、技能、态度，乃至行为发生定向改进，从而确保员工能够按照预期的标准或水平完成所承担的工作任务。其终极目标是实现员工个人发展与企业发展的双赢。

由此可见，员工培训有三个基本特征。

（1）培训是有目的的。通过培训，人们可以系统地获得技能、知识和态度，这种获得可以提高个人、团队与企业的绩效。

（2）培训本身是一个系统。这一系统始于对培训需求的分析评价，确定培训目标，选择、设计培训方案，实施培训，最后对培训效果进行检验，进而反馈、修正。

（3）培训系统总是与企业的其他系统功能发生相互作用，培训效果是这种相互作用的结果。培训不是在真空中发生的，而是在实实在在的企业环境中发生的。根据系统的观点，企业本身是非常复杂的体系，培训就是一系列相互作用的系统中的一个子系统，而人力资源管理又包括招聘、培训、绩效、薪酬等子系统。任何一个系统的变化都有可能会影响到培训项目的计划、实施与评估，因此，培训必须强调要与企业战略相适应，同企业人力资源各方面的行动相配合，同整个社会政治、文化和具体行业的各种外部制约条件相适应。

二、员工培训的基本原则

为有效增进员工的知识、技能和能力，企业的培训需要符合以下四大原则。

（1）学以致用原则。员工培训应该有明确的目的，培训计划的设计应以实际工作的需要为根据，并考虑工作岗位的特点、员工的年龄、知识结构、能力结构等因素，全面地确定培训和发展的内容。

（2）专业知识技能和企业文化并重原则。员工培训的内容，除了包括知识和技能外，还需包括企业的信念、价值观和道德观等，以便培养员工符合企业要求的工作态度。

（3）全员培训和重点提高结合原则。全员培训是指有计划和有步骤地培训所有员工，以提高全员素质。在资源的使用上，则应按照职务的高低安排培训的先后次序，从上而下，先培训和发展管理骨干，特别是中上层管理人员，以加强领导素质，继而培训基层员工。

（4）严格考核和择优奖励原则。严格考核和择优奖励原则是不可缺少的环节。前者可确保培训和发展的质量，后者可提高员工的积极性。

三、员工培训的基本方法

实际工作中，员工的培训方法有很多，应根据培训对象、培训内容、培训时间等选择合适的培训方法，这里对一些常见的员工培训方法做一个简单的介绍。

（1）讲授法。属于传统的培训方式，优点是运用起来方便，便于培训者控制整个过程。缺点是单向信息传递，反馈效果差。它常被用于一些理念性知识的培训。

（2）视听技术法。通过现代视听技术（如投影仪、DVD、录像机等工具），对员工进行培训。优点是运用视觉与听觉的感知方式，直观鲜明。但学员的反馈与实践较差，且制作和购买的成本高，产品容易过时。它多用于企业概况、传授技能等培训内容，也可用于概念性知识的培训。

（3）讨论法。按照费用与操作的复杂程序又可分成一般小组讨论与研讨会两种方式。研讨会多以专题演讲为主，中途或会后允许学员与演讲者进行交流沟通。优点是信息可以多向传递，与讲授法相比反馈效果较好，但费用较高。而小组讨论法的特点是信息交流时方式为多向传递，学员的参与性高，费用较低。讨论法多用于巩固知识，训练学员分析、解决问题的能力与人际交往的能力，但运用时对培训教师的要求较高。

（4）案例研讨法。通过向培训对象提供相关的背景资料，让其寻找合适的解决方法。这一方式费用低，反馈效果好，可以有效训练学员分析、解决问题的能力。另外，近年的培训研究表明，案例、讨论的方式也可用于知识类的培训，且效果更佳。

（5）角色扮演法。受训者在培训教师设计的工作情景中扮演其中的角色，其他学员与培训教师在学员表演后作适当的点评。由于其信息传递多向化，反馈效果好、实践性强、费用低，因而多用于人际关系能力的训练。

（6）企业内部电脑网络培训法。这是一种新型的计算机网络信息培训方式，投入较大。但由于使用灵活，符合分散式学习的新趋势，节省了学员集中培训的时间与费用。这种方式信息量大，新知识、新观念传递优势明显，更适合成人学习。因此，它特别为实力雄厚的企业所青睐，也是培训发展的一个必然趋势。

第五节　企业人力资源的绩效考核

一、绩效考核的基本概念

（一）绩效的含义及特点

1. 绩效的含义

从字面上看，"绩"是指业绩，即员工的工作结果；"效"是指效率，即员工的工作过程（行为和素质）。所谓绩效就是指员工在一定时间、空间等条件下完成某一任务所表现出的工作行为和所取得的工作结果。

2. 绩效的特点

多因性——绩效优劣受多种因素影响。

多维性——多方面去分析与考评。

动态性——绩效有时效性，会变化。

（二）绩效考核的概念

绩效考核是指按照一定的标准，采用科学的方法，检查和评定员工对职务所规定的职责的履行程度，以确定其工作业绩的一种有效的管理办法。从内涵上讲，绩效考核就是对人和事的评价，包含两层基本含义：一是对人及其工作状况进行评价；二是对人的工作结果，即对人在组织中的相对价值或贡献程度进行评价。绩效考核作为人力资源管理的重要组成部分，有利于为薪资管理和人事决策提供硬指标，提升组织的核心竞争力，促进员工良性发展。

（三）绩效管理的概念

绩效管理是指为了实现组织的目标，通过持续开放的沟通过程，形成组织目标所预期的利益和产出，并推动团队和个人做出有利于目标达成的行为。

（四）绩效考核与绩效管理的联系与区别（见表6-4）

表6-4 绩效考核与绩效管理的联系与区别

		绩效管理	绩效考评
联系		绩效考评是绩效管理的基础、关键环节、重要支撑点，它为绩效的反馈和应用提供了前提和依据	
区别点	过程的完整性	一个完整的管理过程，涉及所有的人员和活动	管理过程中的局部环节和手段
	侧重点	侧重信息沟通与绩效提高，强调事先沟通与承诺	侧重判断和评估，强调事后的评价
	出现的阶段	伴随于管理活动的全过程	只出现在特定的时期

二、常用的绩效考核模式

企业目前使用的绩效考核模式很多，常用的绩效考核模式归纳起来有以下几种。

（一）关键绩效指标（Key Performance Indicator，KPI）考核

KPI考核是通过对工作绩效特征的分析，提炼出的最能代表绩效的关键指标体系，并以此为基础进行绩效考核的模式。KPI必须是衡量企业战略实施效果的关键指标，其目的是建立一种机制，将企业战略转化为企业的内部过程和活动，不断增强企业的核心竞争力和持续地取得高效益。KPI考核的一个重要的管理假设就是："你不能度量它，就不能管理它。"所以，KPI一定要抓住那些能有效量化的指标。而且，在实践中，应尽量做到"要什么，考什么"，抓住那些急需改进的指标，提高绩效考核的灵活性。当然，KPI的指标也不是越多越好，KPI是指关键绩效指标，不是一般的绩效指标，而是对业绩产生关键影响力的那部分指标。界定哪些指标属于关键性的绩效指标，哪些属于一般性的指标，要根据公司战略目标进行层层分解。

（二）目标管理法（Management By Objective，MBO）

目标管理法是一种常见的绩效考核方法。目标管理法是指由下级与上司共同决定具体的绩效目标，并且定期检查完成目标进展情况的一种管理方式。由此而产生的奖励或处罚则根据目标的完成情况来确定。

目标管理法属于结果导向型的考评方法之一，以实际产出为基础，考评的重点是员工工作的成效和劳动的结果。

目标管理体现了现代管理的哲学思想，是领导者与下属之间双向互动的过程。目标管理法是由员工与主管共同协商制定个人目标，个人的目标依据企业的战略目标及相应的部门目标而确定，并与它们尽可能一致；该方法以可观察、可测量的工作结果作为衡量员工工作绩效的标准，以制定的目标作为对员工考评的依据，从而使员工个人的努力目标与组织目标保持一致，降低管理者将精力放到与组织目标无关的工作上的可能性。

目标管理法的优点是：目标管理法的评价标准直接反映员工的工作内容，结果易于观测，所以很少出现评价失误，也适合对员工提供建议，进行反馈和辅导。由于目标管理的过程是员工共同参与的过程，因此，员工工作积极性大为提高，增强了责任心和事业心。其缺点是：目标管理法没有在不同部门、不同员工之间设立统一目标，因此难以对员工和不同部门之间的工作绩效进行横向比较，不能为以后的晋升决策提供依据。

（三）平衡记分卡（The Balance Score Card，BSC）

BSC 是美国的卡普兰教授创立的，从四个方面来衡量绩效。据调查，在目前全世界的前 500 强的企业中有 70% 的企业已运用了 BSC，可见其确实对企业绩效管理和运营有一定的作用。它的四个考核维度为：财务（投资报酬率、剩余收益、销售毛利率）、顾客（顾客满意度、顾客忠诚度、市场份额）、内部业务过程（质量、响应时间、成本、新产品开发周期）、学习与成长（员工满意度、员工流动率、信息系统有效性）。BSC 一方面考核企业的产出，另一方面考核企业未来成长的潜力，从顾客角度以及内部业务角度两方面考核企业的运营状况，把公司的长期战略与短期行动充分地联系起来，把远景目标转化为一套系统的绩效考核指标。

（四）360 度反馈（360 Degree Feedback）

360 度反馈也称全视角反馈，是指通过分析被考核人的上级、同级、下级和服务的客户等对他的评价来提高自己。实行 360 度考核要注意以下事项。

（1）保证考核者的多角化和考核主体、考核过程的公平。对于相同职位的被考核者，他的考核者一定是统一确定的，不能出现同一岗位的不同员工让不同的考核者来进行考核。

（2）实行匿名考核。为了保证考核结果的真实、可靠，在整个考核过程中，必须实行匿名考核。

（3）考核一定是基于胜任特征。胜任特征是指能将工作中表现优秀者与表现平平者区分开来的个体潜在的深层次特征。由于不可能把员工所有的行为，包括定性和定量都一一进行概述和考核，因此只需对对员工绩效起主要影响的关键行为进行描述和考核就可以了。所以，要开展 360 度考核，一定要建立企业内部职位的胜任特征考核模型。

（五）主管述职评价

主管述职评价是由岗位人员作述职报告，把自己的工作完成情况和知识、技能等反映在报告内的一种考核方法。主管述职评价主要针对企业中、高层管理岗位的考核。述职报告可以在总结本企业、本部门工作的基础上进行，重点是报告本人履行岗位职责的情况，即管理者在管理本企业、本部门完成各项任务中所发挥作用的状况。

三、绩效考核中的常见问题及防范

（一）评价过程中的心理偏差（见表 6-5）

表 6-5　　　　　　　　　　　　评价过程中的心理偏差

偏差类型	表　现
居中趋势	把所有的员工都评为中等，或接近平均水平
偏松或偏紧	给所有员工的评价不是太高就是太低
近因效应	只根据员工最近的行为做出评价
对比效应	把当前员工与已经做过评价的员工相比而产生的偏差
晕轮效应	仅根据某一特征要素的情况就对员工做出全面的评价
个人偏见	故意提高与自己有相似点的评价结果；或对某特殊群体存在偏见
首因效应	员工在初期的绩效表现对评价者评价其后续绩效表现产生的延续性影响
自我比较偏差	员工与自己进行比较，以自己作为衡量员工的标准

（二）避免绩效评价常见误差的措施（见表 6-6）

表 6-6　　　　　　　　　　　　绩效评价常见误差的规避措施

误　区	规　避　措　施
工作绩效评价标准不清	采用目标管理法，用描述性语言界定评价要素； 利用 SMART 原则等规范目标和标准
近因效应	分月度/季度考核和年终综合考核两种方式，并采用事实记录法
晕轮效应	关键是评价者本人能够意识到这一点；加强对主管人员培训
居中趋势	采用强迫分布法，而不是图尺度评价法，主管人员培训
偏松或偏紧倾向	采用强迫分布法；以客观绩效标准为依据，两级考核为监督
评价者个人偏差	建立员工投诉制度；加强绩效管理中的双向沟通
人际关系影响	建立员工投诉制度；以客观绩效标准为依据，两级考核为监督

第六节　企业人力资源的薪酬管理

一、薪酬管理的概述

（一）薪酬

薪酬即薪水和酬劳，它是企业对员工提供劳务和所作贡献的回报。员工对企业的贡献包括客观绩效和付出的努力、时间、精力、学识和才能。回报包括工资、奖金、福利、津贴等具体形式。薪酬包含直接薪酬和间接薪酬。

1. 直接薪酬

（1）工资。工资由基本工资、岗位技能工资、工龄工资及若干种国家政策津贴构成。

（2）奖金。奖金是企业对员工超额劳动的报酬，它们可与员工个人绩效挂钩，也可与群体以及整个企业效益结合。奖金包括全勤奖、年终奖、效益奖等。

（3）年薪。这是根据高层管理人员的职责和绩效而给予的报酬。

2. 间接薪酬

（1）福利。这是对工资或奖金等难以包含、准确反映的情况的一种补充性报酬，可以不以货币形式直接支付。如带薪节假日、医疗、工作午餐、保险等。

（2）红利。

（3）股权。

（二）企业薪酬管理

企业薪酬管理，就是企业管理者对本企业员工报酬的支付标准、发放水平、要素结构进行确定、分配和调整的过程。企业薪酬管理主要包括确定薪酬管理目标、选择薪酬政策、制订薪酬计划、调整薪酬结构四个方面的内容。

1. 确定薪酬管理目标

根据企业的人力资源战略规划，薪酬管理目标具体地讲包括以下三个方面：（1）建立稳定的员工队伍，吸引高素质的人才。

（2）激发员工的工作热情，创造高绩效。

（3）努力实现组织目标和员工个人发展目标的协调。

2. 选择薪酬政策

薪酬政策，就是企业管理者对企业薪酬管理运行的目标、任务和手段的选择与组合，是企业在员工薪酬上所采取的方针策略。薪酬政策具体地讲包括以下三个方面：

（1）企业薪酬成本投入政策。

（2）根据企业自身情况选择合理的工资制度。

（3）确定企业的工资结构以及工资水平。

3. 制订薪酬计划

薪酬计划，就是企业预计要实施的员工薪酬支付水平、支付结构及薪酬管理重点等方面的计划，是企业薪酬政策的具体化。企业在制订薪酬计划时要坚持以下两个原则：

（1）与企业目标管理相协调。

（2）增强企业竞争力。

4. 调整薪酬结构

薪酬结构，就是企业员工各种薪酬的比例及构成。薪酬结构具体地讲包括以下三个方面的内容：

（1）企业工资成本在不同员工之间的分配。

（2）职务和岗位工资的确定。

（3）员工基本、辅助和浮动工资的比例以及基本工资及奖励工资的调整等。对薪酬结构的确定和调整要坚持给予员工最大激励的原则。

（三）影响薪酬管理的因素

（1）外在环境因素。包括政令、经济、社会、工会、劳动市场、生活水平等。

（2）组织内在因素。包括财务能力、预算控制、薪酬政策、企业规模、企业文化、比较工作价值、竞争力、公平因素等。

（3）个人因素。包括年资、绩效、经验、教育程度、发展潜力、个人能力等。

二、薪酬管理的原则

薪酬管理是企业的一项十分重要的管理，它应符合以下原则。

（一）战略导向原则

战略导向原则强调企业薪酬管理必须从企业战略的角度出发，制定符合企业发展战略的薪酬政策和制度。薪酬管理可以驱动那些有利于企业发展战略的因素的成长和提高，同时使那些不利于企业发展战略的因素得到有效的遏制、消退和淘汰。因此，企业在实施薪酬管理时，必须从战略的角度分析哪些因素重要，哪些因素不重要，通过一定的价值标准，给予这些因素一定的权重，同时确定它们的价值分配即薪酬标准。

（二）公平性原则

行为学家认为，员工会对自己的付出与收获进行比较，甚至与其他人比较。如果他的所得与他的付出不相符合，他的积极性就会受到影响。这里所指的公平主要是指同工同酬，不同工不同酬。这句话的意思是指：在企业内部及该行业中，相同资历、相同职务、相同付出应该获得同等报酬；不同资历、不同职务、不同付出应该获得不同报酬。

（三）激励性原则

薪酬管理的最终目的就是要激励员工，发挥他们的潜能。例如，同样是 10 万元，一种方式是发 4 万元的工资和 6 万元的奖金，另一种方式是发 6 万元的工资和 4 万元的奖金，激励效果完全是不一样的。激励作用原则就是强调企业在实施薪酬管理时必须充分考虑薪酬的激励作用，即薪酬的激励效果，要充分考虑各种影响因素，使薪酬的支付获得最大的激励效果。

（四）竞争性原则

一个企业的薪酬体系要吸引人，就必须保证企业的薪酬水平在市场上具有一定的竞争力，否则企业将无法吸引和留住企业发展所需的战略人才、关键性人才。

（五）经济性原则

企业的薪酬体系应充分考虑企业本身的实际情况，进行成本分析与控制。它主要包括两个方面的含义，从短期来看，企业的销售收入扣除各项非人工费用和成本后，要能够支付得起企业所有员工的薪酬；从长期来看，企业在支付所有员工的薪酬即补偿所用非人工费用和成本后，要有盈余，这样才能支撑企业追加和扩大投资，获得企业的可持续发展。

（六）合法性原则

薪酬管理政策要符合国家法律和政策的有关规定，例如遵守我国《劳动法》中的最低工资标准等。

三、薪酬体系设计的基本程序

薪酬体系的建立是一项复杂而庞大的工程，不能只靠文字的堆砌和闭门造车的思考来完成薪酬体系的设计。通常情况下，企业的薪酬体系设计应该遵循以下几个基本程序。

（一）合理而详尽的职务分析

职务分析是企业薪酬管理的基础。员工的工资都是与自己的工作岗位所要求的工作内容、工作责任、任职要求等紧密相连的。因此，科学而合理地分配薪酬必须同员工所从事工作岗位的内容、责任、权力、任职要求所确立的该岗位在企业中的价值相适应。这个价值是通过科学的方法和工具分析得来的，它能够基本上保证薪酬的公平性和科学性，也是破除平均主义的必要手段。

（二）公平合理的岗位评价

岗位评价是在对企业中存在的所有岗位的相对价值进行科学分析的基础上，通过分类法、排序法、要素比较法和要素点值法等方法对岗位进行排序的过程。岗位评价是新型薪酬管理体系的关键环节，要充分发挥薪酬机制的激励和约束作用，最大限度地调动员工的主动性、积极性和创造性，在设计企业的薪酬体系时就必须进行岗位评价。

（三）薪酬市场调查

薪酬的外部公平性是对企业薪酬水平与同行业、本地区劳动力市场价格相比较是否平衡的评判。企业的薪酬体系要达到这个目的，就必须在薪酬体系设计之初进行详细的薪酬市场调查，摸清行情，相机而动。只有这样，才能保证薪酬体系的激励性和吸引力。

（四）薪酬方案的草拟

在完成了上述三个阶段的工作，掌握了详尽的资料之后，才能进行薪酬方案的草拟工作。薪酬方案的草拟就是在对各项资料及情况进行深入分析的基础上，运用人力资源管理的知识开始薪酬体系的书面设计工作。

（五）方案的测评

薪酬方案草拟结束后，不能立刻实施，应通过模拟运行的方式来检验草案的可行性。

（六）方案的宣传和执行

必须对草案进行认真的测评。测评的主要目标是可操作性，对测评中发现的问题和不足进行调整，然后在企业内部对薪酬方案进行必要的宣传或培训。薪酬方案不仅要得到企业高层和中层的支持，更应该得到广大员工的认同。经过充分地宣传、沟通和培训，薪酬方案即可进入执行阶段。

（七）反馈及修正

在薪酬方案执行过程中，需要对实施效果进行及时的反馈和修正，这样才能保证薪酬制度长期、有效地实施。

总之，企业薪酬体系设计是一项复杂而庞大的工程，只有对薪酬体系进行多方面、全方位的设计，才能保证薪酬的公平性和科学性，充分发挥薪酬机制的激励和约束作用，使薪酬成为一种完成企业目标的强有力的工具。

四、常见的薪酬结构类型

（一）薪酬结构类型及其付薪理念

1. 以职位为导向

其付薪理念为：根据职位的不同而进行职位评价，确定职位的重要度，然后依据市场行情来确定"有竞争力"的薪酬。其优点为实现同岗同酬，内部公平性较强；其缺点为员工的能力不一定与职位任职资格相匹配。如果不胜任的员工在某一个职位上，也获得同样的基于职位的工资，对其他人来说就是不公平的。

2. 以绩效为导向

其付薪理念为：薪酬根据绩效来确定，因工作绩效量的不同而变化，处于同一职位的员工不一定能获得相同数额的劳动报酬。优点是：首先，员工的收入与工作目标的完成情况直接挂钩，"干多、干少、干好、干坏不一样"，激励效果明显。其次，员工的工作目标明确，通过层层分解，企业目标容易实现。最后，企业不用事先支付过高的人力成本，在整体绩效不好时能够节省人工成本。缺点是：以绩效为导向的薪酬结构基于这样一个假设：金钱对员工的激励作用很大。这导致在企业增长缓慢时，员工得不到高的物质方面的报酬，对员工的激励力度下降，在企业困难时，很难做到"共渡难关"，造成离职率上升。

3. 以技能为导向

其付薪理念为：根据员工所拥有的与工作相关的技能与知识水平来决定员工的报酬。它与以职位为导向的薪酬结构的关键区别在于，员工的工资不是与职位而是与技能相联系。员工要想增加工资，必须证明自己已经掌握了高一级的技能。优点：员工能力的不断提升，使企业能够适应环境的变化，企业的灵活性增强。缺点：做同样的工作，但由于两个人的技能不同而收入不同，容易造成不公平感；高技能的员工未必有高的产出，即技能工资的假设未必成立，这就要看员工是否投入工作；界定和评价技能不是一件容易的事情，管理成本高；员工着眼于提高自身技能，可能会忽视组织的整体需要和当前工作目标的完成。

4. 组合薪酬

其付薪理念为：薪酬分成几个组成部分，分别依据职位、绩效、技能、工龄等因素确定薪酬额。它全面地考虑了员工对企业的投入。

（二）设计薪酬结构的比例

一般来说，薪酬中的固定收入可以保障员工的日常生活，使之产生安全感。如果固定工资过高，有可能使员工产生懒惰情绪，不思进取，削弱薪酬的激励功能。如果变动工资所占比例过大，又会使员工缺乏安全感及保障，不利于吸引和留住员工。因此，在薪酬设计过程中，必须合理地设计薪酬工资的结构比例。

1. 不同层级员工的薪酬结构设计

（1）基层人员。在其总收入中，固定工资比例应该最高，变动工资比例次之。而且在企业基层员工的收入中，短期薪酬往往占了绝大部分的比例。

（2）中级管理人员。在其总收入中，固定工资比例有所降低，变动工资比例则相应提高。在企业中层管理人员的薪酬总额中，短期薪酬的比例有所下降，但仍是薪酬中的主要组成部分。

（3）高级管理人员。在其总收入中，固定工资比例应该最低。在企业高层管理人员的薪酬总额中，短期薪酬的比例进一步下降，甚至可能会低于长期薪酬所占的比例。

2. 短期、长期薪酬的考虑要素

（1）从行业因素的影响来看，一般在新兴行业、高科技行业中长期激励的实施比较普遍，长期激励占员工总收入的百分比也较高。

（2）企业所处的经济发展阶段不同，员工总收入中长期激励所占的比例也会有较大的差异。

◎本章思考题：

1. 人力资源及人力资源管理的含义是什么？
2. 请简述企业人力资源规划的制订程序。
3. 企业职务分析的流程是什么？
4. 人力资源招聘有哪些方式？企业应如何吸引应聘者？
5. 企业员工培训的基本原则是什么？
6. 请简述几种常见的绩效考核模式。
7. 企业进行薪酬管理应遵循的基本原则有哪些？

◎章末案例：

微软研究院的人才管理方式

作为世界上最著名计算机软件公司的研究院，微软研究院在人力资源管理方面有很多独到之处，主要有如下几点：

1. 引导，但不控制

研究院研究的项目、细节、方法、成败，都由研究员自己来决定。对于细节，领导层可以提出自己的意见，但决定权在研究员手中。研究员在研发过程中会得到领导层的全力支持，即使领导层并不认同他们的决定。

2. 自由、真诚、平等

微软研究院不允许官僚作风、傲慢作风和明争暗斗的存在，鼓励不同资历、级别的员工互信、互助、互重，每一个员工都能够对任何人提出他的想法。就算是批评、争论，也是在互信、互助、建设性的前提下做出的。

3. 员工的满足

很多人可能认为待遇是员工最大的需求。当然，良好的待遇是重要的，但对于一个研究员来说更重要的是有足够的资源来专门从事研究，能够得到学术界的认可，并能有机会将技术转化为成功的产品。微软是这样做的：

（1）丰富的研究资源。用公司的雄厚资本，让每一个研究员没有后顾之忧，能够全心全意地做研究。这种资源是多元性的，不但包括计算机、软件、仪器、实验，还包括足够的经费去出国开会、考察或回校学习。微软深知研究员更希望全神贯注地做他热爱的研究，而不必做他不热衷也不专长的工作，所以，微软研究院雇用了多名技术支持人员、行政助理、图书管理员、数据搜索员等来支持研究员的工作。

（2）研究队伍。一个研究队伍，除了数名研究员之外，还有多名副研究员（类似博士后）、实习生、开发人员和访问学者。这样一个多元的队伍能够很快地做出成果。

（3）学术界的认可。有了开放的环境，员工不必担心因公司把他们的重大发明变为公司机密，而丧失与国外学者交流或被认可（获得论文奖）的机会。

4. 发掘人才

人才在信息社会中的价值，远远超过在工业社会中的价值。原因很简单，在工业社会中，一个最好的、最有效率的工作人员，或许比一个一般的工人能多做20%或30%的工作。但是，在信息社会中，一个最好的软件研发人员，能够比一个一般人员多做500%甚至1000%的工作。例如，世界上最小的Basic语言是由比尔·盖茨一个人写出来的。而为微软带来巨额利润的Windows也只是由一个研究小组做出来的。既然人才如此重要，微软研究院是如何去发掘人才的呢？

（1）找出有杰出成果的领导者。这些领导者，有些是著名的专家，但有时候最有能力的人不一定是最有名的人。许多计算机界的杰出成果，是由一批幕后研究英雄创造的。无论是台前的名教授，还是幕后的研究英雄，只要他们申请工作，微软都会花很多的时间去理解他们的工作，并游说他们考虑到微软研究院工作。

（2）找出最有潜力的人。在中国，因为信息技术起步较晚，所以，现阶段杰出的成果和世界级的领导者比起美国要少得多。但是，基于中国年轻人（如应届硕士或博士生）的聪明才智、基础和创造力，微软专门成立了中国研究院，在中国寻找专家，挖掘潜力。

5. 吸引、留住人才

很多人认为，雇用人才的关键是待遇。更多的人认为，微软来到中国可以"高薪收买人才"。微软认为，每一个人都应该得到适当的待遇，但是除了提供有竞争性的（但是合理的）的待遇之外，微软更重视研究的环境。微软为研发人员提供的环境极富吸引力，包括：充分的资源支持，让每个人没有后顾之忧；最佳的研究队伍和开放、平等的环境，让每个人都有彼此学习的机会、造福人类的机会，让每个人都能为自己的研究所开发的产品自豪；长远的眼光和吸引人的研究题目，让每个人都热爱自己的工作；有理解并支持自己研究的领导，让每个人都能得到支持，在紧随公司的大方向的同时，仍有足够的空间及自由去发展自己的才能，追求自己的梦想。

所以，微软认为，如果只是用高的待遇，或许可以吸引到一些人，但只有特别吸引人的环境，才能吸引到并且长期留住所有最佳的人才。在微软全部三个研究院中，人才流失率不到 3%（美国硅谷的人才流失率在 12% 左右）。人们在微软最大的感触是，每一个人都特别快乐，特别热爱和珍惜他的工作。

（资料来源：杜娟.人力资源管理.中国原子能出版社，2012.）

讨论：

1. 微软研究院在人力资源管理方面的独到之处的核心是什么？

2. 如果你是微软研究院在中国分部的人力资源主管，你将在哪些方面加强人力资源开发与管理工作？

第七章 | **领 导**

☞**学习目标：**

了解领导与管理的区别，明确领导权力与本质，理解领导的一般理论与有效领导的要求，阐明领导艺术的本质，掌握管理中的情境理论。

☞**教学重点：**

领导权力与本质；情境理论。

◎**开篇案例**

　　麦当劳快餐店的创始人是克罗克，他不喜欢坐在办公室里，大部分的工作时间都用在走动管理上，即到下属各公司、部门走走、看看、听听、问问。麦当劳公司曾有一段时间面临严重亏损的危机，克罗克发现其中一个重要原因是公司各职能部门经理有严重的官僚主义，习惯于躺在舒适的椅背上指手画脚、抽烟和闲聊。于是，克罗克想出一个奇招，将所有经理椅子的靠背锯掉，开始很多人骂克罗克是一个疯子，但不久大家开始悟出他的一番"苦心"，他们纷纷走出办公室，深入基层，开展"走动管理"，及时了解情况，现场解决问题，终于使公司扭亏为盈。

根据以上案例分析克罗克管理成功的原因。

领导是管理工作中的一项重要职能。无数企业的实践表明，成功的管理者往往是组织群体中的领导者，他们对企业的生存和顺利成长具有深远的影响。既然领导者在管理工作中有如此重要的作用，那么如何才能成为一个好领导？他们是如何开展领导工作的？假如领导工作有规律性和特点，它们又是什么？本章将总结领导的特征并且介绍领导的主要方法。

第一节　领 导 概 述

一、领导概念的界定

（一）领导的概念

领导是一个在历史中形成的概念。领导是一种职能，就是影响组织成员或群体，使其为确立和实现组织或群体的目标而作出贡献和努力的过程。该职能包含着下面三个含义：

1. 领导者一定要有领导的对象

领导者一定要与群体或组织中的其他成员发生关系，这些人就是领导者的下属，或者说是被领导者，没有被领导者，领导工作就失去意义。

2. 权力在领导者和被领导者之间的分配是不平等的

领导者拥有相对强大的权力，可以影响组织中其他成员的行为；而组织中其他成员却没有这样的权力，或者说其所拥有的权力并不足以改变其领导的地位。领导者在权力方面的优越性是领导工作得以顺利进行的重要基础。

3. 领导者对被领导者可以产生各种影响

领导的本质是影响力。领导者拥有影响其下属思想和行动的权力。正是由于影响力的存在，领导者才能够对组织的活动施加影响，并使得组织或群体成员追随与服从。也正是由于被领导者的追随与服从，才能够保证领导者在组织、群体中的地位，并使领导过程成为可能。

（二）领导与管理的联系与区别

从上述定义中可以清楚地看到领导与管理是相互关联的，但两者之间并不是等同的关系。

1. 联系

从行为方式看，两者都是一种在组织内部通过影响他人的协调活动，实现组织目标的过程。从权力的构成看，两者也都是组织层级的岗位设置的结果。

2. 区别

从本质上看，管理是建立在合法的、有报酬的和强制性权力基础上的对下属命令的行为。而领导则可以建立在合法的、有报酬的和强制性权力的基础上，也可以并且更多的是建立在个人影响权和专长权以及模范作用的基础上，且两者所担负的工作内容不同。具体区别如表 7-1 所示。

表 7-1　　　　　　　　　管理和领导的区别

比较项目	管　理	领　导
从职能上看	管理的范围大	领导行为属于管理的范围
从岗位上看	管理者未必是领导者	领导者必定是管理者
制订计划	为达成目标，制订出详细的步骤和计划进度，进行资源分配	展现未来的前景与目标，指明达到远景目标的战略
组织和人员配备	组建所需组织结构及配备人员，规定权责关系，制定具体政策和规程，建立一系列的制度，监督下属的工作状况	重在指导人员。同协作者沟通，指明方向、路线。帮助人们更好地理解目标、战略及实现目标后的效益。引导人们根据需要组建工作组、建立合作伙伴关系

比较项目	管　理	领　导
执　行	在执行中强调采用控制的方式来解决问题。通过具体、详细的计划监督进程和结果	一般采取鼓动和激励的方式。在思想上动员和鼓励人们克服工作中的障碍与困难，推动各项工作顺利开展
成　果	建立在某种程度上的可预见性和秩序，并且有可能为不同的利益相关者创造一致的和重大的成果	往往带来戏剧性的变革，有能力制造极端、有用的变革

二、领导权力的来源

领导实质上是一种对他人的影响力，即管理者对下属及组织行为的影响力，这种影响力能改变或推动下属及组织的心理与行动，为实现组织目标服务。这种影响力可以称为领导力量或者领导者影响力，管理者对下属及组织施加影响力的过程就是领导的过程。领导者对下属及组织的影响力来自两个方面：一是权力（又称为制度权力）影响力，二是非权力（又称为个人权力）影响力。

（一）权力影响力

（1）权力影响力。权力影响力包括法定的权力、强制的权力、奖励的权力。它由组织正式授予管理者并受组织规章的保护。这种权力与特定的个人没有必然的联系，它只同职务相联系。权力是管理者实施领导的基本条件。没有这种权力，管理者就难以有效地影响下属，实施真正的领导。

第一，法定的权力来自于上级的任命。组织正式授予领导者一定的职位，从而使领导者占据权势地位和支配地位，使其有权对下属发号施令。这种支配权，是管理者的地位或在权力阶层中的角色所赋予的。

第二，强制的权力是和惩罚权相联系的迫使他人服从的力量。在某些情况下，领导者是依赖于强制的权力与权威施加影响的，对于一些心怀不满的下属来说，他们不会心悦诚服地服从领导者的指示，这时领导者就运用惩罚权迫使其服从。这种权力的基础是下属的惧怕。这种权力对那些认识到不服从命令就会受到惩罚或承担不良后果的下属的影响力是最大的。

第三，奖励的权力是在下属完成一定的任务时给予相应的奖励，以鼓励下属的权力。这种奖励包括物质奖励如奖金等，也包括精神奖励如晋升等。依照交换原则，领导者通过提供心理或经济上的奖励来换取下属的遵从。

（2）影响权力影响力的主要因素。权力影响力的影响因素主要有：

第一，传统观念。几千年的社会生活，使人们对领导者形成心理观念，由此产生了对领导者的服从感。这种传统观念从小就影响着每一个人的思想，从而加强了领导者言行的影响力。

第二，职位因素。由于领导者凭借被授予的指挥他人开展具体活动的权力，可以左右被领导者的行为、处境，甚至前途、命运，从而使被领导者对领导者产生敬畏感。领导者的职位越高，权力越大，下属对他的敬畏感越甚，领导者的影响力也越大。

第三，资历的影响。一个人的资历与经历是历史性的东西，它反映了一个人过去的情况。一般而言，人们对资历较深的领导者，心目中比较尊敬，因此其言行也容易在人们的心里占据一定的位置。

权力是通过正式的渠道发挥作用的。当领导者担任管理职务时，由传统、职位、资历构成的权力的影响力会随之产生，当领导者失去管理职位时，这种影响力将大大削弱甚至消失。

（二）非权力影响力

（1）非权力影响力。非权力影响力包括专长影响力和品质的影响力。

第一，专长影响力是指领导者具有各种专门知识和特殊技能或因学识渊博而获得同事及下属的尊重和佩服，从而在各项工作中显示出的在学术或专长上的举足轻重的影响力。这种影响力的影响基础通常是狭窄的，仅限于专长范围之内。

第二，品质影响力是指由于领导者优良的作风、思想水平、品德修养，而在组织成员中树立的德高望重的影响力。这种影响力是建立在下属对领导者承认的基础之上的，它通常与具有超凡魅力或名声卓著的领导者相联系。

（2）构成非权力影响力的主要因素。非权力影响力的影响因素有以下几个方面：

第一，品格。品格主要包括领导者的道德、品行、人格等，优秀的品格会给领导者带来巨大的影响力。因为品格是一个人的本质表现，好的品格能使人产生敬爱感，并能吸引人，使人模仿。下属常常希望自己能像领导者一样。

第二，才能。领导者的才干是决定其影响力大小的主要因素之一。才干通过实践来体现，主要反映在工作成果上。一个有才干的领导者，会给事业带来成功，从而使人们对他产生敬佩感，吸引人们自觉地接受其影响。

第三，知识。一个人的才干是与知识紧密地联系在一起的。知识水平的高低主要表现在对自身和客观世界认识的程度。知识本身就是一种力量，知识丰富的领导者，容易取得人们的信任，并由此产生信赖感和依赖感。

第四，感情。感情是人的一种心理现象，它是人们对客观事物好恶倾向的内在反映。人与人之间建立了良好的感情关系，便能产生亲切感；相互的吸引力越大，彼此的影响力也越大。因此，一个领导者平时和蔼可亲，关心体贴下属，与群众的关系融洽，他的影响力往往较大。

由品格、才干、知识、感情因素构成的非权力影响力，是由领导者自身的素质与行为造就的。在领导者从事管理工作时，它能增强领导者的影响力。在领导者不担任管理职务后，这些因素仍会对人们产生较大的影响。

领导工作有效性的核心内容就是领导者影响力的大小及有效程度。管理者要实施有效的领导，最关键的就是要增强其对下属及组织影响力的强度与有效性。

（三） 权力的运用

管理者或领导者如何运用权力？一种方式是合乎要求，这是以合法权力为基础的。管理者可以要求下属服从，因为下属认识到组织授予管理者提出要求的权力。管理者和下属间绝大多数日常接触属于这一类型。另一种运用权力的方式是工具性服从，它是以激励的强化理论为基础的。下属服从是为了换取管理者所控制的奖励。假设管理者要求下属做本职以外的工作，例如在周末加班，停止同一个有长期关系的采购商的业务或发布坏消息，如果下属服从，则管理者以表扬或奖金作为交换。下一次下属被要求做此类事情时，他就会知道服从可以换取更多的奖金。因此，工具性服从的基础是明确绩效奖励机制。

当管理者暗示拒绝接受指令的下属将会受到惩罚、解雇或申斥时，他运用权力的方式是强制。另外，理性说服是管理者向下属证明服从是符合下属最佳利益的一种方法。例如，经理可能会告诉下属工作变动对其职业发展有利。在某种程度上，理性说服类似于奖励权力，只不过经理实际并不控制这样的权力。

个人认同是另一种运用权力的方式。管理者可能认识到他对某一下属拥有参考权力，他通过自己的示范来影响下属。也就是说，管理者有意识地成为下属的模范，利用个人认同的力量。还有一种做法是鼓舞性要求。参考权力在很大程度上决定了鼓舞性要求能否成功，因为它的效果至少部分地取决于领导的说服能力。

一种可疑的运用权力的方法是信息扭曲。管理者通过隐瞒或干扰信息影响下属的行为。例如，经理同意根据大家的意见挑选团队成员，但他在心中已经偏向某一候选人，于是他有意隐瞒其他候选人的优点以促成他所中意的人入选。这种做法是十分危险的，是不合乎伦理的。一旦下属发现这种行为，管理者将失去下属的信任。

三、领导的作用

（一） 带领组织成员共同实现组织目标

领导工作的一个重要作用就在于引导组织中的全体人员有效地理解和领会组织目标，协调组织成员的关系和活动，使组织成员充满信心、步调一致地朝着共同的目标前进。

（二） 指挥作用

在组织活动中，需要有高瞻远瞩、运筹帷幄的领导者，帮助组织成员认清所处的环境和形势，指明组织活动的目标和实现目标的途径。领导者通过激励、沟通、指挥、指导活动，推动组织成员最大限度地实现组织的目标。在整个活动中，领导者要作为带头人来引导组织成员前进，鼓舞成员们奋力实现组织的目标。只有这样，才能真正发挥指挥的作用。

（三） 有利于调动组织成员的积极性

从事社会活动的人是具有不同的需求、欲望和态度的。人的身上蕴藏着任何一个组织都需要的生产力。领导就可以诱发这一力量，通过领导工作能够调动组织中每个成员的积极性、主动性和创造性，使其以高昂的士气自觉、自动地为组织作出贡献。

（四） 有利于个人目标与组织目标趋于统一

人们的个人目标有很多，并且也不统一，有的是为获得高收入，有的是为名望，有的是为工作的挑战性，有的是为得到上级领导的认可与肯定，有的是为实现自我价值，不一而足。一旦他们加入某个组织工作时，就会想方设法去努力实现自己的个人目标，但是，个人目标与组织目标不一定一致，长此以往，将不利于组织目标的实现。通过领导工作，就可以去帮助他们认识个人对组织、对社会所承担的义务，让他们体察到个人与组织的密切关系，进而使他们主动地放弃一些不切实际的要求，自觉地服从于组织目标。所以，领导者也要创造一种环境，在实现组织目标的同时，在条件允许的范围内，满足个人的需求，使人们对组织产生自然的信赖和依赖的感情，从而为加速实现组织目标而努力。

第二节　领导理论

研究有关领导问题的理论可以归结为三大类：领导特性理论、领导行为理论和领导权变理论。

一、领导特性理论

领导特性理论是最古老的领导理论。管理学家长期进行对领导者特性的研究。他们关注领导者个人性格，并试图确定能够造就伟大管理者的共同特性。这实质上是对管理者素质进行的早期研究。

管理学家的研究主要集中在三个方面：第一，身体特征，如领导者的身高、体重、体格健壮程度、容貌和仪表等；第二，个性特征，如领导者的魅力、自信心和心理素质等；第三，才智特征，如领导者的判断力、语言表达才能和聪慧程度等。

在 20 世纪前半叶，为了找出重要的领导特性，人们进行了大量的研究。但是，在绝大多数情况下，结果是令人失望的，因为总是可以找出一长串例外。而且选拔出来的领导特性越来越多，失去了实际意义。即使一开始看上去有效的领导特性也存在着多种不同的解释。例如，许多领导人都表现出良好的沟通技巧和自持力。但是，这些特性与其说是原因，不如说是他们在获得领导地位之后的表现。

尽管一些杰出的领导者的特性差异很大，很难确定几条完全统一的公认特性，但到20 世纪 90 年代，特性理论研究者还是提出了一些有效反映领导者特性的个性特点：

第一，努力进取。成功的领导者必须具有对成功的强烈欲望，勇于进取，奋斗不息。

第二，领导动机。有强烈的权力欲望，在领导他人取得成功的过程中满足和自我激励。

第三，正直。领导者必须胸怀正义，言行一致，诚实可信。

第四，自信。面对挑战与困境，领导者都能充满自信，并能坚定其下属的信心。

第五，业务知识。高水平的领导必须有很高的业务素质。

第六，感知别人的需要与目标，并具备有针对性地调整自己领导方式的能力。

二、领导行为理论

领导行为理论认为，领导者最重要的方面不是领导者个人的性格特征，而是领导者实际在做什么。主要的理论有密执安大学的研究、俄亥俄州立大学研究人员的领导行为四分图理论、布莱克和穆顿的管理方格论等。

（一） 密执安大学的研究

密执安大学的研究者在李克特的领导下于 20 世纪 40 年代末开始研究领导行为。根据对大量领导（经理）与追随者（下属）的研究，试图比较群体效率如何随领导者行为的变化而变化。这项研究的目的是发现如何实现预期的绩效和满意水平以及有效的领导方式类型，结果发现了两种不同的领导方式。

一种是工作（生产）导向型领导行为。这种领导方式关心工作的过程和结果，并用密切监督和施加压力的办法来获得良好的绩效、满意的工作期限和结果评估。对这种领导者而言，下属是实现目标或任务绩效的工具，而不是和他们一样有着情感和需要的人，群体任务的完成情况是领导行为的中心。

另一种是员工导向型领导行为。这种领导方式表现为关心员工，并有意识地培养与高绩效的工作群体相关的人文因素，即重视人际关系。员工导向型领导者把他们的行为集中在对人员的监督，而不是对生产的提高上。他们关心员工的需要、晋级和职业生涯的发展。

密执安大学的研究人员发现，在领导方式为员工导向型的组织中，生产数量要高于领导方式为工作导向型组织的生产数量。另外，这两种群体的态度和行为也根本不同。在员工导向型的组织中，员工的满意度高，离职率和缺勤率都较低。在工作导向型的组织中，产量虽然不低，但员工的满意度低，离职率和缺勤率都较高。在这种经验观察的基础上，密执安大学领导行为方式研究的结论是，员工导向的领导者与高的群体生产率和高满意度成正相关，而生产导向的领导者则与低的群体生产率和低满意度相关。

（二） 俄亥俄州立大学的研究

大约在密执安大学对领导方式展开研究的同一时期，美国俄亥俄州立大学的研究人员弗莱西曼（E. A. Fleishman）和他的同事们也在进行关于领导方式的比较研究。他们的研究样本是国际联合收割机公司的一家卡车生产厂。俄亥俄州立大学采用密集问卷的方式搜集数据，他们的研究结果本来罗列了十种不同的领导方式，但最后他们把这十种类型进一步分为两个维度，即领导方式的关怀维度和定规维度。

关怀维度代表领导者对员工之间以及领导者与追随者之间的关系、相互信任、尊重和友谊的关心，即领导者信任和尊重下属的程度。定规维度代表领导者构建任务、明察群体之间的关系和明晰沟通渠道的倾向。或者说，为了达到组织目标，领导者界定和构造自己与下属的角色的倾向程度。该项研究指出，一个领导者的行为在每一种维度中可以出现很大的变化。领导者在每种维度中的位置是通过对两种维度的问卷调查测度的。根据这样的分类，领导者可以分为四种基本类型，即高关怀—高定规、高关怀—低定规、低关怀—高定规和低关怀—低定规。

俄亥俄州立大学的这项研究发现，在两个维度方面皆高的领导者，一般更能使下属达到高绩效和高满意度。不过高关怀—高定规型并不总是产生积极效果，对国际联合收割机公司的一项研究表明，情况非常复杂，研究者发现，定规水平较高的主管所领导的下属绩效高但满意度低，相反，关怀水平较高的主管所领导的下属绩效不高但满意度低；而其他三种维度组合类型的领导者行为，普遍与较多的缺勤、事故、抱怨以及离职有关系。其他发现还有，领导者的直接上级给领导者的绩效评估等级与高关怀性负相关。

（三）管理方格论

密执安大学和俄亥俄州立大学的研究结果发表以后，引起了对理想的领导方式广泛的讨论。一般的看法是，理想的领导行为既要是绩效型又要是关怀型的。对这种理想的领导方式加以综合的重要成果，是美国得克萨斯大学的布莱克（Blake）和穆顿（Mouton）提出的关于培养领导方式的管理方格论。这一理论充分概括了上述两项研究所提炼的员工导向和生产导向维度。在这种领导方式理论中，首先把管理人员按他们的绩效导向行为（称为对生产的关心）和维护导向行为（称为对人员的关心）进行评估，给出等级分值。然后以此为基础，把分值标注在两个维度坐标界面上，并在这两个维度坐标轴上分别划出9个等级，从而生成81个方格，每个方格代表一种对"生产"和"人"关心的不同程度的组合形成的领导行为（见图7-1）。

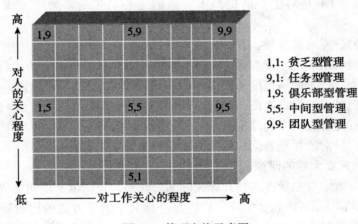

图 7-1　管理方格示意图

布莱克和穆顿的管理方格中列出了五种典型的领导方式：

（1）（1, 1）型方式，称为贫乏型管理。这种方式用最少的努力来完成任务和维持人际关系，对生产和职工都关心得很差，实质上是放弃了领导职责，无疑会导致企业的失败。

（2）（1, 9）型方式，称为俱乐部型管理。这种方式对员工特别关心，导致和谐的组织气氛，但很少甚至不关心生产。因为这种领导者认为只要员工精神愉快，生产自然会好。这种管理的结果可能很脆弱，一旦和谐的人际关系受到影响，生产效率会随之下降。

（3）（9, 1）型方式，称为任务型管理。这种方式只注重任务的完成，很少甚至不关心人。这种领导者希望将个人因素的干扰降到最低程度，以求得生产的高效率，但这种专制的领导方式会造成员工离心离德，情绪低落。

（4）（9, 9）型方式，称为团队型管理。这种方式对人和生产的关心都到了最高点。在这种方式下，职工关系协调，士气旺盛，企业目标与职工利益紧密结合，上下一心地完成任务。

（5）（5，5）型方式，中间型管理。这种方式对人和生产都有适度的关心，使必须完成的工作与维持令人满意的士气保持平衡，以实现充分的业绩。这种领导方式追求平衡，但不追求卓越，从长远看，可能会使企业落伍。

根据这一理论，理想的管理行为类型是（9，9）型。为了达到这一行为风格，可以利用相关课程进行培训，许多企业运用管理方格获得了适度的成功，但是，它的真正效力缺乏科学证据的支持。

领导行为理论在当代领导理论的发展中起到了重要的作用。它告诉我们不要对领导是什么（领导特质）有先入之见，而是关注领导做什么（行为）。但是，这些领导理论同样对有效领导的构成作出了普遍的规定。在对复杂的社会系统进行分析时，几乎没有哪种关系是持续有效的，因此不可能出现公式。行为理论家试图发现在领导行为和员工反应之间存在一致性的关系，他们总是失败。另外，也没有实质性证据支持在所有情况下，（9，9）型领导方式都是最有效的方式。例如，在不同的社会、经济、文化和政治背景中，管理者领导方式的优劣，并不是简单地通过中性或平衡的（9，9）型分布能够陈述的。这说明，领导方式的行为理论并不自己保证某种领导方式是最佳选择，领导方式的研究应是多角度的，因此需要另一种理解领导的理论。促成新理论的要素是，尽管员工导向维度和工作导向维度有助于描述领导的行为，但无法用于预测或指导领导行为。领导理论发展的下一步将是领导权变理论的创立。

三、领导权变理论

领导权变理论又称情境理论，是在领导特性理论与领导行为理论的基础上发展起来的，反映了现代管理理论发展的重要趋势。领导权变理论认为，世界上不存在一种普遍适用、唯一正确的领导方式，只有结合具体环境，采取因时、因地、因事、因人制宜的领导方式，才是有效的领导方式。有影响力的领导权变理论主要有：菲德勒的权变理论，罗伯特·豪斯的路径—目标理论，赫塞和布兰查德的领导生命周期理论等。

（一）菲德勒的权变理论

权变理论认为不存在一种"普遍适用"的领导方式，领导工作强烈地受到领导者所处的客观环境的影响。或者说，领导和领导者是某种既定环境的产物，即：

$$S = f\ (L \times F \times E)$$

在上式中，S 代表领导方式，L 代表领导者的特征，F 代表追随者的特征，E 代表环境，即领导方式是领导者特征、追随者特征和环境的函数。

领导者的特征主要指领导者的个人品质、价值观和工作经历。追随者的特征主要指追随者的个人品质、工作能力和价值观等。环境主要指工作特征、组织特征、社会状况、文化影响、心理因素，等等。工作是具有创造性还是简单重复，组织的规章制度是比较严密还是宽松，社会时尚是倾向于追随、服从还是推崇个人能力等，都会对领导方式产生强烈的影响。

　　菲德勒的权变理论是比较有代表性的一种权变理论。该理论认为各种领导方式都可能在一定环境内有效，这种环境是多种外部因素与内部因素的综合作用体。

　　菲德勒将权变理论具体化为三个方面：

　　（1）职位权力。职位权力是指领导者所处的职位具有的权威和权力的大小，或者说领导的法定权、强制权、奖励权的大小。权力越大，群体成员遵从指导的程度越高，领导的环境也就越好；反之，则越差。

　　（2）任务结构。任务结构是指任务的明确程度和部下对这些任务的负责程度。如果这些任务越明确，而且部下责任心越强，则领导环境越好；反之，则越差。

　　（3）上下级关系。上下级关系是指下属乐于追随的程度。下级对上级越尊重，并且乐于追随，则上下级关系越好，领导环境也越好；反之，则越差。

　　菲德勒设计了一种问卷来测定领导者的领导方式。该问卷的主要内容是询问领导者对最不与自己合作的同事的评价。如果领导者对这种同事的评价大多用带敌意的词语，则该领导趋向于工作任务型的领导方式（低 LPC 型）；如果评价大多用善意的词语，则该领导趋向于人际关系型的领导方式（高 LPC 型）。

　　菲德勒认为环境的好坏对领导的目标有重大影响。对低 LPC 型领导来说，比较重视工作任务的完成。如果环境较差，他将首先保证完成任务；当环境较好时，任务能够完成，这时他的目标将是搞好人际关系。对高 LPC 型领导来说，比较重视人际关系。如果环境较差，他会将人际关系放在首位；如果环境较好时，人际关系也比较融洽，这时他将追求完成工作任务，如图 7-2 所示。

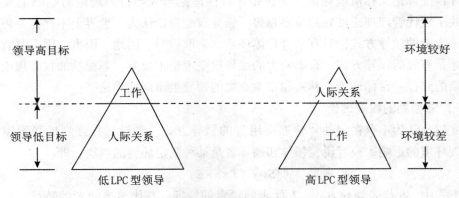

图 7-2　领导目标与环境关系示意图

　　菲德勒对 1200 个团体进行了抽样调查，将各种情境同领导风格和群体的效能建立起联系。表 7-2 总结了这些研究的成果和理论方法。

　　领导环境决定了领导的方式。在环境较好的 Ⅰ、Ⅲ 情况下和环境较差的 Ⅶ、Ⅷ 情况下，采用低 LPC 型领导方式，即工作任务型的领导方式比较有效。在环境中等的 Ⅳ、Ⅴ 和 Ⅵ 情况下，采用高 LPC 型领导方式，即人际关系型的领导方式比较有效。

表 7-2	菲德勒模型							
人际关系	好	好	好	好	差	差	差	差
工作结构	简单	简单	复杂	复杂	简单	简单	复杂	复杂
职位权力	强	弱	强	弱	强	弱	强	弱
	Ⅰ	Ⅱ	Ⅲ	Ⅳ	Ⅴ	Ⅵ	Ⅶ	Ⅷ

环境	好			中等		差		
领导目标	高			不明确		低		
低 LPC 领导	人际关系			不明确		工作		
高 LPC 领导	工作			不明确		人际关系		
最有效方式	低 LPC			高 LPC		低 LPC		

　　菲德勒认为，个体的领导风格基本上是定型的和无法改变的，他们不可能改变行为以适应特定情境的要求，因为领导风格是同特定的人格特质联系在一起的。因此，如果领导风格与情境不相匹配，菲德勒的建议是改变情境来适应领导风格。

　　菲德勒的权变理论受到批评，因为它并不总是受到研究的支持，他的发现还可以用其他理由来解释，LPC 量表缺乏有效性，关于领导风格没有灵活性的假设也是不真实的。

（二）路径—目标理论

　　路径—目标理论是罗伯特·豪斯（Robert House）发展的一种领导权变理论。

　　该理论认为，领导者的工作是帮助下属实现他们的目标，并提供必要的指导和支持，以确保各自的目标与群体或组织的总体目标一致。"路径—目标"的概念来自于这样的观念，即有效领导者能够明确指明实现工作目标的方式来帮助下属，并为他们清除各种障碍和危险，从而使下属的相关工作容易进行。

　　根据路径—目标理论，领导者的行为被下属接受的程度，取决于下属是将这种行为视为获得当前满足的源泉，还是将其作为未来获得满足的手段。领导者行为的激励作用在于：①使下属的需要—满足取决于有效的工作绩效；②提供有效绩效所必需的辅导、指导、支持和奖励。为考察这些陈述，豪斯确定了四种领导行为：

　　（1）指导型。这种领导行为的领导者让下属知道他对他们的期望是什么，以及他们完成工作的时间安排，并对如何完成任务给予具体指导，这种领导类型与俄亥俄州立大学的定规维度相似。

　　（2）支持型。领导十分友善，表现出对下属需要的关怀。当下属受挫和不满意时，这类领导行为对下属的业绩能产生最大的影响。它与俄亥俄州立大学的关怀维度相似。

　　（3）参与型。领导与下属共同磋商，并在决策之前充分考虑他们的建议。

　　（4）成就导向型。领导设定富有挑战性的目标，并期望下属发挥出自己的最佳水平。

　　路径—目标理论认为，对于一个领导者来说，没有什么固定不变的最佳领导行为，要根据不同的环境选用适当的领导方式。指导型的领导行为适合于不清晰的工作或领导没有经验的下属。但对于有广泛的经验和清晰的工作，例如会计工作，指导型的领导行为只会令下属反感。工作环境不好，下属感到灰心的时候，支持型的领导行为最合适，可以重新建立下属的信心。参与型的领导行为最适合于领导有内在控制能力的下属，由于他们认为自己具有影响力，因此特别喜欢参与决策。成就取向型的领导行为适用于复杂的工作，因为这种行为可以通过加强下属完成工作的信心来增加他们付出的努力，从而改善工作表现。

路径—目标理论提出了两类情景变量作为领导行为—结果关系的中间变量，即环境因素（任务结构、正式权力系统和工作群体）和下属的个人特点（控制点、经验和知觉能力）。控制点是指个体对环境变化影响自身行为的认识程度。根据这种认识程度的大小，控制点分为内向控制点和外向控制点两种。内向控制点是说明个体充分相信自我行为主导未来而不是环境控制未来，外向控制点则是说明个体把自我行为的结果归于环境影响。依此，下属分为内向控制点（Internal Locus of Control）和外向控制点（External Locus of Control）两种类型。环境因素和下属个人特点决定着领导行为类型的选择。

以下是路径—目标理论引申出的一些假设范例：

• 相对于高度结构化和安排完好的任务来说，当任务不明或压力过大时，指导型领导将导致更高的满意度。

• 当下属执行结构化任务时，支持型领导导致员工高绩效和高满意度。

• 指导型领导不太适于知觉能力强或经验丰富的下属。

• 组织中的正式权力关系越明确、越层级化，领导者越应表现出支持型行为，降低指导型行为。

• 内向性控制点的下属，比较满意于指导型风格。

• 当任务结构不清时，成就导向型领导将会提高下属的努力水平，从而达到高绩效的预期。

路径—目标理论表明不同领导行为如何影响员工的激励。个人特征和环境特征则决定了什么行为导致什么结果。路径—目标理论是一个动态的和未完成的模型。最初的意图是用一般述评描述理论，来帮助未来的研究者探索各种关系并修正理论。研究表明，路径—目标理论是对领导过程合理的、良好的描述，继续下去的研究将帮助我们更好地理解领导与激励的关系。

（三）领导生命周期理论

另外一种领导情境理论，是由美国管理学者保罗·赫塞（Paul Hersey）和肯尼斯·布兰查德（Kenneth Blanchard）提出的。他们补充了另外一种因素，即领导行为在确定是任务绩效还是维持行为更重要之前应当考虑的因素——成熟度（Maturity），并以此发展出领导生命周期理论。这一理论把下属的成熟度作为关键的情境因素，认为依据下属的成熟度水平选择正确的领导方式，决定着领导者的成功。

赫塞和布兰查德把成熟度定义为：个体对自己的直接行为负责任的能力和意愿。它包括工作成熟度（Job Maturity）和心理成熟度（Psychological Maturity）。工作成熟度是下属完成任务时具有的相关技能和技术知识水平。心理成熟度是下属的自信心和自尊心。高成熟度的下属既有能力又有信心做好某件工作。

领导生命周期理论提出任务行为和关系行为这两种领导维度，并且将每种维度进行了细化，从而组合成四种具体的领导方式：

（1）指导型（Telling）领导（高任务—低关系）。适用于下属成熟程度很低的情形，即被领导者既无能力也无意愿承担责任。这时，领导者应该定义角色，告诉下属应该做什么、怎样做以及在何时何地做。

（2）推销型（Selling）领导（高任务—高关系）。适用于下属成熟程度中等偏低（较低）的情形。这时，由于被领导者虽有意愿承担责任但缺乏应有的能力，所以需要领导者提供指导行为与支持行为。

（3）参与型（Participating）领导（低任务—高关系）。适用于被领导者有能力但不愿意承担责任的中等偏高（较高）成熟程度的情形。领导者与下属共同决策，领导者的主要角色是提供便利条件和沟通。

（4）授权型（Delegating）领导（低任务—低关系）。领导者提供不多的指导或支持。

在此基础上，领导方式和任务成熟度之间的关系如图 7-3 所示。

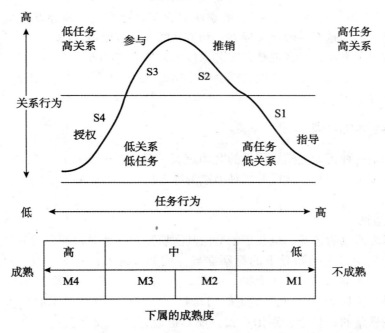

图 7-3　领导方式生命周期理论

图 7-3 中，S 代表四种领导方式，分别是授权、参与、推销和指导，它们依赖于下属的成熟度 M，M1 表示低成熟度，M4 代表高成熟度。

这样一来，赫塞和布兰查德就把领导方式和员工的行为关系通过成熟度联系起来，形成一种周期性的领导方式。当下属的成熟度水平不断提高时，领导者不但可以减少对活动的控制，而且还可以不断减少关系行为。如指导型领导方式 S1，是对低成熟度的下属而言的，表示下属需要得到明确而具体的指导。S2 方式表示领导者需要高任务—高关系行为。高任务行为能够弥补下属能力的欠缺，高关系行为则试图使下属在心理上领悟领导者

175

的意图。S3 表示可以运用支持性、非指导性的参与风格有效激励下属。S4 是对高成熟度的下属而言的，表示下属既有意愿又有能力完成任务。

和菲德勒的权变理论相比，领导生命周期理论更容易理解、更直观。但它只针对了下属的特征，而没有包括领导行为的其他情境特征。因此，这种领导方式的情境理论算不上完善，但它对于深化领导者和下属之间的研究，具有重要的基础作用。

第三节 领 导 艺 术

一、"领导艺术"的含义

所谓领导艺术，就是领导者在管理活动中，为了实现一定的组织目标，在自身知识、经验的基础上，富有创造性地运用领导原则和方法的才能。也可以说，领导艺术就是创造性地灵活运用管理原理和领导方法，提高领导活动效果。

"领导艺术"既然称为"艺术"，就意味着它与领导方式、领导方法是不同层面的东西，它应该是一种超越了一般化领导方式和方法的、具有创造性的、达到完美程度的、技巧性的领导方式和方法，或者说是具有艺术性的领导方式和方法。

领导工作一旦达到艺术的高度，就会产生质的飞跃。因此，提高领导艺术，对于搞好领导工作具有重要意义。

二、领导艺术的特点

领导艺术是一种无固定模式可循的既确定又不确定的领导技能，是领导者个人品德、才能、情感、知识、经验、气度等各种因素的综合反映，与领导方法相比，表现出三个鲜明的特点：

（一）创造性

领导艺术之所以为艺术，全在于创造。其实质是领导者对领导方法的创造性运用，是领导者在科学思维方式的指导下的标新立异。例如，古人论行军打仗，把"实以虚之，虚以实之"作为迷惑敌人的一条原则。但在《三国演义》中，诸葛亮偏要"虚以虚之"，以空城计吓退了统兵 15 万、兵临城下的司马懿。可以说，领导艺术的本质和核心就是创造性。或者在思路的选择上，别出心裁，反其道而行之；或者在判断的结论上，独辟蹊径，发前人之所未发；或者在行为方式上，选择机动、迂回，在没有路的地方走出一条新路。

（二）非模式性

领导方法是众多领导经验的总结和概括，具有一般性和共同性；领导艺术则主要是个人经验、智慧的积累、提炼和升华，具有鲜明的个性。领导艺术可以借鉴，但绝无现成的模式可以机械地照抄照搬，也很难单纯从讲台、书本上套用。"师父领进门，修行在个人"，方法和艺术的关系正如同"菜谱"和烹调艺术的关系。按照同一张菜谱，不同的厨师炒出来的菜肴肯定大不一样，这里就有经验的因素，重点是对火候的把握。领导艺术就是《孙子兵法》讲的"运用之妙，存乎一心"的艺术。因此，可以说领导艺术没有万能模式，同一种领导艺术，由不同的人掌握会效果各异，不同的领导艺术被同一个领导者应用，效果也会相差很大。

（三）灵活性

领导艺术不是永恒不变的，是因人、因事、因时、因地而宜的。因此，领导者必须从实际出发，根据具体情况灵活运用，以适应不断变化的情况。

三、领导艺术的具体内容和体现

（一）人际关系艺术

影响人际关系的因素主要有四个方面：空间距离的远近；彼此交往的频率；观念态度的相似性；彼此需要的互补性。除此之外，性格、品德、气质各异也是影响人际关系的重要方面。

由于人际关系的复杂性，其协调的方法也是多种多样的，没有一套能普遍适用于不同素质的员工和不同环境的通用方法，应当因地制宜地从企业管理的角度分析，掌握协调人际关系的艺术，如经营目标协调法、制度规则协调法、心理冲突协调法、随机处事技巧法等。

1. 如何处理与上级的关系

（1）摆正自己的位置，不越位。明确自己的职、权、责，遵守角色规范，出力而不越位。在决策上不越位，在重大问题上坚持请示汇报。在表态上不越位，还要注意在公共场合不要越位。

（2）尊重上级，维护上级威信

对待上级的指示，一要态度坚决，二要认真负责，这是下级应尽的职责，是尊重上级、维护上级威信的具体表现。

（3）理解上级，支持上级工作

当上级决策出台时、当上级工作出现失误时、当受到上级批评时，要设身处地地站在上级的位置上，进行换位思考，理解上级的难处。

（4）要主动调适与上级的冲突。若在工作中和上级发生分歧或冲突，我们要能做到顾大局、识大体、求大同，以忠诚、服从、尊重的态度主动调适与上级的冲突。

2. 如何处理好与下级的关系

（1）平易近人

要得到下级的拥护和支持，就必须尊重自己的下级。作为领导，必须摒弃敬上易、敬下难的心理，经常换位思考，充分认识到虽然在领导体系中下级处于从属、被动的地位，但在真理面前和人格上，下级和上级是平等的，应该相互尊重。

（2）信任对方

信任下属，下属便会努力工作，下属与领导的距离也会更近，员工的积极性往往建立在领导的一句不经意的言语、动作之上。作为领导，既然你选择用此员工，那就要给他一定程度的发挥的空间。

（3）关爱下属

上级要了解下级的性格、特长、爱好、生活状况等基本情况，这是上级与下级相处的前提和基础。每个人的成长环境和先天遗传不同，形成独立于其他社会成员的个体。管理者应该及时了解群众情绪，把握下属思想脉搏，既要力所能及地帮助下属解决具体问题，又要及时进行思想政治工作，体贴人，关心人，沟通思想，理顺情绪。关心下属，重要的不是说，而是做，让下属感觉到你真正在为他们的期待而努力、而行动。

（4）一视同仁

"不患寡而患不均"，这是下级与上级产生离心力机会最多的环节。这就要求上级在处理与下级关系时做到：一视同仁，不搞"圈子"、"带子"，避免资历、关系、感情产生的负效应；赏罚公平，当赏则赏，当罚则罚，避免有功不赏，有过不罚，使下级处于一种公平的工作竞争环境中。

（二）选人的艺术

对于选用什么样的人才，作为领导者应掌握以下几个方面的原则：

（1）坚持德才兼备，切勿求全责备。一般来说以德为主，但有德无才也不行。一个成功的领导者在选拔人才时应做到兼容宽人，不以己律人，不强人所难，应能正确地自我认识和认知他人。要合理地确立人才标准，使组织内部人人都能各得其所，各得其用，各尽职守。

（2）大胆选拔新人，切忌论资排辈。领导者在选才时，要正确处理德才与资历的关系，以德才为准，在同等的条件下，以选拔新生力量为准。

（3）举荐有胆有识之才，戒唯顺唯亲之风。我们要选拔大批胆识过人、人格健全、个性鲜明的开拓型人才。这些人往往有独立见解，不以领导者的眼色为准，而以是否有利于组织目标的实现为行为准则。

（三）科学用人的艺术

科学用人的艺术主要表现在：一是知人善用的艺术。也就是用人用其德才，要用人所长，避人所短。二是量才适用的艺术。要帮助职工找到自己最佳的工作岗位。三是用人不疑的艺术。对安排在与自己才能品德相适应岗位上的员工，就应当放手使用，合理授权，使他们能够对所承担的任务全权负责。四是用养并重的艺术。有眼光的领导，不仅善于选拔和使用人才，而且重视培养和造就人才，能坚持用养并重。

（四）表扬和批评的艺术

表扬、奖励人和批评、指责人，也需要有良好的技巧。一是要弄清需要表扬、批评的原因。即掌握事情的真实情况，确保批评的准确性。二是要选择表扬、批评合适的时机。三是要注意表扬、批评的场合。四是要讲求表扬、批评的态度。五是要正确运用表扬、批评的方式。

（五）时间管理的艺术

时间也是管理过程中重要的资源，时间管理也是有效管理的重要方面，时间管理的艺术主要包括时间分配艺术和时间节约艺术。

第一，时间分配艺术。这主要有以下几种：一是重点管理法。分清事情的主次及任务的缓急，集中时间和精力把它做好，即把有限的时间分配给最重要的工作。二是最佳时间法。把最重要的工作安排在一天中效率最高的时间去完成，而把零碎事务或次要工作放在精力较差的时间去做。三是可控措施法。把自己不可控的时间转化为可控时间，以提高管理效率。

第二，时间节约艺术。可以详细记录自己每周、每月或每季一个区段使用的时间，再加以分析综合，作出判断，从而了解哪些时间内的工作是必要的、有用的，哪些是不必要的、无用的、浪费的，从而更好地管理和运用时间。也可以召开会议，科学地计算会议成本，提高会议效率。

（六）创新艺术

创新是指人们发现了新方法、新技术或提供了新观点、新思想。创新是按照自然和社会发展的规律，提出改造自然、改造社会的新设想、新方案。创新应贯穿于整个领导活动之中，一个合格的领导者应具备开拓、创新的能力。所以合格的领导者观察事物时具有独特、细致的敏感性，能根据形势的发展变化，结合新的实践经验和时代条件，在思路的选择上、思考的技能和技巧上、思维的结论上有独到之处。与众不同，又合乎情理，比别人想得更深入、更透彻，提出人们想象不到、表达不出的新见解。同时也善于从生活的细微之处，从常人司空见惯、习以为常或熟视无睹的事情上发现问题，开动脑筋，引发思考，获得思维成果，这也是创新领导者应具备的一种思维特征。

（七）处理紧急事件的艺术

在管理活动中，经常会发生一些突发、紧急和棘手事件，因而领导者也要掌握处理这些事件的艺术。

第一，迅速控制事态。紧急事件发生后，能否控制住事态，使其不扩大、不升级、不蔓延，是处理整个事件的关键。这既是成功处理整个事件的基础和前提，又是寻找更好的、彻底的处理方法的重要条件。突发事件发生后，面临紧急事件的组织成员，大多情绪激动，领导者应进行心理控制，弱化员工的激动情绪、舒缓紧张气氛等；缓解群众的心绪不稳、思想混乱、不知所措等。迅速地在组织内部和广大群众中开展正面教育，使大多数人认清形势，稳住阵脚，以防止局面失去控制；迅速查清紧急事件的重要人物和地点，予以重点控制。

第二，收集事实材料，分析紧急事件产生的原因。紧急事件产生的原因可能是难以控制的自然灾害；复杂多变的政治、经济环境；变化多端的市场竞争；组织的内部管理不善；主观人为的因素等。领导者要带领下属，运用一切可行的手段，准确地分析大量的材料。在掌握全面材料的基础上分析各种现象背后的联系，找到造成整个事件的根本症结，确认事件的性质。然后，迅速地制订处理事件的总体方案。

第三，果断实施方案，处理事件。领导者必须果断决策，周密组织，统筹安排，层层落实责任，人人承担责任，各司其职，各负其责，找准突破口，集中优势兵力去攻克关键环节和难关。

第四，总结工作。领导者要深入群众，做好善后的思想稳定工作；要总结紧急事件的教训，查找原因，堵塞漏洞，提高认识，避免类似事件再次发生；对于紧急事件处理过程中的工作失误也要及时总结。

◎ **本章思考题：**

1. 如何理解领导者的影响力？

2. 领导与管理有何联系与区别？

3. 领导行为理论包括什么内容？

4. 菲德勒的权变理论的主要内容是什么？对我们有什么启示？

5. 在情境领导理论中，下属的成熟度对领导风格的选择有什么影响？

6. 领导艺术的特点有哪些？

◎章末案例：

ABC 公司的领导类型

ABC 公司是一家中等规模的汽车配件生产集团。最近，对该公司的三个重要部门经理进行了一次有关领导类型的调查。

一、安西尔

安西尔对他本部门的产出感到自豪。他总是强调对生产过程、产量进行控制的必要性，坚持下属人员必须很好地理解生产指令以得到迅速、完整、准确的反馈。遇到小问题时，安西尔会放手交给下级去处理，当问题很严重时，则委派几个有能力的下属人员去解决问题。通常情况下，他只是大致规定下属人员的工作方针、完成期限等。安西尔认为只有这样才能导致更好的合作，避免重复工作。

安西尔认为对下属人员采取敬而远之的态度对一个经理来说是最好的行为方式，所谓的"亲密无间"会松懈纪律。他不主张公开谴责或表扬某个员工，相信他的每一个下属人员都有自知之明。

据安西尔说，管理中最大的问题是下级不愿意承担责任。他讲到，他的下属人员可以有机会做许多事情，但他们并不是很努力地去做。

他表示不能理解以前他的下属人员如何能与一个毫无能力的前任经理相处，他说，他的上司对他们现在的工作运转情况非常满意。

二、鲍勃

鲍勃认为每个员工都有人权，他偏重于管理者有义务和责任去满足员工需要的学说。他说，他常为他的员工做一些小事，如给员工两张下月在伽利略城举行的艺术展览的入场券。他认为，每张门票才 15 美元，但对员工和他的妻子来说却远远超过 15 美元。这种方式，也是对员工过去几个月工作的肯定。

鲍勃说，他每天都要到工厂去一趟，与至少 25% 的员工交谈。鲍勃不愿意为难别人，他认为安西尔的管理方式过于死板，安西尔的员工也许并不那么满意，但除了忍耐别无他法。

鲍勃说，他已经意识到在管理中有不利因素，但大多是生产压力造成的。他是以一种友好、粗线条的管理方式对待员工。他承认尽管在生产率上不如其他单位，但他相信他的雇员有高度的忠诚与士气，并坚信他们会因他的开明领导而努力工作。

三、查理

查理说他面临的基本问题是与其他部门分工不清。他认为不论是否属于他们的任务都安排在他的部门，似乎上级并不清楚这些工作应该谁做。

查理承认他没有提出异议，他说这样做会使其他部门的经理产生反感。他们把查理看成是朋友，而查理却不这样认为。

查理说过去在不平等的分工会议上，他感到很窘迫，但现在适应了，其他部门的领导也不以为然了。

查理认为纪律就是使每个员工不停地工作，预测各种问题的发生。他认为作为一个好的管理者，没有时间像鲍勃那样握紧每一个员工的手，告诉他们自己正在从事一项伟大的工作。他相信如果一个经理声称为了决定将来的提薪与晋职而对员工的工作进行考核，那么，员工则会更多地考虑他们自己，由此会产生很多问题。

他主张，一旦给一个员工分配了工作，就让他以自己的方式去做，取消工作检查。他相信大多数员工知道自己把工作做得怎么样。

如果说存在问题，那就是他的工作范围和职责在生产过程中发生的混淆。查理的确想过，希望公司领导叫他到办公室听听他对某些工作的意见。然而，他并不能保证这样做不会引起风波而使情况有所改变。他说他正在考虑这些问题。

（资料来源：纪娇云等．管理学——理论与案例．中国电力出版社，2011．）

讨论：

1. 你认为这三个部门经理各采取了什么领导方式？这些模式是建立在什么假设的基础上的？试预测这些模式各将产生什么结果？

2. 是否每一种领导方式在特定的环境下都有效？为什么？

第八章 | 激　　励

☞学习目标：

　　了解激励的含义；理解并掌握内容型激励和过程型激励；熟悉当今激励理论研究的热点；能运用所学理论诊断所在组织存在的激励问题，进而提出合理的激励建议。

☞教学重点：

　　内容型激励理论；过程型激励理论。

◎开篇案例

　　AT 公司是一家生产豆浆机产品的公司。2003 年，王明与一批志同道合的朋友创立了这家公司。在大家的共同努力下公司迅速发展。几年之后，员工由原来的十几个人发展到现在的几百人，年销售收入也从原来的几十万元发展到现在的上亿元。企业规模大了，人员也多了，但王明明显感觉到大家的工作积极性越来越低。为了解决这一问题，王明找来一些管理类书籍进行研究。他在一本书中看到了这样的一段话："经营的原则自然是希望做到高效率、高薪酬，效率提高了，公司才可能支付高薪酬。但松下幸之助却提倡高薪酬、高效率，借着提高薪酬，来提高员工的工作意愿，然后再达到高效率。"看了这段话，王明似有所悟，他想："公司发展了，的确应该考虑提高员工待遇，一方面回报老员工，另一方面也可以吸引优秀人才。"很快，公司制定了新的薪酬制度，大幅提高了员工的工资。新的薪酬制度效果立刻显现出来，员工们都很满意，而且还吸引了一批优秀人才加入企业。大家都热情高涨，工作非常积极主动。但是，好景不长，几个月后，公司的员工又恢复了以往的工作状态，工作绩效也明显降低了很多。

　　思考：为什么王明的高薪制度没有起到有效的激励作用？

第一节　激励概述

一、激励的含义

现代组织的规模越来越大，人员也越来越多，如何对大型组织中的人员进行有效的激励成为管理者必须面对的难题。尽管激励是被普遍运用的词汇，但究竟什么是激励，不同的学者给出了不同的答案，下面是一些知名学者对激励所下的定义。

● 斯蒂芬·P. 罗宾斯（Stephen P. Robbins）认为，通过高水平的努力实现组织目标的意愿，这种努力以能够满足个体的某种需要为条件。

● 维克托·弗鲁姆（Victor H. Vroom）认为，个人就其自愿行为所做的选择进行控制的过程，是诱导人们按照预期的行为方案进行活动的行为。这些活动可能对被激励者有利，也可能对激励者不利。

● 爱金森（Atchinson）认为，激励是对方向、活动和行为持久性的直接影响。

● 坎波尔（J. P. Campbell）认为，激励必须研究一组自变量和因变量之间的关系，这种关系在人的智力、技能和对任务的理解以及环境中的各种制约条件都恒等的情况下，能说明一个人的方向、幅度与持续性。

● 安德鲁·J. 杜柏林（Andrew J. Dubrin）认为，激励是为达到某种结果而花费的努力，而这种努力来自于个人的内在动力。

● 沙托（Shartle）认为，激励是被人们所感知的从而导致人们朝着某个特定方向或者为完成某个目标而采取行动的驱动力和紧张状态。

从前面各位学者的理解来看，他们似乎都强调了同样的内容，一种驱动力或者诱发力。基于此，我们对激励进行如下定义：激励（Motivation）就是组织通过一系列的适当的制度设计来影响人们的内在需求或动机，激发、驱动和强化人的行为，从而有效地实现组织及其成员个人目标的系统性活动。

在理解激励的定义时要把握以下几点：

（1）激励的出发点是满足组织成员的需要，即通过系统地设计适当的工作环境和工作氛围，以满足员工的需要。

（2）激励贯穿于组织工作的全过程，包括对员工个人需要的了解、个性的把握、行为过程的控制和行为结果的评价等。

（3）激励是一种制度设计。在组织中，通过设计一系列的激励制度，促使员工积极完成工作。要建立有效的激励制度，就要分析能调动员工积极性的各种激励资源，在对员工需求进行调查、分析的基础上设计各种激励方案。同时还要建立行为导向制度，也就是规范员工的努力方向、行为方式、应遵循的价值观等。这种激励制度不仅要着眼于现实的条件，还要同组织的愿景、使命等有机结合，建立起组织激励的长效机制。

（4）激励的最终目标是在实现组织成员目的的同时实现组织绩效提高的目标。

二、激励的心理机制

组织中激励水平越高，组织成员完成目标的努力程度和满意度也越强，工作效能就越高；反之，激励水平越低，则缺乏完成组织目标的动机，工作效率也越低。心理学的研究表明，人的行为都是由动机支配的，而动机则是由需要所引起的，人的行为都是在某种动机的策动下为了实现某个目标的有目的的活动。需要、动机、行为、目标，这四者之间的关系如图8-1所示。

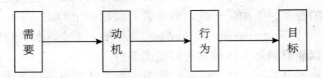

图 8-1　动机激发的心理过程模式图

（一）需要

需要是指人类或有机体缺乏某种东西时的状态，管理中的需要特指人对某事物的渴求和欲望。它是一切行为的原动力和出发点。

（二）动机

动机是指推动人们从事某种活动并指引这些活动去满足一定需要的心理准备状态。动机在激励行为的过程中，具有以下功能：

（1）推动功能。动机唤起和驱动人们采取某种行动。

（2）导向和选择功能。动机总是指向一定目标，具有选择行动方向和行为方式的作用。

（3）维持与强化功能。长久稳定的动机可以维持某种行为，并使之持续进行。

一般来说，当人产生某种需要而尚未得到满足时，会产生一种不安和紧张的心理状态。在遇到需要的目标时，这种紧张的心理状态就会转化为指向目标的动机，推动人们去行动，趋向目标。当人实现目标时，需要得到满足，紧张的心理就会消除。这时，人又会产生新的需要。动机来源于个人的需要和组织的激励，实现目标后产生两种结果：既满足了个人的要求，同时也实现了组织的绩效。这是一个不断循环往复的过程。

三、激励的作用

（一）对员工的作用

（1）有效的激励要求管理者准确识别员工的需求，并采取相应的措施来满足这种需求，这就有利于员工个人目标的实现。

（2）有效的激励要求组织与员工之间能进行有效沟通，这种沟通有利于员工产生被重视或被尊重的感觉，从而有利于员工产生良好的工作心情。

（3）有效的激励制度和措施有利于员工对行为结果有清晰的认识，从而增强对自己行为结果的安全感，增强对自己行为收益估计的信心。

（二）对组织的作用

有效的组织激励对员工某种符合组织期望的行为具有有效驱动和不断强化的作用，在这种作用下，组织持续、稳定地向前发展。具体表现在以下几个方面。

1. 调动员工工作积极性，提高企业绩效

组织想要有较高的绩效水平，就得要求员工有较高的个人绩效水平。在组织中，我们常常可以看到有些才能卓越的员工个人绩效并不高。可见好的绩效水平不仅仅取决于员工的个人能力，还与激励水平、工作环境有很大的关系。激励水平也是工作行为表现的决定性因素。员工个人能力再高，如果没有工作积极性，也是不可能表现出好的绩效水平的。

2. 有利于避免组织的人力资源浪费

在一般情况下，人的潜能只是得到了小部分的发挥。美国哈佛大学威廉·詹姆士（William James）教授的研究表明，在缺乏激励的环境中，人的潜力只能发挥出 20% ~ 30%，如果受到充分地激励，个人潜力可以发挥出 80% ~ 90%。显然，通过激励可以挖掘员工潜力，显著地提高劳动生产率，避免人力资源的浪费。

3. 有利于员工目标与组织目标的一致

由于对员工激励的最终目的是实现组织的目标，而激励的效果取决于激励措施对员工个人需求的满足状况，所以在组织的激励过程中就必须考虑如何使员工个人目标与组织整体目标相一致，调整并引导员工个人目标，从而实现员工个人目标与组织整体目标的统一。

4. 有利于提高员工的满意度，减少人才流失

有效的激励能满足员工的需求，提高员工的满意度，进而提高员工对组织的忠诚度，减少人才流失，降低组织的人力成本。

第二节　激励理论

一、内容型激励理论

弗洛伊德将人的自我分成三个层次：第一层是本我，服从快乐原则；第三层是超我，服从社会伦理原则；而中间的第二层则是自我，服从现实原则，既要照顾生物本能的愿望，又要服从社会的规则，而本能的愿望与社会的规则有时又是相互矛盾的，因此人就常常出现困扰，并且痛苦不堪。如何在不影响组织和谐的情况下，满足个人的需求，并进一步驱动和强化，就是激励理论和技术需要解决的问题。早期的激励理论着重于对引发行为动机的因素即激励的内容进行研究，回答了以什么为基础、根据什么才能激发调动起工作积极性的问题，包括马斯洛的需求层次理论、赫茨伯格的双因素理论和麦克利兰的成就需要理论等。

（一）马斯洛的需要层次理论

马斯洛（Abraham Maslow）是著名的人本主义心理学家，从历史上看，马斯洛是在反对弗洛伊德的人性恶、行为主义、将人动物化等基础上，提出以需求层次理论为特色的激励思想。该理论的特色是综合了人的各种发展动力，将复杂的需要分成五类，并区分了相应的等级和结构。这五个层次的需要从低到高依次是生理的需要、安全的需要、社交的需要、尊重的需要以及自我实现的需要（见图 8-2）。

生理的需要是任何动物都有的需要，只是对于不同的动物，这种需要的表现形式不同而已。对人类来说，这是最基本的需要，如衣、食、住、行等。中国有句古话叫"仓廪实而知礼节，衣食足而知荣辱"，突出强调了基本生活需要的重要性。

安全的需要是保护自己免受身体和情感伤害的需要。它又可以分为两类：一类是现在的安全的需要，避免受到意外伤害。另一类是对未来的安全的需要，即一方面要求自己现

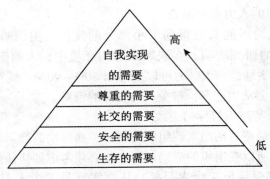

图 8-2 马斯洛的需要层次图

在的社会生活的各个方面均能有所保障，另一方面，希望未来生活能有所保障。如工作的安全，没有了工作，就失去了生活资源，失去了持久生存的前提。

社交的需要包括友谊、爱情、归属及接纳等方面的需要。这主要产生于人的社会性。马斯洛认为，人是一种社会动物，人们的生活和工作都不是孤立地进行的。行为科学研究早已证明了这一点。人的社会性体现在加入一定的群体，在群体中得到关心、爱护、友谊和爱情，对所处群体产生归属感。人们希望在一种被接受的情况下工作，而不希望在组织中成为离群的孤岛。

尊重的需要分为内部尊重和外部尊重。内部尊重包括自尊、自主和成就感；外部尊重包括地位、认可和关注或者说受人尊重。自尊是指在自己取得成功时有一种自豪感，它是驱使人们奋发向上的推动力。受人尊重，是指当自己作出贡献时能得到他人的承认。

自我实现的需要包括成长与发展、发挥自身潜能、实现理想的需要。当前面四个层次的需要基本得到满足时，人们还会产生一种追求，即自我实现需要，指将自己的潜能充分释放出来，有所发明、有所创造、有一些成就。这是一种追求个人能力极限的内在动机。这种需要一般表现在两个方面。一是胜任感方面，有这种需要的人力图控制事物或环境，而不是等事物被动地发生与发展。二是成就感方面，对有这种需要的人来说，工作的乐趣在于成果和成功，他们需要知道自己工作的结果，成功后的喜悦远比丰厚的薪酬重要。

在从低一级需要向高一级需要发展的过程中，低一级的需要相对满足后，就不再成为人的主导需要或主要动力，紧随其后的高一级需要则变成主导需求和动力，需要的出现和转换都是逐步由低级向高级发展的。将马斯洛的思想运用到管理中，管理者应该顺应人的需要的发展规律，在了解和判断员工基本需求的基础上，采取种种管理政策和措施，满足员工的基本需要，将员工的需要和愿望转变成对个人、对组织有利的行为，实现组织和员工的双赢。

（二）阿尔德福（Clayton Alderfer）的生存、关系、成长理论

马斯洛的理论特别得到了实践中的管理者的普遍认可，这主要归功于该理论简单明了、易于理解、具有内在的逻辑性。但是，正是由于这种简单性，也产生了一些问题，如这样的分类方法是否科学等。其中，一个突出的问题就是这些需要层次之间是绝对的高低还是相对的高低，马斯洛理论在逻辑上对此没有回答。1969年，美国耶鲁大学教授阿尔德福提出了生存、关系、成长理论（Existence，Relatedness，Growth，ERG），这是对马斯洛需要层次理论的一个修正。ERG理论不仅是将马斯洛理论简单地压缩，而且还有自己的特色。

（1）愿望加强率。每个层次的需要满足得越少，人们的需求就越强。比如，工资仅能维持基本生活的人，对金钱的需求比较强烈；在组织中地位低下的人，对歧视异常敏感，越发需要尊重。这一规律在管理中需要引起注意，相对于管理者而言，收入较低的员工，收入的微小改变就可以发挥很大的激励作用；满足他们社会需要的，也许只是微笑、表扬，但都能收到意想不到的激励效果。1927—1932年梅奥在芝加哥西屋电气公司霍桑工厂的实验结果就是最好的证明，不管工作场所的灯光是变亮还是变暗，工人的工作效率都有很大提高，这说明员工在获得基本的生活保障之后，对于关心和尊重异常地敏感。如果管理者一味地通过物质方式去引导和激励，比如改善工作条件、增加物质生活待遇，效果还不如让人参与、尊重人。人的能力有高低之分，但作为社会人，对尊严的维护是必不可少的。

（2）满足前进率。与马斯洛的理论一样，较低层次的需要满足后，就出现向高层次需要前进的可能性。比如，当生存需要得以满足时，人们对社会交往、相互尊重、和谐的人际关系的追求就会上升为主导需求；而当关系需要得到满足，又可能出现更高层次的需要时，人们则希望自己能够充分展示自身的潜力，在事业上有所成就。

（3）挫折倒退率。与马斯洛的需要层次理论不同，马斯洛认为人总是处于一个主导的需要层次，只有前进，没有倒退。阿尔德福则认为，当高层次需要的满足受到挫折时，人们会将重心向下投放，使低层次需要得到更好的满足，以补偿心理的挫折感受。

满足前进率和挫折倒退率对于组织管理意义尤其重大。随着我国物质生活水平的极大改善，人们的需要发展的趋向逐步定位于成长的需要，希望接受挑战性的工作，希望通过组织学习、锻炼得到快速的成长，希望有所作为。组织管理者不能仅仅满足于生存条件、人际关系的改善，还应该从工作本身发掘价值，使员工处于一个愉快的工作氛围中，能最大限度地发挥自己的才能，实现自己的价值梦想。

（三）赫兹伯格（Frederick Herzberg）的双因素理论

这种激励理论也叫"保健—激励理论"（Motivation—Hygiene Theory），是美国心理学家弗雷德里克·赫兹伯格于20世纪50年代后期提出的。赫兹伯格和他的同事在匹兹堡地区对11个工商业机构中的200位工程师和会计师进行了一次大规模的调查研究。他们设计了许多问题，如"什么时候你对工作特别满意"、"什么时候你对工作特别不满意"、"满意和不满意的原因是什么"等。他们的调查获得了1844个与不满意有关的具体事件，而导致不满意的因素往往是由外界的工作环境引起的。还收集了1753个与满意有关的具体事件，导致满意的因素主要由工作本身产生。由于导致员工感到满意和不满意的因素是不同的，赫兹伯格1959年将导致满意和不满意的原因分成两个方面，导致满意的因素称为激励因素（Motivation Factor），导致不满意的因素称为保健因素（Hygiene Factor），即双因素理论。由此，赫兹伯格提出，影响人们行为的因素主要有两类：保健因素和激励因素。保健因素是那些与人们的不满情绪有关的因素，如公司的政策、管理和监督、人际关系、工作条件等。这类因素并不能对员工起激励的作用，只能起到保持人的积极性、维持工作现状的作用，所以保健因素又称为"维持因素"。激励因素是指那些与人们的满意情绪有关的因素。与激励因素有关的工作处理得好，能够使人们产生满意情绪，如果处理不当，其不利效果顶多是没有满意情绪，而不会导致不满。他认为，激励因素主要包括：工作表现机会和工作带来的愉快，工作上的成就感，由于良好的工作成绩而得到的奖励，对未来发展的期望，以及职务上的责任感。

赫兹伯格双因素激励理论的重要意义，在于它把传统的满意—不满意（认为满意的对立面是不满意）的观点进行了拆解，认为传统的观点中存在双重的连续体：满意的对立面是没有满意，而不是不满意；同样，不满意的对立面是没有不满意，而不是满意。这种理论对企业管理的基本启示是：要调动和维持员工的积极性，首先要注意保健因素，以防止不满情绪的产生。但更重要的是要利用激励因素去激发员工的工作热情，创造奋发向上的局面，因为只有激励因素才会增加员工的工作满意感。

不过，正如马斯洛的需要层次论在讨论激励的内容时有固有的缺陷一样，双因素理论主要是通过调查的结果进行理论概括，虽说该理论简洁明了，但较为粗糙，对于员工满意度与劳动生产率之间的关系之类的关键问题并没有涉及。

赫兹伯格的激励理论的提出顺应了时代潮流，对管理有着重要的意义。在泰勒时代人们追求生存需要的满足，梅奥时代人们追求尊严和社会性的满足，再后来的就是个人价值的追求。按照双因素理论，管理者要提高员工的积极性，仅仅依靠人际关系的营造、薪酬物质待遇的提高、工作硬环境的改善等办法，效果不一定好，还需要正确处理激励因素与保健因素的关系，让员工个人的利益与组织的利益一致。

不能忽视人的保健因素，但也要引导员工，不能仅仅停留在保健因素上。人是生物性、社会性的统一体，满足人基本的生物和社会性需要是管理的基础，人加入某个组织一定是带着目的的，这种目的首先是作为人最根本的需要的满足；然而仅仅停留在这些因素上，无论是对于个人还是组织都是不利的。而且物质待遇、职位的高低等都是可以比较的，容易引起矛盾。而将人的注意力集中到工作本身，有利于转移人们的注意力，减少矛盾和冲突。将保健因素与激励因素结合起来，比如，将事业的成就与升职、加薪等待遇结合起来，有利于刺激员工奋发向上，追求事业的成功。

（四）麦克里兰（David C. McClelland）的成就动机理论

美国哈佛大学心理学教授麦克里兰根据自己的研究，也对人的需要进行了分类，不过他注重的是较高层次需要的研究和分类，并提出了三种需要：权力需要、亲和需要和成就需要。其中，影响最大、研究最深入的是成就需要。权力需要即影响和控制他人的欲望。这种需要比较强的人，很喜欢出头露面，对领导岗位表现出特别的兴趣。亲和需要即与他人建立友好和亲密的人际关系的欲望。亲和需要比较强烈的人，喜欢人与人之间和睦相处、不喜欢过度竞争。成就需要即追求卓越、实现高水平目标的内部欲望。成就需要比较高的人，喜欢有一定挑战性的工作，更加看重工作的成功与否，对成功比较执著。成就需要比较高的人，通常具有以下几种行为特征。

（1）有很强的事业心和责任心，喜欢寻求解决问题的办法。他们喜欢工作，希望做出成就，把出色地完成工作本身看得比完成工作后所得到的外在奖励更重要。

（2）有进取心，但不会冒太大的风险，比较现实。他们对于太容易或太困难的任务都不喜欢，因为太容易的任务没有挑战性，不能反映其成就；对太困难的任务，他们缺乏耐心，影响其成就感。他们更偏爱中等难度的任务或工作，中等难度的工作既有一定的挑战性，又可以通过努力实现，从中获得成就感。

（3）重视反馈信息并希望通过信息的反馈了解目标的实现情况，便于及时调整以尽快接近目标。反馈本身就是告诉行为者目标完成的情况。由于他们选择的多半是能力范围内经过努力就可以实现的目标，在大多数情况下，反馈都是积极的结果，即赞扬，这种积极的评价是谁都喜欢的。

（4）从完成工作中获得的成就感远比物质奖励更重要。薪酬、奖金等物质报酬仅仅是衡量个人成就的工具，不是目的。

衡量成就动机的办法有多种，其中一种是投射测验，即在不告诉被测试者目标的情况下，让被测试者进行看图作文，通过图片所呈现的模糊背景资料让被测试者撰写一篇完整的故事，讲述故事的人物、时间、地点，发生了什么事情，过程如何，为什么等。由于事先没有介绍测验的意图，许多人就会按照自己的心态、愿望，将自己的想法表现在故事作文中。由专家对他们的故事进行分析，提炼出与成就动机联系紧密的素材，从而对个体的成就动机进行推测。

值得注意的是，有研究表明：高成就动机的人，不一定是优秀的管理者。因为他们关心的是个人的成就，而不是影响其他人。相反，高权力需要和低亲和需要的人更可能成为优秀的管理者，因为他们都注重与他人的关系，高权力需要的人希望控制和影响他人，低亲和需要的人以控制为导向，不会为了简单地搞好关系而牺牲目标任务。

二、过程性激励

过程性激励理论认为，通过满足人的需要实现组织的目标有一个过程，即需要通过制定一定的目标影响人们的需要，从而激发人的行动，包括弗洛姆的期望理论、洛克和休斯的目标设置理论、波特和劳勒的综合激励模式、亚当斯的公平理论、斯金纳的强化理论，等等。

（一）弗洛姆（V. H. Vroom）的期望理论

1964 年弗罗姆提出了期望理论（Expectancy Theory）。期望理论认为，人的行为受两个重要因素的制约，即期望值和效价。期望值是达到所期望的目标的可能性，效价则是目标对个人的价值大小。对人的激励程度可用 8.1 式表示：

$$M = f\ (EV) \tag{8.1}$$

其中，M 表示激励力量（Motivation），E 表示期望值（Expectancy），V 表示效价（Valence）。

期望值与主观和客观的因素有关。主观上，如果个人能力强，过去有较好的成绩，就可以提高期望值。客观上，如果外部条件较好，也可能很好地实现目标，期望值也可能提高。效价则是目标在个人心目中的价值，其大小受个人主观感受影响，对一个人有价值的东西未必对另一个人也具有同样的价值。比如，苹果的 iPad5 对于有的人可能很有吸引力，而对于其他人则可能没有什么意义。从激励要素上看，期望理论与需要理论应该紧密地联系起来，从某种意义上说，期望理论是对需要理论的进一步发展和完善，需要是人的行为的很重要的部分，但要考虑到完成任务的期望值或可能性。如果期望值高，效价低，激励的效果较差；如果期望值低，效价高，激励效果也不一定好；只有期望值和效价都比较高，激励效果才比较好。期望值和效价的不同组合，会产生不同的激励效果。

从本质上说，期望理论是将目标和需要结合起来考虑的理论。所谓目标也就是自己或组织设定的任务或奋斗目标，其实现本身就是一种有激励价值的事物，是人们换取个人所需要的东西的前提或交换品，人们希望在完成某一目标后，得到自己想要的东西或回报。因此，目标能否实现，就成为人们行为前需要考虑的重要事项，此外，还需要衡量实现目标后所能得到的回报或效价。如果目标实现后所得到的回报不是个人看重的，这种激励价值就会打折。

事实上，组织目标的实现，本身具有双重意义：于组织，实现了其目标；于个人，则是进一步实现个人目标的手段或工具，组织目标实现并不是个人的终极目标。考虑到这种情况，弗罗姆对其早期的理论进行了修正，增加了一个工具性指标，具体如（8.2）式所示。

$$激励力量（努力）=（概率×工具目标）×效价目标 \qquad (8.2)$$

期望理论丰富了激励理论并对管理工作产生了一些启示。

（1）确定适当的目标，提高期望值。确定适当的目标，是激励个人行为的基础。如果确定的是合理的、大多数人都能实现的目标，少数不能达到目标的人压力很大，就有可能充分挖掘潜力，实现目标。有些组织，由于不了解企业的实际水平业务，或没有很好地搜集市场信息，在制定目标时，过低估计了员工的能力或市场的潜力，制定了较低的目标标准和较高的奖励标准。当员工完成了自己的目标任务时，组织后悔、不履行承诺，给员工造成了较大的伤害，也给企业的信用造成了损害。

（2）提高组织绩效目标与效价的关联性。凡是通过个人努力达到组织规定目标的，就应该按照组织的承诺，给予员工应得的回报，树立良好的组织信用和雇主品牌，在员工中建立起良好的口碑。

（3）提高效价在员工心中的价值。人性化的管理往往是差异化的管理，人文关怀就是按照个人的需求进行激励，不可对所有的人都用同一种激励模式，企业需要通过组织社会化的途径，建立企业自身的价值体系和企业文化来凝聚人心，并提高效价在员工心中的价值。

（二）目标设置理论

人的行为大多是有目的的，有目的行为的结果与无目的行为的结果是大不相同的。心理学的研究表明，漫不经心地练习没有什么效果，一旦目标确定，练习效果就会极大地提高。只要人们确定了一个奋斗目标，就可能被该目标牵引，努力奋斗，尽快地接近目标。对组织来说，不论需要与满足需要的目标是否一致，目标都是一个重要的拉力，是人行为的导向。为了实现组织的目标，组织将整体目标分解成为部门和个人的目标。而组织中的个人，为了保住岗位、获得报酬、得到人们的认可，需要完成或超额完成组织规定的目标。这样就为个人目标和组织目标的共同实现找到了一个结合点。

激励理论不仅要考虑需要的推动力（外部拉力），也要考虑如何通过目标设计和分解，使需要成为外部拉力，拉动人的行为，达到激励个人实现组织目标的目的。洛克（Edwin Locke）的目标设置理论（Goal Setting Theory）强调目标在激励个人实现目标行为中的作用。该理论系统地探讨了目标的具体性、挑战性和绩效反馈的作用。

美国著名管理学家德鲁克（Peter F. Drucker）在《管理的实践》（1954）一书中提出了目标管理（Management by Objective，MBO）的概念。目标管理是目标设置理论的运用。目标管理是指设定目标并运用这些目标来衡量组织和个人目标的完成情况。后来，沃迪因（G. Ordiorne）把参与目标管理的人员扩大到整个企业范围，主张将上下级结合在一起来确定共同的目标，强调员工的参与性，使员工从中受到激励。

目前许多组织开展绩效管理，基本上包含目标管理的部分思想。这种将组织的总体目标通过组织所包含的部门、部门中的个人层层分解下去的管理方法，一旦哪个环节出现问题，管理者就很容易进行判断，并提出改进措施。这些改进可能是组织管理流程的改变，也可能是员工激励措施的调整。

根据目标管理的理论与实际，合理而科学的目标设定是保证目标管理成功的关键。目标设定的基本规律有 SMART 法则，其具体内容如下：Specific——目标要清晰、明确，让考核者与被考核者能够准确地理解目标；Measurable——目标要量化，考核时可以采用相同的标准准确衡量；Attainable——目标通过努力可以实现，也就是目标不能过低和过高，过低了无意义，过高了实现不了；Relevant——目标要和工作有相关性，不是被考核者的工作，别设定目标；Time-bounded——目标要有时限性，要在规定的时间内完成，时间一到，就要看工作的结果。

目标管理的优点很清楚，就是将复杂的任务目标化，将总体任务目标数量化，将复杂的总体目标分解为公司、部门、个人的目标，层层进行过程管理，狠抓落实，有利于总体目标的最终实现。

目标管理的不足：第一，有些部门的目标不是很清楚，或者分解比较困难，而有的部门目标比较清楚，操作比较容易，给目标制定造成困难。比如，销售部、生产部的目标容易数量化，但往往难以实现，而行政部门的目标则很难数量化，却相对容易实现，可能影响公平性。第二，有些长期目标和短期目标冲突，协调比较困难。比如，员工的成长性、产品研发等目标，对于组织的长期可持续发展比较重要，但标准制定不容易，而且变化的周期比较长，不容易考核评价。第三，目标分解的过程非常烦琐，操作起来也比较麻烦，管理运行成本较高。

（三）公平理论

公平理论（Equity Theory）又称社会比较理论，它是美国行为科学家亚当斯（Adams）在《工人关于工资不公平的内心冲突同其生产率的关系》（1962，与罗森合写）、《工资不公平对工作质量的影响》（1964，与雅各布森合写）、《社会交换中的不公平》（1965）等著作中提出来的一种激励理论。该理论侧重于研究工资报酬分配的合理性、公平性及对职工生产积极性的影响。在亚当斯看来，人是在比较中生活的，人们经常会和周围的人，或者过去的自己比较回报和投入的比率，如果一个人将自己的回报与投入之比与比较对象的回报和投入之比比较，自己的比值小于比较对象，就会产生不公平感；当然，自己的比值大于比较对象，个人也会产生不公平感，但和前一种情况的行为反应方式是不同的，前一种常常导致消极的情绪和行为。

该理论的基本要点是：人的工作积极性不仅与个人实际报酬多少有关，而且与人们对报酬的分配是否感到公平更为密切。人们总会自觉或不自觉地将自己付出的劳动代价及所得到的报酬与他人进行比较，并对公平与否做出判断。公平感直接影响职工的工作动机和行为。因此，从某种意义上来讲，动机的激发过程实际上是人与人进行比较，做出公平与否的判断，并据以指导行为的过程。

（8.3）式描述了回报与投入之比相同的情形。

$$\frac{A\ 回报}{A\ 投入} = \frac{B\ 回报}{B\ 投入} \tag{8.3}$$

亚当斯认为，如果个人的回报和投入之比大于比较对象，个人也会感到不公平，通常的行为不是退回所得的回报，而是选择增加投入，这种投入不再增加产量，而是提高质量，通过为组织多作贡献，获得相对的公平和心理的安宁。但是，亚当斯的公平理论只是一个美好的愿望。因为在实际操作中，投入和回报都是比较复杂的事物，由于评价的复杂性，分配公平只是相对合理的。比如，工资、奖金、住房公积金、股票期权等是可以量化的回报，但个人的成长、得到的尊重、享受的特殊待遇以及承担风险时的精神压力、恶劣的环境、不规律的生活却无法精确地计量。因此，在实际操作中，客观的公平是很难实现的。

考虑到亚当斯公平理论的不足，瑟宝和沃克尔（Thibaut 和 Walker，1975）提出了另一种公平，即程序公平。程序公平更强调分配资源时使用的程序，以及分配过程的公平性。他们发现，如果人们认为过程是公平的，即使得到了不理想的结果，也能接受，因此过程控制（Process Control）和决策控制（Decision Control）是关键。只要当事人在过程阶段具有一定的控制权，他们就愿意放弃对决策阶段的控制。换句话说，假如公平争执者认为他们能控制决策的过程（如可以提出自己的证据、有机会表述自己的意见），他们的公平感就会提高。这种现象被称为"公平过程效应"或"发言权（Voice）效应"。

在瑟宝和沃克尔的基础上，莱温瑟尔（Leventhal，1980）等进一步提出了程序公平的六个标准。他也非常关注程序对结果的影响，认为控制了导致结果的程序的公平性，就可能使分配结果更公平。为了评估程序公平，他们不是直接针对程序本身，而是针对分配程序、分配过程的属性。他们的六个标准是：（1）一致性法则（Consistency Rule），即分配程序对不同的人员或在不同的时间应该维持一致性，做到分配始终如一；（2）避免偏见法则（Biassuppression Rule），即在分配过程中应该摒弃个人的私利和偏见，做到不偏不倚，公平公正；（3）准确性法则（Accuracy Rule），即分配决策应该依据正确的信息，保证信息来源的客观性，制定科学的分配决策；（4）可修正法则（Correctability Rule），即分配决策应该有可修正的机会，允许犯错误，但要及时改正错误，不能将错就错；（5）代表性法则（Representative Rule），即分配程序能代表所有相关人员的利益，覆盖面要广；（6）道德与伦理法则（Moral and Ethical Rule），即分配程序必须符合一般能够接受的道德与伦理标准，令人信服。事实上，如果能够充分体现过程控制权，或者对分配程序有发言权，上述六个公平法则就有可能实现，要避免偏见、保持准确性，要能够改正错误，要体现代表性，都需要有发言权。

几年以后，比斯和牟格（Bies 和 Moag，1986）通过研究，又提出了互动公平理论。该理论主要关注的是实施分配程序时，人际处理（Interpersonal Treatment）方式的重要性。互动公平有两种：一种是"人际公平"（Interpersonal Justice），其反映的是在执行程序或决定结果时，上级领导是否考虑到了下属员工的尊严，礼貌地对待对方等；另一种是"信息公平"（Informational Justice），主要指是否给当事人传达了必要的信息，如为什么要以某种形式分配报酬。实验结果表明，即使是分配程序有问题而且分配结果也不公平，但只要互动公平，人们的公平感也会提高。

从激励的效果上看，分配公平的作用最大，程序公平次之，互动公平居后。公平理论对企业管理的启示是非常重要的，它告诉管理人员，员工对工作任务以及公司的管理制度，都有可能产生某种关于公平性的反应。因此企业在制定和执行各种管理制度时都要谨慎。

（1）薪酬政策的制定必须考虑合适的参照对象。亚当斯的公平理论认为人是在比较中生活的，人们习惯于将自己的回报与投入之比同内部和外部相比较，同自己的过去相比较。虽然有的企业制定了薪酬保密的制度，但员工还是可以通过各种方式了解到薪酬信息。如果薪酬差异过于悬殊，人们就会在心理上产生不公平感，从而滋生消极的工作态度。在制定薪酬制度时需要注意内部公平与外部公平。首先，需要考虑竞争对手相似岗位的工资水平；其次，需要考虑组织内部不同岗位之间的差异幅度。

（2）合理评估投入和产出，并给予相应的回报。人有自利（Self-interest）的倾向，如果缺乏客观标准，就可能引发"公说公有理，婆说婆有理"的局面。每个人都可以找到对自己有利的投入。随着人力资源管理的科学化，许多组织采用科学的业绩评估方法来带动工资、奖金和福利的发放。这样可以逐步在业绩中突出组织看重的指标，引导员工成长和进步。

（3）注重程序公平。根据过程控制理论，分配制度的制定，需要通过民主集中制的原则体现。民主集中制原则的体现，既符合梅奥社会人假设的理论，也能保证分配制度的充分代表性、准确性、可修正性。在制定和执行一个合理制度的过程中，需要各利益群体和当事人参与，在充分民主的基础上进行集中，既体现员工意志，也体现领导艺术，这项工作需要耐心地引导和推进。

（4）注重互动公平。不管分配的结果是否对当事人有利，都需要管理者进行事前和事后的沟通。制度无情，操作有情，既要保证制度的公平、公开，也要体现人情味。再合理的制度，有时也可能因为情境因素的制约而变得不合理，这时就需要管理者进行引导和沟通，通过适当的管理措施消除矛盾和对立，达到激励人的目的。在许多情况下，资源有限，而符合条件的人较多，出现"僧多粥少"的局面。此时，为避免误会就需要与当事人进行沟通，以求得当事人的理解和支持。

（四）强化理论

最早提出强化概念的是俄国著名的生理学家巴甫洛夫。在巴甫洛夫经典条件反射中，强化是指伴随于条件刺激物之后的无条件刺激的呈现，是一个行为前的、自然的、被动的、特定的过程。巴甫洛夫实验对象的行为是刺激引起的反应，因而被称为"应答性反应"（Respondents）。

具有现代意义的强化理论是美国的心理学家和行为科学家斯金纳（B. F. Skinner）提出的，也称为行为修正理论或行为矫正理论。在该理论中，斯金纳系统阐述了强化（Reinforcement）的思想，他认为人是没有尊严和自由的，人们做出某种行为或不做出某种行为，只取决于一个影响因素，那就是行为的后果。据此，他提出了一种"操作条件反射"理论，认为人或动物为了达到某种目的，会采取一定的行为作用于环境。当这种行为的后果对他有利时，这种行为就会在以后重复出现；不利时，这种行为就会减弱或消失。人们可以用这种正强化或负强化的办法来影响行为的后果，从而达到修正其行为的目的。

根据强化理论，如果对人的某种行为给予肯定和奖赏，使之得到保持并增强，就是正强化；反之，对于某种行为给予否定和惩罚，使之减弱、消失，就是负强化。管理者应根据组织的需要和个人行为在工作中的反映，来不定期、不定量地实施强化，使每次强化都能收到较明显的效果。人总是趋利避害的，对于有利的事物往往比较敏感，只要发现某人的行为可以获得较高的回报，就会纷纷效仿和学习。对于一个组织来说，如果投机取巧者成功的可能性很大，就会造就一批钻营者，这样就奖励了投机取巧者而惩罚了组织中踏实肯干的员工。要进行强化，首先要判断哪些行为是需要鼓励的，哪些行为是需要控制的，对于不同类型的行为选择不同的强化办法。对于积极的、组织希望的行为，应该采取积极的正强化办法，如对吃苦耐劳的人，应该予以奖励。对于消极的、组织不希望的行为，应该采取负强化的方法，如对那些只会宣传自己、不见行动的人则需要进行惩罚，改变他们华而不实的作风。

管理类畅销书《奖励员工的一千零一种方法》的作者鲍勃·纳尔逊说："在恰当的时间从恰当的人口中道出一声真诚的谢意，对员工而言比加薪、正式奖励或众多的资格证书及勋章更有意义。这样的奖赏之所以有力，部分是因为经理人在第一时间注意到相关员工取得了成就，并及时地亲自表示嘉奖。"在任何一个组织中，进行激励的措施和办法都不是单一的，往往需要综合考虑各种行为规律，采取不同的奖励措施，使人们的行为朝着有利于组织目标实现的方向发展。

三、激励理论的发展趋势

在西方许多国家，一直存在着大胆试验、小心求证的科学探索的传统。进入 21 世纪以来，大量西方学者对激励实践的效果开展了丰富的实证研究，并以多学科交叉的视角，对主流激励理论的基本问题和理论模型进行了重新思考和拓展，在以下几个方面开展了卓有成效的研究。

（一）自我实现基础上的员工授权研究

管理者将自己所属的部分权力授予下属，使部分权力责任由下属分担，有利于发挥下属的积极性、主动性和创造性。松下幸之助曾经说过："领导再强，但员工冷漠，仍难推动工作，必须设法使每个人都是负责人。"在物质文化较为丰富的今天，大多数人的低层次需要得到了广泛的满足，更多的人开始追求"自我实现"需要。尤其是现在的"80后"和"90后"的员工，如何对他们适度授权，使员工的自我管理与目标管理结合，从而提高组织的绩效是管理者必须面对的难题。

（二）团队激励模式的研究

20世纪90年代以来，团队激励问题就受到了学者们的广泛关注。团队激励包括传统激励理论在团队中的应用、团队绩效的考核、团队薪酬制度安排、团队成员的工作授权、团队工作环境的营造、团队信息的共享等。团队激励模式研究的进展与和团队理论研究的进展是密切相关的。

（三）扁平化组织中员工激励模式的研究

在激烈竞争的环境中，扁平化的企业组织结构能大大提高企业应对环境变化的速度，因而成为当今组织管理的一大趋势。但是企业组织扁平化的直接后果之一就是企业内部行政等级化水平降低，行政层级较少，使得组织无法再给员工提供大量的职位晋升机会。因此，在扁平化组织中，激励模式将向四个方向发展：以工作成就为导向；以组织总体目标为导向；以相互合作为工作方式取向；以组织文化、组织氛围为手段。

（四）基于行为主义的激励约束机制研究

进行行为主义研究的学者将经济学中的非对称信息博弈的激励约束机制引入研究模型中，产生了"隐性激励机制"、"代理人市场声誉模型"及"股票期权激励"等激励方法。

第三节　激励理论的应用

行为是由动机引起的，而动机是由人的需要激发的，不同的激励因素，对于不同的人，可能效果不同，如金钱可以激励某些人努力工作，而对另一部分人来说，工作成就是最大的激励因素。管理者应该按需激励，首先就要承认并尽量满足员工的不同需要。在现代企业中，应根据员工的不同需要，采取适宜的激励措施，调动人们的积极性，使员工保持旺盛的士气。

一、普通员工的激励

组织在确定激励内容时，最基本的一条原则是激励资源对获得者要有价值。期望理论告诉我们，对普通员工来说，效价为零或很低的奖酬资源难以调动他们的积极性。为了满足不同员工对奖酬内容的不同要求，可列出奖酬内容的菜单，让员工自己选择。对普通员工来说，最常用的激励方式有以下几种：

（一）物质激励

每个人都有自己的物质需求和经济利益，物质激励就是通过满足个人物质利益的需求，来调动其完成任务的积极性。日本著名的人事专家三浦智得认为，普通员工对工资的需求也表现出五个层次：生理需要，包括对满足吃饱的工资水平的要求等；安全需要，即对工资体系中要有一部分固定收入的需要；社交需要，即对能体现与同事平等和公平的工资的需要；尊重需要，即把工资作为与自己能力和工作相称的地位的象征以及取得高于别人的工资的需要；自我实现需要，即对能促进个人发展和过富裕生活的工资的需要。

在市场经济社会，金钱是人们在社会获得生存及被评价为成功的最基本的要素，而且物质奖励与员工努力之间的线性关系更能被管理者所把握，物质激励比精神激励更易量化，更便于比较。如果能将物质激励和员工工作成绩紧密联系起来，它的激励将会持续相当长一段时期。管理者运用金钱激励时应注意以下几点。

（1）物质激励的效果因人而异。个体存在个性差异，个体对物质的偏爱程度不一，相同数量的金钱，对不同的员工有不同的价值。例如，高学历者的需要层次较高，更看重成就、尊重、地位等。

（2）物质激励必须公正。按照公平理论，一个人对他所得的报酬是否满意不是只看绝对值，而更看重相对报酬，员工会把自己的报酬与别人进行比较，同时也会进行历史比较，如果觉得自己是受到了不公平对待，就会影响员工的工作态度。

（3）物质激励必须反对平均主义。除了保证员工基本生活的基本薪酬外，员工的奖金应主要根据个人绩效来分配，否则平均分配不仅起不到激励作用，还会打击绩效高的员工。

（4）物质激励还要同其他激励手段结合使用。金钱不是万能的，物质激励要和其他措施相配合，才能对员工起到持久的激励作用。如管理者还要关心员工，为员工解决个人的实际困难，强化组织归属感等，这样才能使物质激励发挥长久的作用。

（二）认可与赞赏

认可与赞赏可以成为比物质激励更具激励作用的激励方式，而且这种激励方式的成本极低。用认可和赞赏的方式对员工进行奖励，可以采用多种样式。对于实现重要目标的员工，颁发证书、奖品等；通过企业内部的网页、报刊等宣传渠道宣传报道典型员工。

（三）提供个人成长发展机会

绝大多数员工都会在乎自己未来的发展。普通员工未来的发展方向可以是继续沿着原来的职业道路发展，进一步提高技能，也可以转向管理类岗位。例如，对工作成绩优异的员工提供带薪进修的机会，继续提高他们的工作技能。而对那些能够胜任并且愿意做管理工作的员工，则可以晋升到管理工作岗位。

（四）工作本身的激励

首先是合理分配工作，尽可能使分配的任务适合员工的兴趣和工作能力。如果员工从事自己喜欢的工作，则工作本身也有激励作用。以泰勒为代表的科学管理把工人的工作简单化、专门化，虽然极大地提高了工作效率，却不能满足员工成长和发展的需要。与工作简单化相反的是工作扩大化，让工人增加工作种类，同时承担几项工作，以增加他们的工作兴趣。除了从横向增加工作种类，还可以从纵向增加工作的丰富性。让员工参加工作计划，得到绩效反馈以改进自己的工作，从头到尾完整地完成一项工作，从而增加工人对某项工作的责任感和成就感。工作丰富化让员工承担更大的责任，有更多的工作自主性，也需要更复杂的技能。

（五）目标激励

企业目标体现了员工工作的意义，对于普通员工尤其重要。普通员工与企业整体绩效的联系不够直接，通过目标管理可以让员工了解个人目标与组织目标的相关性以及自己在企业整体目标实现过程中的作用。科学合理的目标具有持久的激励作用，是一种高层次的激励方式。由期望理论可知，个体把目标看得越重要，实现的概率越大。目标本身就具有激励作用，目标能把人的需要转变为动机，使人们的行为朝着一定的方向努力。目标激励的关键是要加强目标管理，使目标明确而具体。管理者应将主要精力放在帮助员工消除障碍上，鼓励员工主动参与目标的设定。还要不断地检查进度，不断给予阶段性的评价，及时提醒与纠正不足，同时给予员工较大的发展空间。

二、管理者的激励

管理者对企业运行效率起着决定性的作用，是激励的主要对象。企业中的管理者又可分为基层管理者、中层管理者和高层管理者。针对不同层次的管理者，激励方法和强度也有一些区别。

（一）物质激励

1. 管理者的薪酬构成

物质是所有人生存发展的基础，管理者同样需要物质激励。在企业中，不同层次的管理者的薪酬构成应该不同。对于基层管理者来说，固定薪酬应该占总收入的70%以上，而奖金等浮动薪酬占30%左右。中层管理者的薪酬构成中，固定薪酬和浮动薪酬应各占50%左右。对于高层管理者则浮动薪酬部分应占总收入的大部分。

2. 股票期权制度

股票期权（Stock Option）是以股票为标的物的一种合约，给予管理者购买本公司股票的选择权。管理者可按照约定价格和约定时间以及股票市场价格的差异情况来决定行使或放弃该项购买的权利。通过股票期权能将管理者的长期利益与企业绑在一起，这样就能避免管理者的短期行为，并能让其分享企业的长远利益。自从美国的迪斯尼公司和华纳公司最早引进股票期权制度激励公司管理者以来，股票期权制度迅速发展，已成为现代企业制度中用于激励管理者行为长期化的常见手段之一。

3. 经营者持股制度

在现代企业中还可观察到的一种长期激励方式就是经营者持股制度。它是指管理层持有一定数量、一定期限的本公司股票，使管理层成为公司的股东，以减少管理层的短期行为。

4. 虚拟股票制度

虚拟股票只代表一种权益，没有表决权，不能转让和出售，在离开企业时自动失效，管理层可以据此享受一定数量的分红权和股价升值权益（即未来股价与当前股价的差价）。这种激励政策可以激励经营者的长远经营行为。

（二）成就激励

员工都会有不同程度的自我实现的愿望，员工认为自己所从事的工作有趣或具有挑战性，能使自己的聪明才智得到发挥或能使自己得到锻炼，就会感到最大的满足，管理者尤其是高层管理者尤其如此。物质激励固然重要，但他们往往也很看重工作能否帮助他们实现自己的理想。企业应使工作本身对于员工而言更具意义和挑战性，满足员工取得成就的需要。也只有当他们能够清楚地看到自己所取得的成就时，才有动力为企业尽心尽力贡献自己的力量，与组织建立长期合作、荣辱与共的关系。

（三）文化激励

人不仅是"生物人"也是"社会人"，其个人选择必然直接镶嵌到社会文化结构之中。因此在基本生活满足以后，社会成员必然面对各种不同的基本价值以及价值选择问题，必然在各自的价值选择之间达成某种方式的谅解和兼容。这种"价值"就属于文化的范畴。文化的作用不是体现在表面层次上，其作用是深层次的，带来的影响也是深远的，文化中包含的价值观为组织带来了更高级的激励。在一个优秀的文化氛围中，组织成员获得的是一种价值的肯定，包括尊重、成就感以及自我发展，这比获得单纯的经济利益更高级，也更有效。

三、激励的误区

对任何企业、任何管理者来说激励都是非常重要的。不同的企业所处的行业不同、内部的环境不同、员工的特点不同，因此应采用不同的激励制度和激励方法。

（一）企业中存在盲目激励现象

任何企业只有立足本企业员工的需要，激励才会有积极意义。不少企业看到别的企业有的激励措施，自己没有，便"依葫芦画瓢"。企业的成本增加了，但激励的效果不一定好。所以，要消除盲目激励的现象，必须对员工需要做科学的调查分析，针对这些需要来制定本企业的激励措施。

（二）激励措施的无差别化

许多企业在实施激励措施时，并没有对员工的需要进行分析，"一刀切"地对所有的人采用同样的激励手段，结果适得其反，没有认识到激励的基础是需要。同样的激励手段不可能满足所有的需要。另外，企业要注重对核心员工的激励。在企业中，核心技术人员、高级管理者、营销骨干等都属于核心员工，他们有着高于一般员工的能力。加强对他们的激励，可以起到事半功倍的效果。对核心员工的激励更要使用长期激励的手段，如股票期权、目标激励。

（三）激励过程中缺乏沟通

企业往往重视命令的传达，而不注重反馈的过程。员工不仅在意结果的公平，也重视程序公平和互动公平。如果缺乏必要的沟通，员工就处于一个封闭的环境中，容易产生不公平的情绪，不会有高积极性。在管理中，管理者对员工的正面反馈是很重要的，告诉员工企业感谢员工对企业的贡献，对员工进行肯定，才能对员工产生巨大的激励作用。

（四）重激励轻约束

激励具有正强化作用，可以让组织期望的行为重复出现，而惩罚具有负强化的作用，会促使组织不期望的行为减弱或消失。因此，不仅要有激励措施，同时还要有惩罚制度。而且企业的一项奖励措施往往会使员工产生各种行为方式，其中有的部分并不是企业所希望的。因此，必要的约束措施和惩罚措施就很必要。但是，使用惩罚措施时要注意，惩罚力度不能过大，整体来看应该多用奖励，辅以惩罚。

（五）过度激励

有的管理者认为激励的强度越大越好，这是一种错误的观点。尤其是对于物质激励，过高的物质激励不仅会增加企业的成本，而且当员工之间的收入差距大得离谱时，还会使员工产生不公平的感觉，造成相反的结果，只有适当的激励才会有积极意义。

◎**本章复习思考题：**

　1. 简述激励的概念。

　2. 马斯洛的需要层次理论的主要内容是什么？

　3. ERG 理论包括什么内容？

　4. 双因素理论的主要内容是什么？对我们有什么启示？

　5. 期望理论的主要内容是什么？对我们有什么启示？

　6. 目标设置理论的主要内容是什么？对我们有什么启示？

　7. 公平理论的主要内容是什么？对我们有什么启示？

　8. 强化理论的主要内容是什么？对我们有什么启示？

　9. 企业激励实践中的常见误区有哪些？

◎**章末案例：**

　　2004 年，是南阳防爆集团公司（以下简称"南防集团"）发展史上值得极力描绘的一年。一年来，南防集团倾力一搏，乘改革疾风，挥动重锤，彻底打破了旧体制的枷锁，用新的思路、过人的胆识，精心运筹，整合资源，创新机制，全力打造远航"快船"，完成了一次新的跨越。至 11 月底，实现销售收入 6.01 亿元，预计实现利税 7815 万元，其中利润 3865 万元，同比分别增长 66.42%、83.86% 和 81.07%。南防集团，已扬起快速发展的风帆。

　　改革推行了几个轮次，但未能触及深层矛盾，企业依然活力不足。前有堵截，后有追兵，在产权制度改革上求得突破势在必行。

　　1970 年，南防集团的前身———南阳防爆电机厂从老工业基地东北佳木斯战略搬迁至南阳。同大多数国企一样，企业经历了扩大自主权、经济责任制、利改税、承包经营、转换经营机制等不同阶段改革的洗礼。步入 20 世纪 90 年代，企业从建厂初期 423 万元原始固定资产投资、88 万元销售收入发展到固定资产净值 3900 万元、销售收入 8000 多万元，成为国家防爆电机生产骨干企业，从一条小舢板嬗变成一艘小火轮。邓小平视察南方的谈话发表以后，我国经济改革与发展进入了一个全新阶段。然而，在市场经济这个"魔力棒"的作用下，企业的生产经营却跌入低谷，在变幻莫测的市场海洋中，它搁浅了。1994 年初，魏华钧作为南阳大型国企中第一个民主推荐的厂长，在困境中走马上任。他审时度势，迅速抓住了发展的"命门"，响亮地提出实施"二次创业"的口号，内转机制，调结构，外拓市场，促营销，推进人事、用工、分配制度改革逐年深化，使企业发展速度、效益连年保持 10% 以上的增长。

　　回首自身的足迹，防爆人似乎应当知足。涉足深海，方知水深浪急。跳出防爆看防爆，跳出南阳看防爆，防爆人感到一种从未有过的危机。20 世纪 90 年代中期以后，公司完成了从工厂制到公司制的转变，三项制度改革推行了几个轮次，但摆在防爆人面前的却是这样一个现实：员工思想观念没有根本转变，企业各个环节的运转效率低下，人浮于事的现象普遍，产品质量"常见病"不断。更为严峻的是，企业技术骨干引不来，留不住，一个个"孔雀"东南飞，纷纷到同行业竞争对手那里去淘金。1997年以后引入的56名本科生，在短短的3年间竟先后有31人离开。跨入21世纪，国内同行业所有知名国企先后摘掉了"国有"的牌子，南防集团已成为国内同行业的一座"孤岛"；在国企纷纷完成体制、机制再造的同时，沿海、沿边民营企业如雨后春笋，竞相发展；发达国家企业纷纷在国内抢滩登陆，市场上的搏杀空前惨烈。原本名不见经传的山东某民营电机公司，在短短的几年间，电机产量飙升到400余万千瓦。前有堵截，后有追兵，市场份额被挤占，价格空间被压缩，增支减利因素在增长，看似稳定的增长背后，隐藏着深层的危机。

面对这样的形势，魏华钧和他的团队在思考：南防集团作为南阳地方国企中国有资本、人力资源最集中的企业，所作的贡献与所处的地位相称吗？与同属东北内迁的许继集团相比，20世纪90年代中期，两企业发展尚处同一层面，短短的几年间，已是只能望其项背，销售额仅相当于人家的利润，原因究竟在哪里？经营班子肩负市委、市政府的重托，肩负3000多职工的期望，如果沿着原有的模式走下去，能求一时太平，但一届班子过后，企业会陷于什么样的境地？带着这些疑虑，承受着心理重压，魏华钧和他的一班人坐不住了。他们跑遍大江南北，努力捕捉各类信息，在跑市场、访客户时，把更多的目光聚焦到别人发展的轨迹上。这些企业在改革上的举措，特别是在产权制度上的突破，给他们以强烈的震撼！与其相比，从表面看，南防集团的差距在资本、管理、营销等环节，但深究起来，最大的还是体制、机制上的差距，根由则在产权上。产权改革是国有企业改革中的"高门槛"、"深水区"。其时，市直大型国有企业的产权改革还没有真正启动，作为第一个吃螃蟹的大型国企，面对新旧观念的激烈冲撞，面对利益格局调整的诸多疑难，何去何从，实在难以决断。但同行业的对手们发展势头咄咄逼人，"球"已踢过来，不容犹豫，只能接招。强烈的责任心、使命感，使魏华钧和他的经营班子萌生出强烈的发展欲，抱定了宁担风险、不求安逸的信念，决心在产权制度改革上求得突破，拼出一条加快发展的路子。

体制更新，机制再造，从动态股权制到国有资产有序退出和新型劳动关系的建立，对企业来说是一次脱胎换骨的涅槃。

实施动态股权，是南防集团产权制度改革的第一乐章。资产盘子大，收益率低，募集股金难，股权结构优化难以一步到位，是摆在南防集团决策者面前的一大难题。2001年，企业的国有净资产超过6000万元，改革前三年，平均资本收益率仅为4.5%，尚低于同期银行贷款利率，最高年份也只有6.12%。此时，动态股权这一新的改革模式被导入南防。这种改革，通过物质资本、人力资本等要素的动态调整，实现股权结构的逐年优化，正可以解决企业改革当时的难题，它使南防集团决策者眼前为之一亮。几经酝酿，一个成熟的改制方案出台了。市委、市政府果断决策，把南防集团确定为全市首家动态股权制试点企业。

改革的目的是调动每个员工的积极性。人力资本是企业最难配置的要素，其价值的大小应通过竞争来体现。南防集团动态股权制以经营、管理、技术、生产、销售等岗位的"关键人"为激励对象，让"关键人"分层持股。对"关键人"配置岗位股，购买风险股，奖励贡献股，初步形成了按劳、按资、按贡献分配的格局。在"关键人"的产生上，按职工总数的10%左右确定，按岗位重要程度分3层9档。突出竞争理念，引入竞争机制，对岗不对人，实施动态管理。通过这一改革，企业186个"关键人"购买了1550万元国有股，占总股本的23%，初步形成了多元的股权结构。南防集团建厂30余年，单一股权的"坚冰"终于被敲开一条缝。2002年，企业销售收入、税利、利润分别比上年增长22.34%、62.55%和228.21%，改革活力初现。

国有资产的有序退出和新型劳动关系的建立，奏响了南防集团改革的第二乐章。动态股权制改革虽然触动了产权，但国有股一股独大，经营者出资额过低，对"关键人"激励不到位，职工国有身份观念依然很浓。这种形式的改革，从本质上说是产权制度改革的一种"改良"、"过渡"，在企业发展中缺乏长久的、内在的、稳定的原动力。2003年7月和12月，英国帕森彼堡公司总经理两次专程来南阳洽谈合资事宜，与前几次美国通用电气公司、沃太夫公司和香港曼图公司一样，因南防集团"一股独大"和职工身份等问题无果而终。

动态股权制两年多的运转，有喜悦，也留有不少遗憾和困惑，带着对深化改革的迫切渴望，一种更大胆的设想在南防集团决策层中谋划。放眼大局，他们发现，企业已处在一个全新的时空坐标上。党的十六届三中全会提出了建立现代产权制度的新概念，强调股份制为公有制的主要实现形式，大力发展混合所有制经济。省委、省政府和市委、市政府将深化国企改革作为全局工作中的四件大事之一强力推进。企业内部对改革的追求和良好的社会氛围，使南防集团决心在产权和劳动制度改革上迈出更大的步子，一举完成同发达地区企业体制与机制的对接。这次改革，重在建立新型劳动关系，实现员工身份转换。对广大职工而言，更是思想观念、心态意识方面一次大的冲撞和嬗变，对政府而言，需要付出巨大的改革成本。政府舍不舍得，经营者敢不敢，职工接受不接受，不同的声音，不同的态度，出现了尖锐的对立。不登高山，何以望远？不临深渊，焉得蛟龙？不破则不立，不改就没有希望，就难有突破。改革者再次显示出超凡胆魄。经过周密论证，认真测算，南防集团新一轮改革的申请再次摆在了市委、政府决策者的案头。市委、市政府毅然决定，全力支持企业深化改革，从企业一次拿出8000万元国有资产用于职工安置，实现企业全员的身份转换，通过双向选择、竞争上岗、择优录用的办法，重新签订劳动合同，建立新型劳动关系。这看似寻常的一步，使政府与企业、企业与员工的关系产生了全新的变革。然而，市政府付出的成本是"有偿"的，绝不是"免费午餐"，市政府明确要求：改制后的企业股本总额不得低于5000万元，实行"关键人"持股，经营管理层控股，经营者持大股；为避免重新搞"大锅饭"，不搞人人参股。这就把发展的压力传导给了企业，传导给了经营者，也传导给了全体出资人。增资扩股是改革的重要步骤，企业进一步突出劳动、资本、技术和管理等要素参与分配，不仅体现一般劳动的价值，同时注重体现经营管理、科学技术等复杂劳动的价值，能够充分发挥人力资本在企业发展中的主导作用，激发经营管理者等"关键人"的创业精神和创新活力。这是市场经济的本质要求，也是企业改制的基本诉求。

以人为本，阳光操作，民主公开，贯穿于改革的各个环节。要保障职工合法权益，职工是改革的参与者，更是改革的受益者。

（资料来源：南阳党建，http：//www.nydj.org.cn/news/news_view.php?id=703.）

讨论：

1. 南防集团在改革前为什么会陷入经营困境？

2. 南防集团在改革中采取了哪些激励措施？这些激励措施有效吗？为什么？

3. 南防集团的改革是否成功？为什么？

4. 南防集团的改革对你有何启示？

第九章 | 沟 通

☞**学习目标：**

了解沟通的功能，理解沟通的概念以及沟通的过程，熟悉沟通的各种不同类型，能辨别沟通中的各种障碍并知道克服这些障碍的方法。

☞**教学重点：**

沟通的过程，沟通中的障碍。

◎**开篇案例**

有一个小故事。孔子和众弟子周游列国，曾行至某小国，当时遍地饥荒，有银子也买不到任何食物。过不多日，又到了邻国，众人饿得头昏眼花之际，有市集可以买到食物。弟子颜回让众人休息，自告奋勇地忍饥做饭。当大锅饭将熟之际，饭香飘出，这时饿了多日的孔子，虽贵为圣人，也受不了饭香的诱惑，缓步走向厨房，想先弄碗饭来充饥。不料孔子走到厨房门口时，只见颜回掀起锅的盖子，看了一会儿，便伸手抓起一团饭来，匆匆塞入口中。孔子见到此景，又惊又怒，一向最疼爱的弟子，竟做出这等事来。读圣贤书，所为何来？学到的是偷吃饭？肚子因为生气也就饱了一半，孔子懊恼地回到大堂，沉着脸生闷气。没多久，颜回双手捧着一碗香喷喷的白饭来孝敬恩师。

孔子气犹未消，正色道："天地容你我存活其间，这饭不应先敬我，而要先拜谢天地才是。"颜回说："不，这些饭无法敬天地，我已经吃过了。"这下孔子可逮到了机会，板着脸道："你为何未敬天地及恩师，便自行偷吃饭？"颜回笑了笑："是这样子的，我刚才掀开锅盖，想看饭煮熟了没有，正巧顶上大梁有老鼠窜过，落下一片不知是尘土还是老鼠屎的东西，正掉在锅里，我怕坏了整锅饭，赶忙一把抓起，又舍不得那团饭粒，就顺手塞进嘴里……"

孔子恍然大悟，原来不只心想之境未必正确，有时竟连亲眼所见之事，都有可能造成误解。于是欣然接过颜回的大碗，开始吃饭。

孔子对颜回的误解是怎样造成的？

第一节　沟通的过程

沟通即信息的交流，是沟通主体将一定的信息传递给特定的对象，并获得预期反馈的整个过程。我们可以这样理解：首先，沟通可以在人与人之间、群体与群体之间、组织与组织之间进行，也可以在人与机器之间、机器与机器之间进行；其次，沟通是信息的传递与理解，与管理的成效密切相关。在知识经济时代，沟通越来越显示出重要作用。

一、沟通的重要性

(一) 沟通是协调组织中各个体、各要素之间的关系，使组织成为一个整体的凝聚剂

由于各成员的地位、利益、知识、能力以及对组织目标的理解和掌握信息的不同，会产生不同的个人目标，要使组织目标能顺利实现，就需要相互交流意见，统一思想。没有沟通就没有协调，也就没有组织目标的实现。

(二) 沟通是领导者激励下属、实现领导职能的基本途经

领导者要引导追随者为实现组织目标而共同努力，追随者要在领导者的带领下，在实现组织目标的同时实现自己的愿望，而这些都离不开相互之间的沟通。

(三) 沟通也是企业与外部环境之间建立联系的桥梁

企业必然要和顾客、供应商、股东、政府、社会团体等发生各种各样的联系，这些都要求企业必须与外部环境进行有效的沟通。而且，由于外部环境永远处于变化之中，企业为适应环境的变化，就必须与外界保持持久的沟通。

二、沟通的功能

在群体与组织中，产生人际冲突的起因往往是由于沟通不足。没有沟通，群体与组织就不可能存在。在群体或组织中，沟通主要有四项功能：信息传递、控制、激励和情绪表达。

(一) 沟通的信息传递功能

只有通过人与人之间思想的传递，才能交流信息和观点。然而，沟通不仅仅是传送思想，更重要的是思想还必须被理解。无论管理者或领导者的思想多么正确、多么伟大，如果不传递给别人并被理解，都是毫无意义的。完美的沟通是把思想和观点传递给接收者后，接收者所感知到的心理影像和发出者所发出的信息完全一致。

(二) 沟通的控制功能

沟通可以控制员工的行为。他们要遵守公司的各项规章制度，还要按照职务说明书的职责与任务来开展工作，然后他们还要接受直接主管下达的其他指令，另外还有可能与同事或上司交流工作中的不满，等等。通过沟通可以实现这种控制。

(三) 沟通的激励功能

组织可以通过以下的沟通来激励员工：明确告诉员工应该做什么，怎么做，达不到标准怎么改进。在组织的运行中，具体目标的设置、实现目标过程中的持续反馈以及对理想行为的强化过程都有激励作用，而这些过程又都需要沟通。360 度的绩效管理方式就是通

过有效的沟通来激励员工并提高组织的绩效的。

（四）沟通的情绪表达功能

对很多员工来说，工作场所不仅仅是单一的工作的地方，它在一定程度上也是一个社交的场所。员工可以通过群体间的沟通来表达自己的满足感和挫折感。在这种环境里，沟通提供了一种宣泄情感的情绪表达机制，并满足了员工的社交需要。

三、沟通的构成要素

（一）信息源

在沟通的过程中首先要有信息的主动发送者，这便是信息源。发送者需要向信息的接收者传递信息或需要接收者提供某种信息。

（二）信息接收者

在沟通中被动接受信息的一方就是信息的接收者。在沟通的过程中信息的发出者与接收者的身份是在不断变化的。信息发送者发出信息，收到对方的反馈，又成为信息的接收者。

（三）信息

信息即为沟通的具体内容，它包括沟通双方的思想、态度、情感等。所有的信息都必须表现为各种符号才能进行沟通，这些符号既可能是语言的也可能是非语言的，如表情、手势等。

（四）渠道

信息是通过一定渠道进行传递的。信息传递可以是口头的或书面的，也可以通过备忘录、计算机、电话、电报或电视进行传递，还可以用手势、表情等直观提示式的方式进行传递。因为有许多渠道可供选择，每种渠道都各有利弊，所以，选择恰当的渠道对实施有效的信息沟通是极为重要的。

（五）反馈

为了检验信息沟通的效果如何，反馈是必不可少的。在没有证实信息反馈之前，我们绝不可能肯定信息是否已经得到有效的编码、传递、译码和理解。反馈作为信息沟通的结果，同样也表明个人的变化和组织的变化是否已经发生。

（六）环境

环境因素左右着信息沟通过程。从外部环境看，教育、社会、法律、政治和经济的因素，都将对信息沟通产生影响。另外，地理上的距离、时间等因素都可能影响信息沟通。远隔千里的电话交谈、电报和信函往来都不可能与面对面交谈一样；一个业务繁忙的总经理恐怕没有足够的时间准确无误地接收和发送信息。企业内部的环境因素也影响着信息沟通，如组织结构、管理和非管理过程以及技术等。其中，处理大量数据的计算机技术和迅速发展的通信技术对信息沟通有着普遍的影响。

（七）噪音

在沟通过程中会产生各种沟通的障碍，这些沟通的障碍就是"噪音"。噪音可能来自于沟通者不同的文化背景和不同的价值观，也可能来自于语言本身的歧义等。

四、沟通的过程

简单地说，沟通的过程是指信息的发送者通过选定的渠道把信息传递给接收者，具体的沟通过程如图9-1所示。

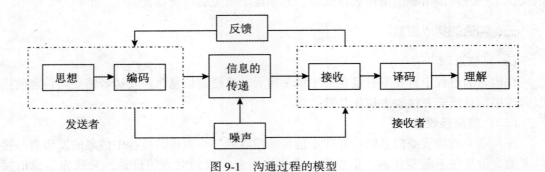

图9-1　沟通过程的模型

（一）信息的发出

信息沟通开始于有了某种"思想"或想法的发送者，信息源把头脑中的"思想"或想法进行编码而生成信息，然后按发送者和接收者双方都能理解的方式进行信息编码。信息实际上是经过信息源编码后的实体产品。

（二）信息传递

信息是通过联系发送者和接收者的渠道进行传递的。信息传递可以是口头的或书面的，也可以通过备忘录、计算机、电话、电报或电视进行传递，还可以用手势、表情等直观提示式的方式进行传递。因为有许多渠道可供选择，每种渠道都各有利弊，所以，选择恰当的渠道对实施有效的信息沟通是极为重要的。

（三）信息接收

信息接收者接收到信息后，要将信息回译成思想。只有当发送者和接收者对符号的含义抱有相同的，或者至少是类似的理解时，才有准确的信息沟通。理解是指发送者和接收者心心相通。

（四）信息的反馈

信息沟通常受到"噪声"的干扰。无论是在发送者方面，还是在接收者方面，噪声就是指妨碍信息沟通的任何因素，例如，使用模棱两可的符号，用词不当和错用符号，漫不经心的态度，各种成见，传送中受静电干扰等。沟通过程的最后一环是反馈，反馈是检查信息传送是否成功以及传送的信息是否符合本意，并进行核实，它可以确定信息是否被接收者有效地理解。

第二节　沟通的类型

沟通是人与人之间进行信息交流的活动，一个完整的沟通过程，包括信息源、信息接收者、信息内容、渠道、反馈、环境和噪音等要素。组织沟通是加强民主管理、改善人际关系、改变员工行为乃至组织生存和发展的重要保证。沟通的类型可以从不同的角度进行区分，它们具有各自的特点。

一、书面沟通、口头沟通和非语言沟通

按传播媒体的形式划分，有口头沟通、书面沟通和非语言沟通。

（一）口头沟通

信息传递的主要方式是口头沟通，发言、正式的一对一讨论、群体讨论、非正式的会议和小道消息都是口头沟通的常见形式。口头沟通的优点是快捷和反馈及时，语言信息的发出和反馈几乎同时发生。如果接收者存在疑问，发出者能及时接到反馈并迅速交流。口头沟通的主要缺点在于：信息传递经过的人越多，被曲解的可能性越大。如果你在晚会上玩过"打电话"游戏，你就能理解这是怎么回事。每个人都按自己的方式理解、解释、传送信息，当信息的最终接收者收到时，信息的内容与它的本意已大相径庭了。在一个组织中，当信息通过各层级口头传达时，就非常容易被曲解。

（二）书面沟通

书面沟通方式包括备忘录、电子邮件、传真、组织的刊物、张贴于布告板上的通知，以及其他通过文字或符号传达意思的工具。信息发送者为什么选择文字作为沟通的工具呢？因为它具体且直观。通常信息的发送者和接收者都有该信息的复本。这类信息能被永久保存，如果对该信息的内容有疑问，非常便于查询，这个特点对冗长而复杂的信息尤其重要。与口头沟通相比，在用词的选择上通常更谨慎；在用文字方式传达信息时，必须更深入全面地思考将要传达的内容。因而，书面沟通更全面、更有逻辑，也更清晰。

当然，文字信息也有缺点：它们需要时间。在考试时，考生在一个小时内通过语言向考官传送的信息量，远远多于用书面的文字所传达的信息量。事实上，用 10 ~ 15 分钟语言就能表达清楚的东西，你可能要写一个小时。因此，即使文字已经非常简洁了，却还要花费大量时间。另外，书面沟通的另一主要缺点是缺乏及时的反馈。口头沟通时，信息接收者能及时对他的想法进行反应。书面沟通却不同，它没有内在的反应机制。

（三）非语言沟通

有意义的信息并不一定通过语言的方式传递，人们也可以用非语言来进行沟通。每次当我们传送口头信息给某人时，往往也会传送一个非语言信息。非语言信息包括身体动作、语言的声调和重点、面部表情以及信息发送者和接收者之间的身体距离等。研究体态信息的学科叫"肢体语言学"，它研究手势、面部表情和其他身体动作等。研究肢体语言学的一些学者认为身体的每一个动作都有一种意思，没有一种动作是偶然发生的。人类用身体语言表明自己的状态。因为不自信而皱眉头；因为困惑而摸鼻子；人抱着双肩表示自己与外界隔离，保护自己；耸肩表示漠不关心；敲手指表示不耐烦；拍脑门表示遗忘。上述所说的动作代表的具体意思不一定十分准确，但我们不能否认身体语言不同于语言沟通。一个身体动作本身并没有一个精确或通用的意思，但当它与语言联系在一起时，将传递信息发送者的完整意思。如果你阅读了一本书，你对书中内容的掌握比你上课听讲的效果要差。为什么？因为缺少了非语言沟通，对词语、段落的强调被忽略了。例如，在课堂

上有学生向老师提问，老师反问"你是什么意思？"学生的反应将因老师回答的语气的变化而不同。一个柔和的语气说明老师可能确实没听懂学生的提问，而如果老师刻意强调最后一个词，可能意味着老师对于学生的愤怒。

二、上行沟通、下行沟通和横向沟通

按信息传播的方向划分，有上行沟通、下行沟通和横向沟通。

（一）上行沟通

上行沟通是指自下而上的沟通，即信息按照组织职权层次由下向上流动，如下级向上级汇报情况、反映问题等。这种沟通既可以是书面的，也可以是口头的。为了作出正确的决策，领导者应该采取措施，如开座谈会、设立意见箱和接待日制度等，鼓励下属尽可能多地进行上行沟通。

（二）下行沟通

下行沟通是指自上而下的沟通，即在组织职权层次中，信息从高层次成员向低层次成员流动，如领导者以命令或文件的方式向下级发布指示，传达政策，安排和布置计划工作等。下行沟通是传统组织内最主要的一种沟通方式。

（三）横向沟通

横向沟通主要是指同层次、不同业务部门之间以及同级人员之间的沟通。横向沟通符合过程管理学派创始人法约尔提出的"跳板原则"，它能协调组织横向之间的联系，在沟通体系中是不可缺少的一环，具有业务协调的作用。

三、正式沟通和非正式沟通

按照沟通的渠道不同，可以分为正式沟通和非正式沟通。

（一）正式沟通

正式沟通一般指在组织系统内，依据组织明文规定的原则进行的信息沟通，具有严肃性、规范性。由于信息的发布者往往代表组织本身，因此有一定的权威性。不足之处是信息采用层层传递的方法，速度较慢，并且有刻板性。

（二）非正式沟通

在组织和群体内部或组织和群体之间，正式沟通并不是唯一的沟通系统。非正式沟通是正式途径以外的沟通，信息发布者一般不代表组织和上级，主要是通过个人之间的接触进行的，是由社会成员在感情和动机上的需要而形成的信息交流，其传播的范围能远远超越部门和层次之间的限制，具有随意性、非正规性，并带有较强的感情色彩。

小道消息传递的信息准确吗？有证据表明其中75%的信息是准确的。在什么条件下小道消息是有利的？在什么条件下小道消息是不利的？在一定程度上，非正式沟通对于信息沟通是必要的，但也要注意其负面影响。非正式沟通往往是人们常说的"小道消息"的发源地，传递速度较快，既可以为人们提供一些有用的情报，又容易失真。

人们常常认为小道消息来自于搬弄是非者，其实这不是事实。研究表明，如果情境对我们来说十分重要但又模糊不清时，会激起人们的焦虑情绪，此时小道消息会作为情境的反映而出现。在大型组织中保密性和竞争性是司空见惯的，对诸如新上司的任命、办公室的重组、工作任务的重新安排这些事来说，都易于滋生小道消息。如果小道消息背后，人们的愿意和期待得不到满足或焦虑得不到缓解，那么它会一直传播下去。显然，对于任何群体或组织的沟通渠道来说，小道消息都是重要组成部分，值得我们认真了解。它表明了一些员工认为很重要的事情，管理者未必能详尽、透彻地说明，反而激起了员工的焦虑感。因此，小道消息具有过滤和反馈双重机制，它使我们认识到哪些事情员工认为很重要。从管理的角度出发，它能够增加员工对于管理工作的反馈，从而促使管理者进行相应的工作调整，在一定程度上提高了沟通的效率。

四、单向沟通与双向沟通

根据信息发送者与接收者在沟通中的地位是否变换，沟通可分为单向沟通和双向沟通。

（一）单向沟通

如果发送者和接收者在沟通过程中地位不变，则称为单向沟通，如作报告、演讲、下命令、发指示等。单向沟通的优点是信息传达速度快，而且发送者不必顾忌接受挑战，能保持发送者的尊严。它的缺点是信息传递的准确性较差，较难把握沟通的实际效果，有时会使接收者产生抗拒心理。单向沟通适用于任务急、工作简单、无需反馈的情景。

（二）双向沟通

发送者与沟通者在沟通过程中地位不断变化，则称为双向沟通，如交谈、协商、会议等。与单向沟通相比，双向沟通的优点是信息传递有反馈，准确性较高。由于接收者有反馈意见的机会，使其有参与感，易保持良好的气氛和人际关系，有助于意见沟通和建立双方的感情。它的缺点是信息发送者随时可能受到接收者的质询、批评和挑剔，因而对发送者有一定的压力，而且沟通较费时间，信息传递速度慢。

五、链式、轮式、Y 式、环式和全通道式沟通

按沟通网络的基本形式划分，有链式、轮式、Y 式、环式和全通道式沟通。沟通网络是指各种沟通路径的结构形式，它直接影响到沟通的有效性。正式沟通可以有链式、轮式、Y 式、环式和全通道式五种形式。几种沟通的形态如图 9-2 所示。

链式沟通属于控制型结构，在组织系统中相当于纵向沟通网络。网络中每个人处在不同的层次中，上下信息传递速度慢且容易失真，信息传递者所接收的信息差异大。但由于结构严谨，链式沟通形式比较规范，在传统组织结构中应用较多。

轮式沟通又称主管中心控制型，在该种沟通网络图中，只有一名成员是信息的汇集发布中心，相当于一个主管领导直接管理几个部门的权威控制系统。这种沟通形式集中程度高，信息传递快，主管者具有权威性。但由于沟通渠道少，组织成员满意程度低，士气往往受到较大的影响。

Y 式沟通又称秘书中心控制型沟通，这种沟通网络相当于企业主管、秘书和下级人员之间的关系。秘书（C）是信息收集和传递中心，对上接受主管（D）的领导，这种网络形式能减轻企业主要领导者的负担，解决问题速度较快。但除主管人员以外，下级人员平均满意度与士气较低，容易影响工作效率。

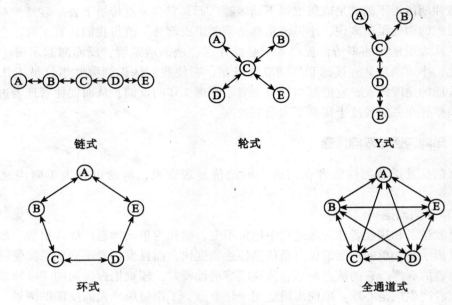

图 9-2　五种沟通网络

环式沟通又称工作小组型沟通，该网络图中，成员之间依次以平等的地位相互联络，不能明确谁是主管，组织集中化程度低。由于沟通渠道少，信息传递较慢，但成员满意度和士气都较高。

全通道式沟通是一个完全开放式的沟通网络，沟通渠道多，成员之间地位平等，合作气氛浓厚，成员满意度和士气均高。全通道沟通与环式沟通的相同之处在于，网络中主管人员不明确，集中化程度低，一般不适用于正式组织中的信息传递。

每一种网络的有效性取决于群体所关注的目标。比如，关注速度时，轮式和全通道式是最有效的；关注精确度时，选择轮式或链式。如果你注重的是成员的满意度，则全通道式最佳，轮式最差。没有一种沟通网络在所有的情形下都是最好的。

第三节　沟通的障碍

组织沟通中存在着大量的障碍，这些障碍会延误或曲解有效的沟通。解决信息沟通障碍问题，首先应寻找造成沟通障碍的原因，而不是处理表面现象。本节，我们将总结这些沟通障碍。

一、沟通者自身原因产生的障碍

（一）过滤

过滤指发送者有意操纵信息，以使信息显得对接收者更为有利。比如，一名管理者告诉上级的信息都是上级想听到的东西，管理者就是在过滤信息。过滤的主要决定因素是组织结构中的层次数目。组织垂直的层次越多，过滤的机会也就越多。但是只要存在地位的差异，就会存在过滤。员工们常因害怕传达坏消息或想取悦于老板而只向上级报告他们认为上级想听的东西，这也就扭曲了这种向上的交流。一项研究表明，通常每经过一个中间环节，信息就将丢失30%左右。例如，企业董事会的决定通过五个等级后，信息损失可达80%。其中，副总裁这一级的保真率为63%，部门主管为56%，工厂经理为40%，第一线工长为30%，待传达到职工，就仅剩下20%的信息了。

（二）选择性知觉

在沟通过程中，接收者会根据自己的需要、动机、经验、背景及其他个人特点，有选择地去看或去听信息，即人们拒绝或片面地接收与他们的期望不相一致的信息。例如，一名面试主考官在先前的女性求职者中看到有人把家庭置在事业之上，无论求职者是否怀有这种想法，主考官就认为女性求职者都是这样的。其实，主考官并没有看到事实，而是对其所看到的东西进行解释，并称之为事实。研究表明，人们往往听或看他们感情上有所准备的东西，或他们想听或想看到的东西，甚至只愿意接收中听的东西，拒绝不中听的东西。不善于聆听别人的意见及过早地评价，也常常是造成沟通障碍的重要因素，尤其是在听取下属意见时。普遍的倾向是，对别人所说的要加以判断，表示赞成或不赞成，而不是试图去理解谈话者的基本内容。

（三）性别差异

男人和女人出于不同的原因进行口头沟通。因此，性别是男女之间有效沟通的障碍。研究表明男性用谈话强调状态，而女性通过谈话建立联系。也就是说，男人听和说是一种状态，女人听和说表示一种亲密和联系。因此，对许多男人来说，谈话主要是在等级社会保持独立和地位的一种方法。对女人而言，谈话是获得支持和肯定的一种谈判方式。当男人听到一个问题时将做什么？他们将在确定提供答案后，坚持其独立和控制的欲望。女人把有关问题的提出看做促进亲密感的方法，女人提出问题是为了获得支持和联系，而不是获得男人的建议。

（四）情绪

在接收信息时，接收者的感觉也会影响到他对信息的解释。不同的情绪感受会使个体对同一信息的解释截然不同。极端的情绪体验，如狂喜或悲痛，都可能阻碍有效的沟通。这种状况常常使我们无法进行客观而理性的思维活动，而代之以情绪化的判断。信息沟通是发送者和接收者之间的"给"与"受"的过程，信息传递不是单方面的，而是双方的事情。

（五）语言

即便不同的人说的是同一种语言，他们在语言的使用上也未必一致。同样的词汇对不同的人来说含义是不一样的。年龄、教育和文化背景是三个最主要的因素，它们影响着一个人的语言风格以及他对词汇的界定。在大型组织中，成员分布的地域十分广泛（有些人甚至在不同国家工作）。每个地区的员工都使用该地特有的术语或习惯用语。垂直等级存在同样的语言问题，比如，像诱因和配额这样的词汇，对不同的管理层有着不同的含义。高层管理者常常把它们视为需要，而下级管理者则把它们理解为操纵和控制，并由此而产生不满。如果我们能知道每个人如何修饰语言，将会极大地减少沟通障碍。问题在于，组织中的人常常不知道他所接触的人与自己的语言风格不同，发送者认为自己的词汇或术语与接收者使用的相同，而这个假定往往是不成立的。

（六）非语言暗示

前面我们讲到，非语言沟通是人们传递信息时的重要方法。非语言伴随于语言沟通，只要两者是一致的，就会彼此增强效果。上级告诉我了，而他的音调和体态也表明他生气了，因此我能得出可能正确的判断：他是生气了。然而，当非语言暗示与语言信息不一致时，信息接收者就会困惑不解。

二、沟通环境中的障碍

（一）沟通距离

沟通双方占有一定的空间，并且需要保持一定的沟通距离，沟通距离一般可以分为物理距离和心理距离。比如，在美国，双方谈话的距离保持在 2 英尺会让人比较舒服，如果近到只有 1 英尺就会让人不自在。而对于拉丁美洲的人来说，谈话时的距离如果有 2 英尺，就会显得太冷淡、不够友好。如果一个美国人和一个巴西人谈话，巴西人不了解美国人的距离禁区，就可能引起双方关系的紧张，导致沟通无法有效进行。在一般情况下，物理距离能够反映心理距离。人与人在空间距离上彼此接近可以增加沟通的频率，是建立良好人际关系的必要条件。在组织中，工作场所的空间设计、陈设会直接影响到沟通距离，进而影响人际沟通。在跨文化沟通中，沟通距离具有特别重要的意义，因为不同文化背景中的人对于沟通距离有不同的要求。例如，美国的经理一般拥有独立的办公室，以便将自己与下属分隔开，而日本的经理更多地习惯于将办公桌与下属们的办公桌放在一起，与自己的下属分享同一个开放的空间。

（二）沟通渠道选择

组织中的沟通渠道多种多样，每种沟通渠道能够承载的信息各有不同，选择什么样的沟通渠道，要综合考虑沟通的目的、沟通对象的特点和技术条件，沟通渠道的误选和误用有可能造成沟通的失败。如企业培训师在设计培训课程的时候，必须事先对培训对象的沟通习惯和教育水平进行分析，看培训对象是习惯于接受课堂授课式培训，还是善于从实践中进行学习，然后根据分析结果设计培训课程。有些重要的沟通结果如聘用合同发票等，必须留下书面凭据，因此必须采用书面沟通的方式进行确认，而不能仅仅达成口头协议。

（三）信息过量

有的人认为比较多且不受限制的信息会有助于克服信息沟通中的问题，但事实恰恰相反。过量的信息会淹没真正有价值的信息，使接收者无所适从。每个人在有限时间内处理信息的能力是有限的，当我们面对的信息量超过我们能够处理的信息量时，就会出现信息过量，信息过量会严重地降低沟通效率。大部分管理者都有信息过量的经历，每天走进办公室，打开电子信箱，发现有数十封 E-mail 等待回复，下属递交的报告要看，还有几份文件要批阅，等等。管理者每天被淹没在海量的信息中，难免会忽略或者遗漏某些重要信息，这样必然会降低沟通效率。

（四）文化差异

即使在理想的条件下，进行有效的沟通也是困难的，不同的文化因素使沟通问题变得更加复杂。信息编码和解码的过程取决于个体的文化背景，而文件背景因人而异。个体的文化背景差异越大，对文字和动作的含义的理解差异就越大。不同文化背景的人对事物的理解和评价不同，因而反应也各异。全球化趋势和跨国公司的业务拓展，使现代组织的人力资源构成越来越复杂，许多组织中都出现了拥有不同文化背景的雇员在一起工作的现象，跨文化沟通进一步增加了沟通的难度。

三、克服沟通中的障碍

克服沟通障碍、提高沟通的有效性才能使组织有效运行，那么管理者应当从何处着手，以改善组织中的人际沟通呢？

（一）创造良性的沟通氛围

有利于沟通的氛围是建立在沟通双方相互理解和相互信任的基础上的，如果沟通双方在沟通前就心存芥蒂、相互猜忌，难免会在沟通中产生偏见、感情用事，甚至尖锐对立，那么沟通的结果就不难想象了。管理者与被管理者之间的信任感不是一朝一夕建立起来的，而是长期经验积累的结果，因此管理者应当重视自己的日常言行，不仅要保证发送信息的可靠性，言必行、行必果，还要善于换位思考、替人着想，争取被管理者的信赖，在被管理者心目中树立良好的形象。同时，良好的沟通氛围还要求组织建立健康、积极、民主的组织文化，保障组织中的正式沟通渠道畅通无阻，小道消息的消极作用得到有效控制。基层员工在组织中向上级提出意见、发表观点没有恐惧感，员工的发现和建议都能够迅速、准确地向上传递，而高层管理者的指示、计划都能够高效地向下传达。这就要求管理者（尤其是中间层次的管理者）以组织利益为重，不做信息通道中的"过滤器"，原汁原味地将信息上传下达。

（二）利用反馈，采用双向沟通

从沟通的过程来看，没有反馈的沟通是不完整的沟通。沟通中的很多问题都是由于误解造成的，误解实际上就是信息接收者产生了解码错误，如果管理者能够在沟通中正确地使用反馈，以双向沟通代替单向沟通，就会有效地降低误解发生的概率。因此，管理者应当学会主动反馈，与上级沟通时积极主动地汇报工作进度，与下级沟通时不断检查任务执行情况，与伙伴沟通时经常交换意见，使信息在沟通双方、多方之间流动起来，这样就能够有效地避免误解，提高沟通的有效性。

（三）建立科学的沟通渠道

通过召开定期会议等方式，形成常规沟通渠道，加强上下级之间、同级之间的信息沟通，并且通过情况通报、报表等书面形式沟通各方面的情况。在信息沟通过程中，要尽量减少重复，缩短信息传递链，以减少信息传递中的失真。在利用正式沟通渠道的同时，开辟高层管理者与低层人员的非正式直通渠道，加强直接沟通、口头沟通，直接了解基层情况；同时，加强横向沟通，拓宽信息沟通渠道，以保证信息畅通无阻和信息的完整性。

（四）利用计算机技术和通信技术来克服信息沟通障碍

计算机技术和通信技术飞速发展，给人们的信息沟通创造了更多的便利条件。开发和建立计算机管理信息系统、决策支持系统和专家系统等，利用计算机技术处理大量数据，并把有用的信息供给大多数决策者使用，可以使管理者经济、及时地得到必要的信息。计算机还可以通过图表、图形等直观的形象显示公司的重要信息，对管理者提供决策帮助。另外，利用现代通信技术可以大大地减少距离上的障碍，身处各地的决策者可以通过远程通信会议，"面对面"地进行直接沟通，及时做出决策。也可以通过电子通信及时了解各地情况。

（五）克服沟通中的心理障碍

选择性知觉、过滤、情绪问题和个体差异问题都是由于心理原因造成的沟通障碍，对于个人来说，这些障碍自然而然、不知不觉地就产生了，而要克服这些沟通中的心理障碍却需要长期的、有针对性的训练。例如，要克制情绪，在下属办砸了某件事后不发脾气，对于那些胆汁质气质类型的管理者来说简直是不可能完成的任务，但是聪明的管理者在这个时候都会首先冷静下来，因为过度的情绪表达解决不了问题，学习以理性的态度对待工作是一个管理者的基本素质。再如，有些原先从事技术工作的人转而从事管理工作后，发现自己个性内向、言语生硬、不善交际，不禁对管理沟通产生畏难情绪，这也是一种常见的沟通心理障碍，克服这种障碍需要经过必要的训练和疏导。

（六）正确使用非语言沟通

在面对面的语言沟通中，信息发送者除了发送语言信息外，还有会伴有大量的非语言信息。这些非语言信息与语言信息同样重要，管理者应当特别关注这些非语言信息，还需要学会比较语言信息与非语言信息是否一致，可以据此判断对方语言信息的感情色彩、意图和真实性。

（七）了解沟通对象的文化背景

沟通的对象如果有不同的文化背景，在进行沟通时首先应强调描述而不是理解和评价。对一个人语言的理解和评价基于其文化背景，因此不要轻易评价，除非你对该文化背景有全面的理解。其次，换位思考。在发送信息之前，多从对方的角度思考。你对他的教育、成长、背景、价值观、经验有多少了解，这些能给你提供更深入的信息。另外，一旦你对拥有不同文化背景的人的信息做出了解释和评价，先假定你的理解正确，然后要进行更深入的考察，不要想当然。仔细评价接收者的反馈，以证明你的假定正确。在做重要的决定时参照与你有共同文化背景的同事的意见，以确定你的理解正确无误。

（八）学习沟通技巧，提高沟通能力

沟通能力不是与生俱来的，而是在成长过程中学习和锻炼出来的，因此不管是管理者还是被管理者，都应当加强对沟通技巧的学习，努力提高自己的沟通能力，这是改善组织中人际沟通状况的根本途径。

第四节　沟通技巧的提高

一、主动倾听

不管是管理者还是被管理者，每天都要花大量时间听别人讲话，但是实际上我们从中获取的信息并不多。这表明大多数人听的效率不高，大多数时候我们听见了，但没有真正听进去（即常说的"听而不闻"现象），没有做到有效地倾听。实际上，倾听不是纯粹的

信息接收过程，从沟通过程图（图9-1）中会发现这是信息接收者解码和反馈的过程。有效信息沟通的关键是接收者能正确理解发送者的信息，而做到这一点的先决条件是要对发送者的信息付出时间、移情、共鸣和全神贯注。有效的倾听是积极主动的而非被动的，如管理者认真倾听下属的话，避免打断谈话，并对下属的话给予积极的回应。积极倾听是一种非常好的回应方式，既能鼓励对方继续说下去，又能保证你理解对方所说的内容。作为一名管理者，主动地倾听需要做到以下几点。

（一）不要打断对方的谈话

在倾听对方说话时不要随意打断对方的谈话。有意识地打断不仅是极不礼貌的行为，而且往往会让说话者失去继续说下去的欲望，使得沟通无法进行。无意识地打断对方的谈话是可以理解的，但也应该尽量避免。

（二）清楚地听出对方的谈话重点

能清楚地听出对方的谈话重点，是非常重要的一种能力。有的人在表达自己的意思时可能会很委婉，如果不能准确地把握对方的谈话重点，可能就不能真正了解对方的意图。如某个员工在表达对企业在某方面的不满时，往往会先说一大堆无关紧要的话，最后才会提及一点。而这最后说到的一点，才是真正的重点。而且有的人本身就不能清楚地表达自己的想法，特别是在受情绪影响的时候，经常会有类似于"语无伦次"的情况出现。因此，我们在倾听时，不单单要听对方说话，还需要辨别对方谈话的真正重点。

（三）适时地表达自己的意见

不打断对方的谈话并不等于倾听者就一直听下去，什么也不做。在倾听对方谈话时，在不打断对方谈话的原则下，倾听者也应适时地表达自己的意见，这才是正确的谈话方式。倾听者根据自己所听到的内容提出问题，不时地表达自己的意见，可以让对方感受到你始终都在注意地听，而且听明白了。还有一个效果就是可以避免你分心走神以及精神疲倦。

（四）避免分心走神的举动

在谈话时要避免那些表明思想走神的举动。当你在说话时对方却不看你，你的感觉如何？大多数人将其解释为冷漠和不感兴趣。"你用耳朵倾听，他人却通过观察你的眼睛来判断你是否在倾听。"这实在有点滑稽。与说话的人进行目光接触可以使其集中精力，减少分心的可能性，并能鼓励说话的人。还有一些行为也表明你分心走神了，会引起对方的不满。如看表，这会使说话者感受到你很厌烦。而用笔乱写乱画或心不在焉地翻阅文件等，会表明你对对方的谈话不感兴趣。另外，这也表明你并未集中精力，因而很有可能会遗漏一些说话者想传递的信息。

（五）不要多说

在你想作出自己的判断之前，先让说话者讲完自己的想法。在说话者说话时不要去猜测他的想法，当他说完时你就会知道了。大多数人乐于畅谈自己的想法而不是聆听他人所说。很多人之所以倾听，仅仅是因为这是让别人听自己说话的必要付出。尽管说可能更有乐趣，而沉默使人不舒服，但我们不可能同时做到听和说。另外，在对方没有表达完自己的意见和观点之前，不要做出比如"好！我知道了"、"我明白了"、"我清楚了"等反应。这些空洞的答复只会阻止你去认真倾听对方的讲话或阻止对方的进一步的解释。

（六）复述对方谈话的内容

我们所说的复述不是指对对方谈话一字不漏地重复，而是指用自己的话重述说话者所说的内容。倾听者重述对方已经说过的话有两个好处。一是可以避免走神，如果你在思考其他的事情，你肯定不能精确复述完整的内容。二是检验自己理解的准确性。用自己的语言复述说话者所说的内容并将其反馈给说话的人，可以让对方了解自己是否正确理解了对方的意图。有效的倾听者常常使用这样的语句"你是不是这个意思"等。

二、正确运用反馈

反馈是组织的管理者经常要面对的事情。有的组织会定期或不定期地进行绩效考核，考核的结果往往要反馈给下属，但他们常常发现下属比较容易接受积极的反馈，当遇到不利反馈信息时，经常进行抵制和反驳。如果询问管理者给下属提供的反馈，你很可能会得到一个不够全面的回答。因此，正确运用反馈对管理者来说也是重要的。

（一）强调具体行为

反馈应是具体的而不是空泛的。管理者的反馈不能是一般性的泛泛而谈，而应当针对具体行为告诉下属因为什么受到表扬，因为什么遭到批评，表扬和批评都应当有充分的证据。在实践中，我们应避免这样的陈述："你的工作态度很不好"或"你的出色工作留给我们深刻印象"，等等，它们过于模糊。在提供这些信息时，你并未告诉接收者足够的资料以改正"他的态度"，或你以什么基础或标准判定他"出色地完成了工作"。你应当这样说："小张，我对你的工作态度不满意。昨天你未经请假提前三个小时下班去看病，今天早上上班你又迟到了一个小时。"或："小李，你销售工作让我很满意，上个月本公司的订单增加了25%，而且我还收到了消费者打来的表扬你服务态度好的电话。"这两个陈述均针对具体行为，告诉对方因何受到批评或赞扬。

（二）使反馈对事不对人

反馈应当与工作行为相关，不要涉及下属的品质，最好多采用描述性的语言，避免过多采用判断、评价性的言辞，例如当面说某人"愚蠢"、"无能"，或者"你的爱好影响生产"等。无论你如何失望，都应使反馈针对工作，永远不要因为一个不恰当的活动而指责人。这往往会导致相反的结果，它会激起极大的情绪反应，这种反应很容易忽视工作本身的错误。

（三）使反馈有的放矢

管理者的反馈信息必须明确这种沟通的目标到底是什么，是为了帮助下属改进行为，还是为了激励下属，尤其当反馈的信息中包含严厉批评时，管理者必须确定反馈是有利于组织和下属本人的。如果你不得不说一些消极的内容，应确保其指向接收者的目标，并确保自己是希望通过反馈帮助下属。如果仅仅是"我把我心里想说的话都说出来了"，那么这种反馈不仅会降低反馈的效果，而且会减弱以后反馈的影响。

（四）掌握好反馈时机

管理者必须及时反馈信息，不要因为过去很久的错误批评下属，下属行为的发生与管理者反馈之间间隔时间越长，反馈的效果越差，反馈对下属行为的纠正作用越弱，反馈引起下属不满的可能性也越大。接收者的行为与获得对该行为的反馈相隔时间非常短时，反馈最有意义。比如，当新员工犯了一个错误时，你最好在错误发生之后或在一天工作结束时就能够从主管那里得到改进的建议，而不是要等到年终的绩效评估阶段才获得。如果你需要花时间重新回想当时的情境和恢复某人的记忆，那么你所提供的反馈可能是无效的。另外，如果你注重塑造员工的行为，拖延对不当行为的反馈则会降低反馈能起到的预期效果。

（五）确保下属理解

管理者尤其要注意反馈的信息是否已被被管理者清楚、完整地理解，在必要情况下，管理者应当要求下属复述反馈内容，以此来判断对方是否已彻底领会。为了使反馈有效，应确保接收者理解它。与倾听技术一样，应该让接收者复述你的反馈内容以了解你的本意是否被彻底理解。

（六）将批评指向下属可控制的行为

任何人都不是完美无缺的，仅仅让下属记住自己的失误或缺点是毫无意义的，反馈的最终目是让下属明确如何改进自己的工作行为。这不仅减弱了批评可能造成的伤害，还给那些知道自己存在问题但不知道如何解决的下属提供了指导。让他人记住那些自己无法左右的缺点毫无意义，反馈应指向接收者可以改进的行为。比如，责备员工因为忘记上闹钟而上班迟到是有价值的。但要责备他因为每天上班必乘的地铁出了故障而迟到了一个小时则毫无意义，因为这种情况是他无法改变的。

三、掌握语言表达的技巧

管理者不仅要学会倾听，还要学会说话。说话离不开语言，所以，准确地使用语言是保证有效沟通的前提。掌握语言表达艺术的前提是通过学习、训练，提高自身运用语言的能力，使自己运用语言的水平达到一个较高的水准。

（一）沟通中的语言运用要与对象一致

不同的沟通对象，其知识背景、认知能力不一样，对他们使用语言的要求也应不同。例如对普通员工，语言就必须朴实生动，有理有据，简明扼要，通俗易懂。如果是专业人士，就可以使用特定的术语进行沟通。

（二）语言运用要与内容一致

在不同的情况下需要使用不同的语言，才能收到良好的沟通效果。例如，谈心时的语言应该是真挚感人的，以显示诚恳真诚；而在宣传、倡议就应该选择带感染力的语句，以激起听者的热情和积极性；布置工作任务就应当严肃认真，切忌夸夸其谈，等等。

（三）配合恰当的肢体语言

当你与人交谈时，对对方活动的关心与否直接反映在你的脸上以及身体的其他部位，所以谈话时要注意自己的肢体语言。在现实中，肢体语言在沟通中的作用常常不被人重视，其实在管理沟通中，尤其在需要表达丰富的情感，增强表达效果时，都必须借助准确的肢体语言，有时肢体语言比口头语言更能够表达说话者的真实观点。如对所听到的信息表现出兴趣，可以通过言语信号，也可以通过赞许性的点头、恰当的面部表情与积极的目光接触，向说话人表达你在认真聆听。但要注意肢体语言不可过度夸张，如过于丰富的面部表情、手舞足蹈、拍桌子等。这些太夸张的动作只会收到适得其反的效果。另外，在什么样的场合使用什么样的肢体语言，既受沟通内容、沟通对象的约束，同时也受风俗习惯等方面的制约。但无论如何，如果肢体语言使用得当，有强化沟通效果的作用。

四、面谈的技巧

在组织中，最常见的沟通方式是面谈，掌握好面谈的技巧，对沟通的效果，甚至管理效果有很大影响。掌握面谈艺术主要应把握以下要点：

（一）做好充分的交谈准备

面谈是一种双向沟通，随时可能出现意料之外的情况和信息。因此，交谈前应尽可能做好充分的准备，多做各种各样的设想和安排。此外，如有必要，应做好交谈的计划，列出必要的提纲。这样有利于正式交谈时思路清晰，内容完整，增强说服力。

（二）创造相互信任的谈话环境

交谈气氛对信息沟通的效果会有重大影响。如果不能建立起最基本的信任，交谈会十分困难甚至难以进行。在交谈时应尽可能创造活泼、轻松、友好的谈话气氛。如企业的招聘者在面试应聘者时并不急于进行正式的询问，而是问一些轻松的话题以消除应聘者的紧张情绪，并建立初步的信任。例如，"你来的路上顺利吗"，等等。

（三）合理安排交谈时间

面谈的时间应选择得合适。首先是谈话的时机，防止干扰交谈对象正常的工作或是休息的时间，否则容易引起对方的反感。另外，还要合理把握时间长度，如果时间过于紧迫，往往难以充分交换意见。时间也不能占用太长，尽量避免不必要的闲谈而集中沟通主题。

（四）注意控制情绪

管理者进行面谈时，有时会碰到下级的顶撞、争论，甚至对抗，或者上级的挖苦、讽刺，甚至怒骂等。此时，管理者需要努力控制自己的情绪，尽可能避免受对方情绪的影响，并尽量平息对方的怒火。然后，把注意力转到需要沟通的事情上来。

五、适当管理传言

传言属非正式沟通方式，它的内容往往与当事人的自身利益密切相关。它往往传播的是员工身边的事，也容易引起员工的共鸣，因此，传言的威力可能比通过正式沟通渠道发布的消息还要大。它在组织中的作用也往往具有两重性。有利的一面是，在正式沟通渠道不畅时可以对正式沟通起补充作用。比如，有些员工出于某些目的，可能报喜不报忧，管理者就可以从传言中获得一些正式沟通中无法获得的信息。不利的一面在于其扰乱作用。如某位员工正常晋升，但传言却是这位员工贿赂了上司而得以晋升，失真的传言在组织中传播，往往出现挑拨离间、恶语中伤等现象。只要有人际交往，就会有小道消息存在。因此，对待传言，组织既不能全盘否定、禁止，也不可放任自流、听之任之，而应该适当进行管理。

（一）组织要有正式的信息发布渠道

如果小道消息的传播影响了员工的工作和组织的正常运转，就需要进行辟谣。很多情况下，小道消息之所以传播甚广，主要原因在于正式沟通不足，给人以可乘之机。对于谣言，应通过正式沟通渠道发布消息，让组织中的人了解真相，那么，谣言也就不攻自破了。当然，对于无伤大碍的传言，则可置之不理。

（二）对传言者进行正确的疏导

对于一般的传言者，应加强引导、教育，增强他们明辨是非、分析真伪的能力。对于传言可能引起严重后果的，应予以重视，视情节轻重和造成的后果加以处理；对于有意制造谣言并大肆传播者，应严加处理。

◎**本章复习思考题：**

1. 沟通的概念应如何理解？
2. 沟通的类型有哪些？
3. 沟通中的主要障碍有哪些？如何克服？
4. 如何提高个人的沟通技巧？

◎**章末案例：**

王毅今年 34 岁，在一家保险公司工作，由于工作出色，不久前，他被公司任命为索赔部经理，那是一个受到高度重视的部门。走马上任后，王毅了解到在自己谋求索赔部经理这一职位的同时，另外还有两名业务能力很强的同事（吴豪和苏丽）也曾申请过这个职位，他确信公司之所以任命他到这个位置，部分原因也是为了避免在两个有同等能力的员工中作出选择。王毅在索赔部的第一个月的业绩很不错，因此他对部门员工的素质及能力感到十分满意，而且吴豪和苏丽也表现得很合作。于是，王毅信心百倍地决定用培训员工及安装新计算机系统的计划来推动部门快速发展。然而当王毅提出这一计划时，苏丽却埋怨他在还没有完全了解部门运作程序前就这样干，显然有些操之过急。王毅认为苏丽可能还没有完全地接受他得到她想要的职位的事实，当吴豪来找王毅的时候，这一点似乎得到了证实。吴豪说，在面对所有即将到来的变革时要关注一下员工的士气，他甚至对王毅暗示说某些人正考虑要提出调任。尽管吴豪没有指名道姓，但王毅确信苏丽是问题的根源。因此，王毅一方面谨慎地制订新计划，另一方面对苏丽的言行保持一定的警觉。在日后的工作中，苏丽隐约地觉察到这位新上任的经理正在与她疏远，这使她陷入苦恼之中。

（资料来源：刑以群.管理学.高等教育出版社，2011.）

讨论：

王毅和苏丽的冲突在哪里？为什么？如果你是王毅、苏丽或是吴豪，你将如何做？

第十章 | 控　　制

☞学习目标：

通过本章的学习了解控制的含义、内容及意义；了解管理控制的几种基本类型；掌握控制的基本过程；学会运用控制的方法；知晓有效监控管理者的途径。

☞教学重点：

控制的类型；控制的基本过程；控制方法。

◎开篇案例

一年前，王华与几个同学一起创办了创业者社团，随着社会掀起的创业热，社团规模不断扩大。社团在开展活动方面总是出现一些意想不到的问题，这在一定程度上影响了社团成员的士气，社团发展前景不容乐观。

为了重振社团，王华带领社团争取到了校学生工作部创业策划大赛的承办权，准备为此大干一番。经过一周多的讨论，社团制订了本次活动的详细计划，王华按照该计划，安排了各部门的任务：

（1）实践部负责活动的组织和与各参赛队的联络。

（2）外联部负责邀请知名教授和企业家担任大赛评委。

（3）宣传部负责海报设计和网络宣传。

（4）办公室负责财务预算与支出管理。

就在王华认为一切都已安排就绪时，各种问题开始不断出现：

（1）实践部部长是个急性子，办事风风火火，在许多具体的比赛规则还没有通过集体讨论、向学工部汇报的情况下，就擅自拍板将比赛规则发送给了各参赛队。

（2）外联部邀请企业家遇到了困难，却一直没有及时向上反映，导致宣传海报迟迟不能定稿。

（3）办公室对各个部门花钱根本没加以控制，预算完全成了一张废纸。

而当王华发现这些问题的时候，已经到活动计划的开始时间。由于已对外发布此次活动，为了不影响社团的名誉，王华带领社团成员在校方的支持下开展了此次活动，但是在活动举办的过程中不少参赛队对于比赛规则提出了异议，最后决赛的评委数量、知名度和宣传效果也不尽如人意，支出与预算相比严重不符，而且整个活动由于组织不力延长了近半个月才收尾。

此次活动以后，王华一直在思考：为什么这次活动事先制订了计划，明确了各部门之间的分工，而且大家也确实比较投入，但最终还是出现了这么多问题？社团活动为什么又没有做好呢？

你认为问题到底出在哪里呢？

第一节 控 制 概 述

一、控制的含义和内容

（一）控制的含义

"控制"一词最初来源于希腊语的"掌舵术"，指领航者通过发号施令将偏离航线的船只拉回到正确的航向上来；在《辞海》中，"控制"是指："节制，掌握住，不使任意活动或越出范围。"因此，在早期以经验为基础的控制活动中，我们可以将控制理解为一艘船上的舵，它使组织朝着正确的方向行进，并不时地以工作业绩（在财务管理、生产运作与其他方面）的形式将组织的实际方位与预期的方位进行比较。控制为组织提供了一种机制，即在工作偏离可接受的范围时调整行进的路线。

作为一门理论体系，"控制"最初来自于工程技术系统，称为工程控制。自从维纳的控制论问世以来，控制理论和方法得到了迅速发展，并广泛应用于工程技术、生命机体、人类社会和管理系统等各类系统之中。

而在管理学史上，最早给控制下定义的是法国管理学家亨利·法约尔，他认为控制就是保证各项工作与已订计划相符合，与下达的指示以及确定的原则相符合，控制的目的在于找出工作中的缺点和错误，以便纠正并避免重犯。其他一些学者也对控制有着自己的理解：理查德·L.达夫特在《管理学原理》中指出，控制就是调节组织行为，使之与计划、目标和绩效标准相一致，是以某种标准衡量和改进现实工作的过程；弗莱蒙特·E.卡斯特在《组织与管理》一书中，指明控制是管理系统的一个运行阶段，目的在于监控绩效并提供用来调整目标与手段的反馈信息，在具有既定目标和工作计划的情况下，控制职能的含义是度量实际情况，传达协调组织活动的信息，使之向正确方向前进并实现前进中的动态平衡。

综上所述，本书将控制定义为：一种监督组织各方面工作，以保证组织实际运行状况与计划保持动态适应的过程，即对计划、组织、领导工作的进一步发展，以计划为依据、以组织为平台、以领导为途径，对工作过程所进行的动态管理。控制是管理功能循环中的最后一环，控制的有效与否，直接关系到管理系统能否在变化的环境中实现管理决策、计划的预期目标。

（二）控制的内容

控制的内容也被称为管理控制的对象，其规定了管理者需要控制什么，是管理控制的焦点与重心所在。控制是一个动态开放的系统，其可以通过改变自身输入参数来达到改变自身运行及输出的目的。在诸如企业这样的组织中，控制的内容可以是员工、机器设备、工艺流程与作业活动等。

根据管理学家斯蒂芬·罗宾斯的研究，将控制的内容归纳为如下几个方面：

1. 人员控制

组织目标需要企业员工来实现，为了使员工按照既定的计划工作，就必须对人员进行相应的管理控制。一方面，通过直接巡视的方法，及时发现存在的问题并进行纠正；另一方面，通过绩效评估，对员工进行系统的评估，做到奖惩分明，绩效良好的员工给予奖励，绩效较差的员工帮助其及时纠偏。

2. 财务控制

对组织进行财务控制是保障企业正常运营、获取利润的关键。通过审核各期财务报表可以保证企业拥有的现金存量、负债水平在企业可以承受的范围之类以及有效利用各项资产等，因此，可以说对财务的控制是组织一项重要的管理控制。

3. 作业控制

组织中的作业是指从劳动力、原材料等物质资源到最终产品和服务的转换过程。通过对作业进行控制，可以评价并提高作业的效率与效果，从而达到提高产品或服务的质量的目的。

常用的作业控制方法包括：（1）生产控制，即监督生产活动以保证其按计划进行；（2）质量控制，即监督组织的产品或服务的质量；（3）库存控制，即评价购买能力，以尽可能低的价格购进质量和数量符合组织需要的原材料；（4）维护控制，即对组织生产所使用的设备进行良好的维护，保证生产的顺利进行。近年来，也出现了诸如全面质量管理、准时化生产方式、精益生产等新的作业控制技术和工具。

4. 信息控制

现代技术高速发展的今天，人类已完全步入了信息社会，对于组织来说，信息在其运行中的地位越来越重要，无效的、残缺的、延迟的信息都会影响组织运行的效率，因此，对信息的控制在现代组织中显得尤为重要，以保证为组织和管理者提供及时、充分、可靠的信息，提高组织的运行效率。

5. 组织绩效控制

组织绩效控制指标是反映组织效能的一系列指标，其不仅仅是组织管理者重点关心的问题，也受到组织外部人员的密切关注。比如潜在的投资者、贷款者、供应商与证券分析师等。

常用的组织绩效控制指标包括：劳动生产率、市场占有率、产量、员工稳定性等，但这些单一的指标都不足以全面衡量组织的绩效，合理的方法应该是通过一套较为完整的指标体系来进行衡量，比如平衡记分卡与标杆学习法。

二、控制的意义

哈佛大学教授罗伯特·西蒙斯认为："今天的管理者所要面对的一个基本问题是怎样在要求具备灵活性、革新精神和创造力的公司中实施足够的控制。在不断变化、高度竞争的市场中，大多数公司的管理者不可能把所有的时间和精力都用来确保每个人都在做预期的工作。有人认为管理者只要启用不错的员工、调整激励手段，并且抱有最好的希望就能实现良好的控制，这种想法也是不现实的。现在的管理者必须鼓励员工主动改进现有的方法和创造新的方法来对客户需求做出反应，但是这些又必须以一种受控的方式进行。"

从西蒙斯关于现代组织控制的见解中不难发现，控制是一项重要的管理职能，任何组织、任何活动都需要控制。控制不仅意味着使组织按预定的计划运作，还意味着预测可能发生的事件，使员工具有积极性，能全力以赴地解决组织所面临的重要问题，以帮助组织获得更好的绩效。控制贯穿于管理活动的整个过程，因此，在现代组织管理中，控制具有重要的意义。

1. 应对多变的内外部环境

现代企业面对的并非一个完全静态的市场，而是一个处于不断变化的动态环境中，影响企业活动的各种因素，诸如市场供求、产业结构以及技术水平等都处于变化中，在计划实施的过程中，组织内外部环境是复杂多变和不确定的。而通过有效控制，组织可以及时了解内外部环境变化的程度和原因，保证组织目标、计划更好地实现。

2. 处理分散的管理权力

当企业经营达到一定规模后，时间与精力限制了企业主管们直接、面对面地组织和指挥全体员工，此时需要高层主管们下放一些权限给助手，因此，企业的管理权限都制度化或非制度化地分散在各个管理部门和层次。控制活动可以帮助主管们定期或非定期地检查直接下属的工作，保证授予下属的权力得到正确地利用，使得这些业务活动符合企业目的与要求。

3. 纠正管理中的错误

任何组织在发展过程中都不可避免地出现失误和错误，认识并纠正错误是管理水平提高的重要标志，也是组织发展的必要前提。通过控制活动的管理，即施行检查，管理者可以及时发现失误，分析偏差产生的原因，明确管理中出现的问题，从而及时采取纠偏措施，推动工作不断前进。

4. 提升组织的竞争力

一个组织要在竞争中脱颖而出，就必须在运营效率、产品和服务的质量、对顾客的响应、创新等方面有出色的表现。而管理者要提升运作效率，就必须掌握企业利用资源的现状，准确地评估组织已有的生产或服务效率。也正因为通过控制系统获得了信息反馈，一个组织才能不断改进产品的质量，从而在竞争中脱颖而出；通过对员工绩效的评估，管理者可以有针对性地指导员工更好地为顾客服务，并实现自身的不断成长；而当一个组织拥有一个有效的控制系统时，就可以加大对员工的创新授权，推动组织内部的创新活动。

由此可见，控制是将管理过程连接成一个有机整体的重要管理职能。一个企业就好比一艘行驶在风浪中的船只，正确的计划就像一张航行图，指明了前进的方向；有效的组织和领导就是航行的动力保障；而完善的控制就像舵手一样不断调整航向和航速，使之能够战胜各种风浪和险阻，最终到达成功的彼岸。

三、控制的类型

在实际的管理活动中，会出现各种偏差问题，通过运用控制职能，可以消除工作中的偏差，例如，合理安排消除偏差的人员、在什么时间消除偏差以及怎样消除偏差。由于不同的偏差具有不同的产生原因，因此进行控制工作也有多种方式，对复杂多变的控制方式进行类型划分，可以了解不同控制类型的作用特征，帮助组织构建合理的控制机制，从而达到提高控制工作效率的目的。

（一）按照控制的主体分类

对工作状况的控制最终是通过基层员工的努力来实现的，从工作控制的主体性来分析，其包括外部控制与内部控制两种类型。

1. 外部控制

其控制源来自工作者之外，通过改变组织成员的工作情境以达到控制目的，外部控制是组织控制最基本的方式。

工作状况的异常情况常与特定的情景因素有关，找出这些情景因素并进行相应处理，就可以达到改进工作、消除异常情况的目的。外部控制的特点主要表现在如下几个方面：

（1）将工作情境与工作本身相匹配。外部控制的重要工作就是通过改变组织中的工作情境，以此达到改进员工工作状况，使组织成员能更有效地开展工作的目的。这里所指的工作情境包括与工作相关的环境、资源等条件。

（2）依托科层结构进行资源调配。一般来说，在正式的组织中，管理者需要通过职权界定来实现资源调配。具有一定职位的管理者才有权力按照制度规定进行资源调配，并且其所处的管理层级越高，所拥有的资源调配权力就越大，能够进行控制的范围才会越广。所以说，外部控制常常以科层制管理的方式呈现出来，即每位员工的上级就是自己工作状况的控制者。

（3）立足于员工既有能力及素质。外部控制并不是通过提高员工能力和素质来达到改进工作状况的目的，而是立足于员工既有的工作能力及业务素质，通过实施相应的奖惩措施来充分发挥和利用员工的能力和素质，以此改进工作状况。

简而言之，外部控制的主要特征就是以组织机构作为控制主体，将员工能力及素质当做既定条件，把工作情境作为变量，通过调整工作情境来达到改进工作状况的目的。而有效外部控制的关键就在于，采取一定的奖惩措施，将工作条件、工作行为及工作成效有机联系起来。

2. 内部控制

其控制源来自工作者自身，是指组织成员通过自身努力以达到改进工作状况的目的。异常工作状况的出现与员工努力的方式息息相关，员工通过调整自我努力的方式，可以达到改变异常工作情况的目的。内部控制的特点主要表现在以下几个方面：

（1）充分利用工作条件。内部控制的重点在于改变工作者自身，即充分利用工作条件来达到改善工作状况的目的。通过员工的主观努力，使其能自觉行动，合理利用各种资源，以此促进工作目标的实现。

（2）促进员工能力及素质不断提升。员工在工作方式、工作技术与方法、工作目标和态度等方面的持续改进，将会产生累积效果，使得自身的能力和素质产生变化、不断提高。内部控制的作用不仅仅在于发挥员工的主观能动性，而且在于通过这种自觉努力的方式，使员工在改善工作状况的同时不断提升自身能力和素质。

（3）行为动机与组织目标相一致。在实际情况下，每一个员工都有改变自身状况的愿望和要求，并在此情境下采取一定的行动，但以何种方式、在什么时间、采取怎样的行动是各不相同的。而组织环境的塑造可以帮助形成和强化这种行为动机，与外部控制不同的是，在内部控制中，组织环境的塑造主要表现在文化氛围的塑造方面，重点聚焦于影响员工行为动机，使其理解和接受组织目标，并产生为此目标而努力的行为动力，因此，进行内部控制的环境塑造时，员工的主体状况是改变的对象而非前提。

简而言之，内部控制的主要特征就是以员工为控制主体，将工作环境与条件当做既定前提，把工作能力和动力作为变量，通过调整变量——工作能力和动力来达到改善工作状况的目的。而有效实施内部控制的关键就在于理解和认同组织的目标，并将工作条件、工作努力与工作成效有机联系起来。

（二）按照控制的机理分类

按照控制机理来进行分类时，有两种相近的分类方法。

1. 依据偏差事件的先后关系分类

控制方法按照其控制点的不同进行分类时，包括：

（1）事前控制。事前控制即一个组织在一项活动正式开始之前所进行的管理努力，其目的在于保证活动有明确的绩效目标，保证各种资源要素的合理投放。

（2）事中控制。事中控制即在某项活动或工作进行过程中的控制，其目的在于及时处理例外情况、纠正工作中发生的偏差。

（3）事后控制。事后控制即发生在行动或任务终了之后，关注组织的产出，其目的在于根据实际工作绩效的评价，为今后的事前控制及事中控制打下基础。

在管理实践中，大多数企业会综合运用这三种控制类型，保证控制的有效性，表 10-1 是事前控制、事中控制和事后控制在一个啤酒厂中应用的实例。

表 10-1　　　　　　　事前控制、事中控制和事后控制在啤酒厂中的应用

控制类型	核心问题	啤酒生产例子
事前控制	在工作正式开始前应做哪些必要的事情	为保证质量，对所有啤酒生产所需的配料进行筛选，并制定出质量控制计划和标准
事中控制	在工作进行过程中应做什么以改进绩效	对整个发酵过程进行控制，以保证达到适当的发酵比
事后控制	工作完成的质量如何	批量酿造出来的啤酒在最终装瓶前应按质量控制标准进行检测以确保质量

2. 依据控制信息流向关系分类

根据控制信息获取的过程可以将管理控制划分为：

（1）前馈控制。与事前控制基本上是同一个概念，是一种防患于未然的控制类型。进行前馈控制一方面是要检查组织能否筹措到在质量上符合计划要求的各类资源，另一方

面是要检查已经或即将筹措到的资源经转换后能否符合要求。

（2）现场控制。与事中控制基本上是同一个概念，也称为同步控制或同期控制。现场控制主要完成两项职能：

①监督职能，是指按照预定标准检查正在进行的工作，以保证实现目标。

②指导职能，是指管理者针对工作中出现的问题以及自己的经验指导下属改进工作，或与下属共同商讨矫正偏差的措施，帮助员工正确完成工作任务。

（3）反馈控制。与事后控制基本上是同一个概念，这种控制偏重在工作或行为的结果上，通过对已经形成的结果进行测量、比较与分析，发现偏差情况，依此采取措施，纠正日后的活动。

这种按照信息流向的关系进行分类的方法能够比较好地反映管理控制系统结构和原理的分类方式，较多学者都是按照此种划分方法对控制进行分类研究的，三者之间的关系如图 10-1 所示。

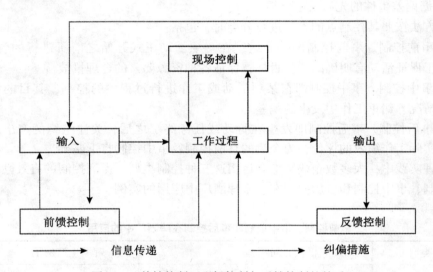

图 10-1　前馈控制、现场控制与反馈控制的关系

（三）按照控制性质分类

按照控制性质进行分类时，主要有预防性控制和纠正性控制两种类型。

1. 预防性控制

预防性控制是指在事情发生之前所进行的管理努力。采取预防性控制是为了避免产生错误，尽量减少后续工作的纠正活动，防止时间、物质、人力等其他资源的浪费。

组织在设计预防性控制措施时，要有良好的监控机构保证被设计的预防性的相关措施能有效应用。一般而言，规章制度、工作程序、上岗培训等都起着预防控制的作用。在设计预防性控制措施时，人们所遵循的原则都是为了更有效地实现组织目标，但要使这些预防性的规章制度等能真正被遵从，还要有良好的监控机构加以保证。使用预防性控制，要求对整个活动的关键点有比较深刻的理解，能事先预见到问题并提出相应的应对措施。

2. 纠正性控制

纠正性控制是指在事情发生之后所进行的管理上的努力。在实际管理工作中，纠正性控制使用得更普遍。采用纠正性控制往往是由于管理者没有预见到问题，其目的是，当出现偏差时采取措施使行为或活动返回到事先确定的或所希望的水平。

（四）按照控制方式分类

按照控制时所采用的控制方式划分，可将管理控制分为如下三种类型：

1. 集中控制

集中控制是指在组织中建立一个控制中心，由它来对所有的信息进行集中统一的加工、处理，并由这一控制中心发出指令，操纵所有的管理活动。如果组织的规模和信息量不大，且控制中心对信息的取得、存储、加工的效率及可靠性都很高，采用集中控制的方式有利于实现整体的优化控制。企业中的生产指挥部、中央调度室都是集中控制的例子。

2. 分散控制

当组织的规模和信息量极大时，可采取此种控制方式。分散控制对信息存储和处理能力的要求相对较低，且容易实现；由于反馈环节少，因此反应迅速、时间滞留短、应变能力强。分散控制的最大特点在于，即使个别控制环节出现了失误，也不会引起整个系统的瘫痪。

3. 分层控制

分层控制是一种把集中控制和分散控制结合起来的控制方式。在分层控制中，要特别注意防止缺乏间接控制，自觉不自觉地滥用直接控制，并多层次地向下重叠实施直接控制的弊病。分层控制的特征主要表现在：

①各子系统都具有相互独立的控制能力和控制条件，从而有可能对子系统的管理实施独立的处理。

②整个管理系统分为若干层次，上一层次的控制机构对下一层次各子系统的活动进行指导性、导向性的间接控制。

（五）按照控制层次分类

按控制层次可将管理控制分为三类。

1. 战略控制

战略控制是指以高层战略规划为控制目标，以中层战术管理为控制对象的管理控制活动。

2. 战术控制

战术控制是指以中层战术计划为控制目标，以基层作业管理为控制对象的管理控制活动。

3. 作业控制

作业控制是指以基层作业计划为控制目标，以执行层作业活动为控制对象的管理控制活动。战略控制、战术控制和作业控制三个层次的控制既有分工又有联系，较低层的控制是较高层控制的基础，并应服从于较高层的控制措施。

第二节 控 制 过 程

无论控制的对象是新技术的研究与开发，还是产品的加工制造，抑或市场营销宣传，是企业人力资源、财务资源，还是物质资源，大多数控制活动都按照三个基本过程展开，即确立控制的标准、衡量实际工作绩效、纠正偏差。

一、确立控制的标准

控制活动始于标准的建立，标准是衡量实际与预期工作成果的尺度与准绳。标准来源于组织计划，但又和组织计划相区别。控制标准是从一个完整计划中遴选出的对工作成果的衡量具有重要意义的关键点，是控制过程的基础。没有标准，控制就成为了没有目的的行动，衡量绩效或纠正偏差也就失去了客观依据。

（一）确定控制对象

进行控制活动，首先要解决"控制什么"的问题。组织活动的目标应该成为控制的重点对象，因此，必须分清企业经营与管理中哪些事物是需要加以控制的目标。一般情况下，管理者应对影响组织工作成效的全部因素进行控制，但受到资源条件、管理者能力等诸多方面的限制，最实际的做法就是对影响组织目标实现的重点因素进行控制。为了保证企业取得预期的成果，必须在成果最终形成以前进行控制，纠正那些与预期成果要求不符的活动，需要对影响预期成果形成的各种因素进行分析。

1. 环境特点及其发展趋势

企业在特定时期的经营活动是根据决策者对经营环境的认识和预测来计划和安排的。如果预期的市场环境没有出现，或者企业外部发生了某种无法预料和无法抗拒的变化，那么原来计划的活动就可能无法继续进行，从而难以为组织带来预期的结果。因此，制订计划时所依据的对经营环境的认识应作为控制对象，列出"正常环境"的具体标志或标准。

2. 资源投入

企业经营成果是通过对一定资源的加工转换得到的。没有或缺乏这些资源，企业经营就会成为无源之水、无本之木。投入的资源，不仅会在数量和质量上影响经营活动的按期、按量、按要求进行，从而影响最终的物质产品，而且其取得费用会影响生产成本，从而影响经营的盈利程度。因此，必须对资源投入进行控制，使之在数量、质量以及价格等方面符合预期经营成果的要求。

3. 组织活动

投入生产经营中的各种资源不可能自然形成产品。企业经营成果是通过全体员工在不同时间和空间，利用一定技术和设备对不同资源进行不同内容的加工劳动才最终得到的。

企业员工的工作质量和数量是决定经营成具的重要因素，因此，必须使企业员工的活动符合计划和预期结果的要求。为此，必须建立明确的工作规范，以及衡量各部门和各员工在各个时期的阶段成果的标准，以便对他们的活动进行控制。

需要根据具体情况来确定上述各影响因素中哪些才是管理控制工作的重点。比如，在工作成果较难衡量而工作过程也难以标准化、程序化的高层管理和创新性活动中，工作者的素质和技能是主要的控制对象；而在工作方法或程序与预期工作成果之间有比较明确或固定关系的常规性活动中，工作过程本身就是主要的控制对象。

（二）选择关键控制点

确立控制标准的过程，实际上是寻找关键控制点并明确工作标准的过程。

1. 关键控制点

在简单的经营活动中，管理者可以通过亲自观察所进行的工作来实行控制，然而在绝大多数的经营实践中，经营活动本身的复杂性以及管理者能力的限制使得这种控制方式不可行。管理者必须选择需要特别关注的地方，以此确保整个工作计划能按既定要求执行。这种需要特别关注的地方是关键性的，要么是经营活动中的限制因素，要么是能比其他因素更清楚地体现计划实施效果的因素。

因此，这种需要特别关注的地方，被称为关键控制点，是指有效控制要求关注的那些关键因素，并以此对业绩进行控制。企业控制住了关键控制点，实际也就控制了全局。

2. 关键控制点的种类

关键控制点的种类是依据控制标准来进行划分的。

（1）实物标准

实物标准是非货币形式的衡量标准，普遍使用于基层单位。这类标准可以反映在任务或工作的数量方面，也可以反映在任务或工作的质量方面。比如，单位产量工时和所耗用的燃料数、每日门诊的病人人数、每日产品的销售量、服装颜色的牢固度、材料的硬度等。因此，从某种意义上讲，实物标准是计划工作的基石，也是控制的基本标准。

（2）费用标准

费用标准是货币形式的衡量标准，是以货币价值来衡量因作业造成的消耗，适用于基层单位。比如，单位产品的原材料成本、单位面积的土地使用成本等。

（3）资金标准

资金标准是费用标准的变种，是用货币来计量实物项目而形成的。资金标准与投入企业的资金有关，与经营费用无关，对于新的投资和综合控制来说，投资报酬率被应用得最广泛。流动比率、资产负债率、固定投资与总投资的比率、速动比率、短期负债或债券与股票的比率以及存货周转率和存货规模的大小等也是资金标准。

（4）收益标准

收益标准是销售额的货币价值形式。比如，每股收益、每名顾客的平均购货额等。

（5）程序标准

在评估计划的执行情况时，有时需要运用一些主观判断。计划中规定的时间安排或其他因素通常被作为客观的判断标准。比如，管理人员编制的可变动预算方案、新产品开发计划或提高员工素质的计划等。

（6）无形标准

无形标准指不能用数量来衡量的标准。有些问题要建立清晰的定量和定性的标准是非常困难的，比如，员工对组织的忠诚度、下属人员的道德与能力等。在任何一个组织中，都存在着许多无形标准，这是因为对于一些工作的预期成果还缺乏具体的研究，因此，在这种情况下，主观判断、反复试验，有时甚至是纯粹的直觉便成为衡量的依据。

（7）指标标准

在一些管理出色的组织中，上级通过设置一系列的指标来实施对下属的管理。通过对组织内部复杂的计划与管理人员业绩的研究，有可能确定一些指标作为控制的依据，这些指标的使用使得控制领域得到了较大的发展。比如，年度销售指标、市场占有率指标、利润指标等。

3. 影响关键控制点的因素

（1）影响整个工作运行过程的重要操作与事项。

（2）能在重大损失出现之前显示出差异的事项，这一点意味着，并不是所有重要的问题都作为控制的关键点，通常情况下，管理者应该选择那些易检测出偏差的环节进行控制，这样才有可能对问题做出及时、灵敏的反应。

（3）要选择若干能反映组织主要绩效水平的在时间与空间上分布均衡的控制点，因为关键控制点数量的选择应足以使管理者对组织总体状况形成一个比较全面的把握。

良好的控制来源于关键控制点的正确选择，因而这种选择或决策的能力也就成为判断管理者控制工作水平的一个重要标准。在选择关键控制点的过程中，管理者可以对自己提出下列问题：什么是最好地反映本组织状况的指标？在计划目标未实现时，什么信息能让我最快、最准确地了解工作进展情况并且找出问题所在？谁应该对失误负责？等等。

（三）制定标准的方法与要求

1. 制定标准的方法

一般情况下，常用的制定标准的方法主要有三种：

（1）采用历史性标准

历史性标准即统计性标准，是以分析企业经营各个历史时期状况的数据为基础，为未来活动建立的标准，这些统计数据可能来自于本企业内部，也可能来自于其他企业。

优点：利用企业的历史性统计资料为某项工作制定标准，简便易行。

缺点：根据这些资料制定的标准可能低于同行业的先进水平，甚至是平均水平，最终使得企业的经营成果和竞争能力低于竞争对手。

因此，在采用这种方法制定控制标准的时候，需要充分考虑行业的评价水平，研究竞争企业的经验。

（2）依据专家的经验与判断建立标准

在实际情况中，并不是所有工作的质量和成果都能用统计数据来表示，也不是所有企业活动都保存有历史统计数据。对于新从事的工作、统计资料缺乏的工作，可以依据专业人员的经验、判断和评估来建立控制标准。

在利用这种方法来建立工作标准的时候，要注意利用各方面人员如老职工、技术人员、管理人员的知识和经验，在充分了解情况、收集意见的基础上，科学综合各方判断，制定出相对合理的标准。

（3）采用工作标准

工作标准即工程标准，是通过对工作情况进行宏观的定量分析来制定的。比如，机器的产出标准是设计者计算出的在正常情况下的最大产出量；工人的操作标准是劳动研究人员在对构成作业的各项动作和要素的客观分析的基础上，经过消除、改进和合并而确定的标准；劳动时间定额是利用秒表测定的受过训练的普通工人以正常速度，按照标准操作方法对产品或零部件进行某个（些）工序的加工所需的平均必要时间。严格来讲，工作标准也是一种利用统计方法来制定的控制标准。

奉行"质量优良、服务周到、清洁卫生、价格合理"宗旨的麦当劳公司，为确保其经营宗旨得到贯彻，制定了可度量的如下几条工作标准：95%以上的顾客进餐馆后三分钟内，服务员必须迎上前去接待顾客；事先准备好的汉堡必须在五分钟内热好并供应给顾客；服务员必须在就餐者离开后五分钟内把餐桌打扫干净。

2. 制定标准的要求

制定标准是一个过程，要想科学制定控制标准，应满足以下几个方面的要求：

（1）便于对各部门工作进行衡量

当出现偏差时，能找到相应的责任单位，控制标准的制定要方便对组织各部门的工作进行衡量。例如，进行成本控制，不仅要规定总生产费用，而且还要按成本项目规定标准，为每个部门规定相应的费用标准。

（2）有利于组织目标实现

建立的控制标准要有利于组织目标的实现，因此，对每一项工作的衡量必须有具体的时间幅度、衡量内容与要求。

（3）与未来发展紧密结合

制定的控制标准要与未来的发展相结合。例如，当企业生产了某种产品后，就要密切注意产品的销售量，并考虑是长期发展这种产品，还是要等到时机成熟再大量生产。

（4）体现一致性与公平性

建立的控制标准应尽可能体现一致性。管理工作中制定出来的控制标准实际上就是一种规章制度，它反映了管理人员的愿望，也为人们指明了努力的方向。控制标准应是公平的，如果某项控制标准适用于每个组织成员，那么就应该一视同仁。

（5）具有一定弹性和可实现性

建立的标准应该具有一定的弹性，要能适应一定的环境变化，面对特殊情况可以做到特殊处理。

再者，控制标准的建立必须考虑到工作人员的实际情况，包括他们的专业技能与使用的设备等。标准制定要具有可实现性，是员工通过努力可以达到的。

二、衡量实际工作绩效

确定了控制标准以后，接下来要进行的控制工作就是对实际工作情况与标准进行比较，衡量绩效。衡量实际的工作绩效其实也是控制当中信息反馈的过程，因此，管理者首先需要收集必要的信息，考虑衡量什么以及如何衡量。这样做的目的一是要反映出计划的执行过程，使管理者了解到哪些部门、哪些员工的成绩显著，以便对其奖励；二是要使管理者及时发现那些已经发生或预期将要发生的偏差。

（一）衡量的项目

管理者应该针对决定实际工作成效好坏的重要特征进行衡量，但实际中容易出现一种趋向，即侧重于衡量那些易于衡量的项目，而忽视那些不易衡量的、较不明显但实际相当重要的项目。实际衡量应该围绕构成好绩效的重要特征来进行，而不能够偏向那些易于衡量的项目。

确定衡量的项目，实际上就是确定衡量对象，即衡量什么，管理者衡量什么在很大程度上决定员工追求什么。如果有了恰如其分的标准以及准确测定下属工作绩效的手段，那么对实际或预期的工作进行评价就比较容易。

有些控制准则是在绝大多数管理环境中都可以通用的。诸如，营业额或出勤率可以考核员工的基本情况，费用预算可以控制管理者的办公开支，但是由于控制系统中管理者的多样性，控制的标准也各不相同。例如，一个制造业工厂的经理可以用每日的产量、单位产品所消耗的工时及资源、顾客退货率等来衡量；一个政府管理部门的负责人可用每天起草的文件数、每天发布的命令数、电话处理一件事务的平均时间等来进行衡量；销售经理可以用市场占有率、每笔合同的销售额、下属的每位销售员拜访的顾客数来进行衡量等。

（二）衡量的方法

衡量实际的工作绩效，首先需要收集反映实际运行状态的信息，然后才能通过对这些信息与标准进行比较确定是否存在偏差，因此，衡量绩效实质上就是信息的收集与处理过程。

管理者在实际工作中可以采用如下几种方法来收集信息。

1. 亲自观察

亲自观察能为管理者提供有关实际工作的第一手的、未经他人过滤的信息，其覆盖面广，因为各种工作活动都能被观察，这给管理者提供了寻查隐情的机会，帮助管理者获得其他来源遗漏的信息并及时地解决问题，而走动管理是亲自观察的一种典型方法。

走动管理的基本思想是领导者通过深入基层、自由接触员工，进而在企业内部建立起广泛的、非正式的、公开的信息沟通，体察民情，沟通意见，共同为企业目标而奋斗。一个运转有效的企业，其领导者很少坐在办公室里发号施令，而是深入现场和基层，发现问题，解决问题。这种新型的领导方式不仅会极大地提高管理的效率，而且会极大地促进上下级之间的思想交流和感情联系，有利于提高全体组织成员的士气，促进组织目标的实现。

亲自观察也有其局限性，当衡量活动所需的信息量很大时，亲自观察需要花费大量的时间和精力，易受个人偏见的影响，不同的观察者对同一事件可能会形成不同的印象，而且这种方式如果不能被员工正确理解，则会招致员工的抵触。

2. 统计报告

目前，计算机在组织中的广泛应用使得管理者越来越多地依赖统计报告来衡量实际工作。统计报告能提供大量的数据、图表，这些资料不仅一目了然，而且能显示出各项指标之间的相互关系。

这种方法的应用价值受两个因素制约：一是真实性，即统计报告所采集的原始数据是否准确，使用的统计方法是否恰当，管理者常常难以判断；二是全面性，即统计报告中是否全部包括了工作衡量的重要方面，是否遗漏或掩盖了其中的一些关键点，管理者也难以确定。

3. 口头报告和书面报告

绩效信息可以通过口头报告，比如，通过面对面或电话交谈获得。这种方法的优缺点与亲自观察法相似。它能较为快捷地带来反馈信息，并能借助表情、声调、言语等加深管理者对信息的理解。而书面报告比口头报告更为正式与精确，它比口头报告更为综合、简洁，且易于归档、便于查找。

4. 召开会议

召开会议，可以让各部门主管汇报各自的工作及遇到的问题，这既有助于管理者了解各部门的工作情况，又有助于加强部门间的沟通和协作。

5. 抽样调查

抽样调查是从整批调查对象中抽取部分样本进行调查，并把结果看成是整批调查对象的近似特征。这种方法可以节省调查成本及时间。例如，随机抽取几件产品来检查成批产品的质量；找几位车间成员谈话，了解整个车间的情况等。

组织中会存在很多无法直接测量的工作，只能凭借对某些现象进行推断来获取信息。比如，从员工合理化建议的增多可以推断企业民主化管理有所增强；员工工作热情降低可能是管理工作不当所致。在实际的管理控制中，应综合利用不同的方法来衡量工作绩效。

值得注意的是，选取上述方法来对工作进行衡量时，要特别注意所获取信息的质量问题，信息质量主要体现在以下四个方面：

第一，准确性。即所获取的用以衡量工作的信息应能客观地反映现实，这是对其最基本的要求。

第二，及时性。即信息的加工、检索和传递要及时，过分拖延的信息将会使衡量工作失去意义，从而影响整个控制工作的进行。

第三，可靠性。即要求信息在准确性的基础上保证完整性，不因遗漏重要信息而造成误导。

第四，适用性。即应根据不同管理部门的不同要求提供不同种类、范围、内容、详细程度、精确性的信息。

（三）有效衡量

在实际的管理活动中，工作绩效的衡量不仅仅是收集信息并进行比较分析的过程，还需要保证绩效的衡量更加有效，以便能更好地为管理者服务。因此，要提高衡量绩效的有效性，可以从以下几个方面来考虑：

1. 运用预警指标

所谓预警指标是指能够预示可能出现的较大问题的一些因素。比如，生产车间发生较多的事故可能预示着工作条件的恶化或是工人出现了不满情绪；产品返工数量的增加可能预示着质量控制有缺陷或是生产组织不合理等。可见，充分利用预警指标就可以及时发现在实际工作中潜藏的一些问题，如果能及早解决就可以避免发生较重大的问题。

值得注意的是，对于预警指标的使用应该建立在经过认真分析的基础上，因为有时引起指标变动的因素可能不是企业内部的，而是企业无法控制的外部因素。例如，某企业的新客户减少了，原因既可能是市场拓展投入不够，也可能是市场竞争加剧，因而，需要进一步分析才能最终确定。

2. 确定合适的衡量频度

衡量的频度是指一段时间内对同一控制对象衡量的次数，通俗地说就是间隔多长时间衡量一次绩效，是每时、每日、每周衡量，还是每月、每季度或每年衡量？是定期衡量还是不定期衡量？当然，对不同的衡量项目，衡量的频度可能不一样。有效的控制要求确定适宜的衡量频度。对控制对象或要素的衡量频度过高，不仅会增加控制的费用，而且还会引起有关人员的不满，也影响他们的工作态度；但是衡量的次数过少则有可能造成许多重大的偏差不能被及时发现和纠正。

因此，衡量频度过大或者过小都会影响衡量的有效性。一般来说，适宜的衡量频度取决于被控制活动的性质、控制活动的要求，如果控制对象处于不稳定状态，或是控制要求较高时，则衡量频度就应该相对高些；而当控制对象处于稳定状态，或是控制要求较低时，则衡量频度就应该相对低些。例如，对产品质量的控制常常需要以小时、日等较小的时间单位来进行，而对新产品开发活动的成绩可能需要以月或更长的时间单位来衡量。

3. 及时处理衡量结果

当衡量结果出来以后，及时处理也是对衡量绩效有效性的重要保证。一般而言，衡量结果应该立即送达有权对偏差做出纠正决策的负责人手中，便于其及时采取措施；同时，还应该及时通知被控制对象的直接负责人以及相关的服务或配套部门，便于纠正措施能够较好地得到执行。

4. 建立信息反馈系统

担负控制责任的管理者只有及时掌握反映实际工作与预期工作绩效之间偏差的信息，才能迅速采取有效的纠正措施。然而，并不是所有衡量绩效的工作都是由主管直接进行的，有时需要借助专职的检测人员。因此，应该建立有效的信息反馈网络，使反映实际工作情况的信息适时地传递给适当的管理人员，使之能与预定标准相比较，及时发现问题。这个网络还应能及时将偏差信息传递给被控制活动有关的部门和个人，以使他们及时知道自己的工作状况以及需要怎样做才能更有效地完成工作。建立这样的信息反馈系统，不仅更有利于保证预定计划的实施，而且能防止基层工作人员把衡量和控制视做上级检查工作、进行惩罚的手段，从而避免产生抵触情绪。

三、纠正偏差

对实际工作进行衡量之后，就应该将衡量结果与所建立的标准进行对比分析，通过比较确定实际工作绩效与标准之间的偏差，即利用科学的方法，依据客观的标准，对工作绩效进行衡量，发现计划执行中的偏差，并分析偏差产生的原因，从而制定和实施必要的纠正措施。

纠正偏差的工作使得控制过程得以完善，并将控制与管理的其他职能相互联结：通过纠偏，使组织计划被遵循，使组织结构和人事安排得到调整，使领导活动更加完善。

（一）找出偏差产生的主要原因

纠正措施的制定是以偏差原因的分析为依据的，因此，必须花费时间、人力和物力找出产生偏差的真正原因。例如，同一偏差可能由不同的原因造成：销售利润下降既可能是因为销售量降低，也可能是因为生产成本提高。销售量的降低既可能是因为市场上出现了技术更加先进的新产品，也可能是由于竞争对手采取了某种竞争策略，或是企业产品质量下降；生产成本的提高既可能是由于原材料、劳动力消耗和占用数量的增加，也可能是由于购买价格的提高。不同的原因要求采取不同的纠正措施。为此，要通过评估反映偏差的信息和对影响因素的分析，透过表面现象找出造成偏差的深层原因，在众多的深层原因中找出最主要的方面，为纠偏措施的制定指出方向。

实际中并非所有的偏差都可能影响企业的最终结果。有些偏差可能反映了计划制订和执行工作中的严重问题，而另一些偏差则可能是一些偶然的、暂时的、区域性因素引起的，从而不一定会对组织活动的最终结果产生重要影响。因此，在采取任何纠正措施以前，必须首先对反映偏差的信息进行评估和分析。首先，要判断偏差的严重程度，是否足以构成对组织活动效率的威胁，是否值得去分析原因，采取纠正措施；其次，要探寻导致偏差产生的主要原因。

（二）确定纠偏措施的实施对象

需要纠正的可能不仅是企业的实际活动，也可能是组织这些活动的计划或衡量这些活动的标准。大部分员工没有完成劳动定额，可能不是由于全体员工的抵制，而是定额水平太高；承包后企业经理的兑现收入可高达数万元、甚至数十万元，可能不是由于经营者的努力数倍或数十倍于工人，而是由于承包基数不恰当或确定经营者收入的挂钩方法不合理；企业产品销售量下降，可能并不是由于质量劣化或价格不合理，而是由于市场需求的饱和或周期性的经济萧条等。在这些情况下，首先要改变的不是或不仅是实际工作，而是衡量这些工作的标准或指导工作的计划。

预定计划或标准的调整是由两种原因决定的：一是原先的计划或标准制订得不科学，在执行中发现了问题；二是原来正确的标准和计划，由于客观环境发生了预料不到的变化，不再适应新形势的需要。负有控制责任的管理者应该认识到，外界环境发生变化以后，如果不对预先制订的计划和行动准则进行及时的调整，那么，即使内部活动组织得非常完善，企业也不可能实现预定的目标。如消费者的需求偏好转移，这时，企业的产品质量再高、功能再完善、生产成本和价格再低，仍然不可能找到销路，不会给企业带来期望中的利润。

（三）选择适当的纠偏措施

在选择和实施纠偏措施时首先要注意以下几个方面：

1. 双重优化纠偏方案

纠正偏差，不仅在实施对象上可以进行选择，而且对同一对象的纠偏也可采取多种不同的措施。所有这些措施，其实施的经济性都应优于不采取任何行动。有时最好的方案也许是不采取任何行动，如果行动的费用超过偏差带来的损失的话。这是纠偏方案选择过程中的第一重优化。第二重优化是在此基础上，通过对各种经济可行方案的比较，找出其中追加投入最少、解决偏差效果最好的方案来组织实施。

2. 充分考虑历史因素

对客观环境认识能力的提高，或者客观环境本身发生了重要变化而引起纠偏需要，可能会导致原先计划与决策的局部甚至全局的否定，从而要求企业活动的方向和内容进行重大调整。这种调整有时被称为"追踪决策"。追踪决策的经营环境或内部的经营条件已经由于初始决策的执行而有所改变，是"非零起点"。因此，在制订和选择追踪决策的方案时，要充分考虑到初始决策的实施已经消耗的资源以及这种消耗对客观环境造成的种种影响。

3. 消除疑虑

任何纠偏措施都会在不同程度上引起组织的结构、关系和活动的调整，从而会涉及某些组织成员的利益。不同的组织成员会因此而对纠偏措施持不同态度，特别是纠偏措施属于对原先决策和活动进行重大调整的追踪决策时。虽然一些原先反对初始决策的人会幸灾乐祸，甚至夸大原先决策的失误，反对保留其中任何合理的成分，但更多的人会对纠偏措施持怀疑和反对的态度。原先决策的制定者和支持者会害怕改变决策标志着自己的失败，从而会公开或暗地里反对纠偏措施的实施；执行原决策、从事具体活动的基层工作人员则会担心失去某种工作机会、影响自己的既得利益而极力抵制任何重要的纠偏措施的制定和执行。因此，控制人员要充分考虑到组织成员对纠偏措施的不同态度，特别是要注意消除执行者的疑虑，争取更多的人理解、赞同和支持，以保证避免在纠偏方案的实施过程中可能出现的人为障碍。

4. "治标"与"治本"并重

管理者在准备采取偏差纠正措施的时候，应该决定面对所出现的问题宜采取应急性矫正行动，还是永久性矫正行动。通俗地说，就是要决定是"治标"，还是"治本"。针对所出现的问题立即采取应急性矫正行动，可以及时地将出现问题的工作拉回正常的轨道，但问题的根源可能得不到发现和根除。就像出现火情时人们的第一反应往往是参与救火和打电话一样，如果企业管理者长期只顾救火，并不去设法根除火灾的隐患，那问题就无法得到根本解决。永久性矫正行动并不是着眼于对表层问题马上采取解决措施，而是从"问题的症状—问题的原因—问题的根源"的层层分析中，找到彻底解决问题的突破口，然后有针对性地采取解决的行动。现实中，许多管理者常常以没有时间为借口而偏好于采取应急性矫正行动，并且因采取这种行动取得的直接效果而沾沾自喜。他们没有想到，不断的救火式的应急纠正措施只会把深层次的问题掩盖得更难被发现，而且针对某一问题采取的应急性矫正行动还可能会引致其他问题的产生。结果，管理者就只能不断地疲于解决各式各样的表面问题，最终无法避免"被煮青蛙的命运"，这是值得管理者深思的。

为此，在实际纠偏工作中主要有三种方法：

第一种，针对因工作失误而产生的问题，控制工作主要是加强管理和监督，确保工作与目标接近或吻合。

第二种，针对计划或目标与实际不符合的问题，控制工作主要是按实际情况修改计划或目标。

第三种，针对组织运行环境发生重大变化、计划失去客观依据的问题，控制工作主要是启动备用计划或是重新制订新的计划。

此外，管理者可以运用组织职能重新分派任务来纠正偏差，还可以采用增加人员、更好地选拔和培训下属，或是最终解雇、重新分配人员等办法来纠正偏差。

四、有效控制的基本原则

控制是管理的基本工作之一，也是比较容易出现问题的一项工作。在很多情况下，管理者制订了良好的计划，也建立了适当的组织，但由于没有把握住控制这一环节，最后还是不能达到预期的目标。无效的控制会引起计划无效和组织无效，因此，为了保证对组织活动进行有效的控制，控制工作必须遵循以下基本原则。

（一）重点性原则

控制不仅要制定标准、注意偏差，而且要注意制定标准或出现偏差的项目。管理者不可能控制工作中所有的项目，只能针对关键项目，且仅当这些项目的偏差超过了一定限度达到足以影响目标实现的程度时，才予以控制、纠正。有效控制的重点原则，就是指抓住活动过程中的关键和重点进行局部和重点控制。

由于组织和部门职能的多样化、被控制对象的多样性以及政策和计划的多变性，几乎不存在有关选择关键和重点的普遍原则，但从一般情况看，在任何组织中，目标、薄弱环节和重大例外都是管理者控制的重点。管理者需要在众多的目标中，选择出关键的、反映工作本质的目标加以控制；有些影响目标实现的环节是由于组织力量薄弱导致的，因而在组织运行过程中容易出现问题，管理者也需要特别关注；对于措手不及的例外情况，管理者需要集中精力，迅速而专门地加以应对。

因此，管理者越是把控制力量集中在目标、薄弱环节和重大例外上，其控制就越有效。

（二）经济性原则

是否进行控制、控制到什么程度，都涉及费用问题，必须考虑控制的经济性，只有有利可图时才能进行控制。因此，从经济性的角度考虑，控制系统并不是越复杂越好，控制力度也不是越大越好。

其一，控制系统越复杂、控制工作力度越大，信息反馈的数量就越大和频度就越高，势必占用更多的时间、精力和资金，从而导致整个控制系统的成本增加。

其二，由于控制力度加大，可能出现的不利偏差会减少，损失也会减少，从而体现出控制所带来的收益，这两类费用的相互关系如图 10-2 所示。

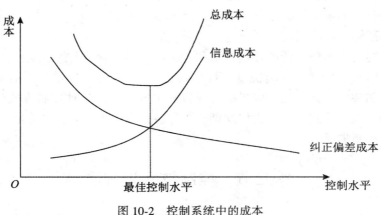

图 10-2 控制系统中的成本

从图 10-2 中可以发现，控制量的多少有一个最佳水平，在这一水平下可以使总的控制成本最小。因此，要想做到有效控制，必须服从经济性原则。

然而，在实际工作中，选择一个绝对最优的控制水平是很困难的，为此，控制的经济性考虑在很大程度上取决于管理者是否将控制应用于其所认为的重要工作上。

（三）客观、及时性原则

高效率的控制系统要求迅速发现问题并及时采取纠偏措施。一是要求事先制定清楚的控制标准，在过程中及时、准确地获得控制所需的信息，避免时过境迁，使控制失去应有的效果；二是要事先估计可能发生的变化，使采取的措施与已变化了的情况相适应，即纠偏措施的安排应有一定的预见性。

1. 客观性

要使控制准确、客观，一是要尽量建立客观的衡量方法，将绩效用客观的方法记录并进行评价，把定性的内容具体化、客观化；二是管理者要从组织的角度来观察问题，尽量避免形而上学、个人偏见，尤其是在绩效的衡量阶段，要以事实为依据；三是要明确这些信息是真实的，以确保信息的可靠性。

2. 及时性

控制工作还必须注意及时性。信息是控制的基础，为提高控制的及时性，信息的收集和传递必须及时。如果信息的收集和传递不及时，信息处理时间过长，偏差便不能得到及时的纠正。

值得注意的是，及时不等于快速，及时是指当决策者需要时，控制系统能适时地提供必要的信息。组织环境越复杂，决策就越需要及时的控制信息。同时，要尽可能地采用前馈控制方式或预防性控制措施，一旦发生偏差，就对以后的情况进行预测，使控制措施能够针对未来，较好地避免时滞问题。

（四）弹性原则

控制的弹性原则，即灵活性原则，是指要求管理者制订多种应付变化的方案，并留有一定的后备力量。

控制工作是变化的，其依据的标准、衡量工作所使用的方法等，都可能会随着情况的变化而不断变化，如果事先制定的计划因为预见不到的情况而无法执行，而实际的控制系统仍在运转，那将会在错误的道路上越走越远。

因此，需要采用多种灵活的控制方式和方法以达到控制的目的。应保证在发生某些未能预测到的事件时（比如，环境突变、计划疏忽或失败等），控制仍然有效。换句话说，就是要有弹性和替代方案。控制应当从实现目标出发，采用各种控制方式达到控制目的，不能过分依赖正规的控制方式，比如预算、监督、检查和报告等，过分依赖它们有时会导致指挥失误、控制失灵。

第三节　控制技术与方法

在控制系统的构建过程中，由于控制的对象、内容、性质不同，可采用多种控制方法和手段。本书根据管理对象的不同，将控制方法分为预算控制和非预算控制两大类。

一、预算控制

（一）预算控制的含义

预算控制是一种传统而又广泛使用的控制方法，其清楚地表明了计划与控制的紧密联系。预算是计划的数量表现。预算的编制是作为计划过程的一部分开始的，而预算本身又是计划过程的终点，是转化为控制标准的计划。

具体来说，预算是以诸如收入、费用和资金等财务术语，或是诸如直接工时、材料、实物销售和生产量等非财务术语来表明组织的预期成果，它是用数字，尤其是财务数字编制的组织在未来某一个时期的综合计划。

（二）预算的内容

作为一种计划，预算的内容主要表现在三个方面：

1. 第一个"W"——"What"

有多少，即为实现组织计划目标，规定各种管理工作的投入与产出各是多少。

2. 第二个"W"——"Why"

为什么，即为什么需要投入（或产出）这么多数量，原因是什么。

3. 第三个"W"——"When"

什么时间，即什么时候实现投入（或产出）以及什么时候支出（或收入），必须使得收入与支出取得平衡。

预算控制是根据预算规定的收入与支持标准来检查、监督和控制各部门的活动，以此保证各部门或各项活动在完成组织目标的过程中合理有效地利用资源，进而达到控制的目的。

（三）预算的类型

不同企业，由于生产活动的特点不同，预算表中的项目会出现不同程度的差异，但一般来说，可以将预算分为如下几种：

1. 经营预算

经营预算也称为收支预算，其是以货币表示的组织收入和费用支出的计划，即企业日常发生的各项活动的预算。

经营预算主要包括销售预算、生产预算、直接材料采购预算、直接人工预算、制造费用预算、推销及管理费用预算等。

（1）销售预算

销售预算是经营预算中最基本与最关键的预算，其是销售预测的详细说明。销售预算通过分析企业过去的销售情况、目前和未来的市场需求特点及发展趋势，比较竞争对手和本企业的经营实力，确定企业在未来一段时期内，为了实现目标利润必须达到的销售水平。由于企业通常不止生产一种产品，这些产品也不仅在某一个区域市场上销售，因此，为了能为控制未来的活动提供详细的依据，便于检查计划的执行情况，往往需要按产品、区域市场或消费者群（市场层次），为各经营单位编制分项销售预算。同时，由于在一年中的不同季度和月度，销售量也往往不稳定，所以通常还需预计不同季度和月度的销售收入。这种预计对编制现金预算是很重要的。

（2）生产预算

生产预算是根据销售预算中的预计销售量，按产品品种、数量分别编制的，在生产预算编制好以后，还应该根据分季度的预计销售量，经过生产能力的平衡，制定出分季度的生产进度日程表。

（3）直接材料采购预算

直接材料采购预算是根据实现销售收入所需的产品种类和数量，详细分析为了生产这些产品，企业必须利用的原材料的种类、数量，它通常以实物单位表示，考虑到库存因素后，直接材料采购预算可以成为采购部门编制采购预算、组织采购活动的基础。

（4）直接人工预算

直接人工预算需要预计企业为了生产一定数量的产品，需要哪些种类的工人，每种类型的工人在什么时候需要多少数量以及利用这些人员劳动的直接成本是多少。

（5）制造费用预算

制造费用预算是在生产预算和生产进度日程表的基础上编制的，其与直接材料采购预算和直接人工预算构成对企业生产成本的统计。

（6）推销及管理费用预算

其包括制造业务范围以外预计发生的各种费用明细项目，例如销售费用、广告费用与运输费用等。

2. 现金预算

现金预算实质上是一种现金收支的预测，主要反映计划期间预计的现金收支的详细情况。从某种意义上来说，现金预算是组织中最重要的一种控制。

现金预算只能包括那些实际包含在现金流程中的项目，例如：赊销所得的应收款在用户实际支付以前不能列入现金收入；赊购所得的原材料在未向供应商付款以前也不能列入现金支出；需要今后逐年分摊的投资费用需要当年实际支出现金等。

组织在完成初步的现金预算以后，就可以知道企业在计划期间需要的资金数量，财务主管人员就可以预先安排和筹措，以满足资金的需求，因此，现金预算可以用来衡量实际的现金使用情况。而为了有计划地安排和筹措资金，现金预算的编制期应越短越好。西方国家有不少企业以周为单位，逐周编制预算，甚至还有按天编制的；我国最常见的是按季和按月进行编制。

3. 资金支出预算

与上述各种只涉及某个经营阶段的短期预算相比，资金支出预算是一种可能涉及好几个阶段的长期预算，又被称为投资预算。

如果企业的收支预算被很好地执行，企业有效地组织了资源的利用，那么利用这些资源得到的产品销售以后的收入就会超出资源消耗的支出，从而给企业带来盈余，企业可以利用盈利的一个很重要的部分来进行生产能力的恢复和扩大。这些支出，由于具有投资的性质，因此对其计划安排通常被称为投资预算或资金支出预算。资金支出预算的项目包括：用于更新、改造或扩充包括厂房、设备在内的生产设施的支出；用于增加品种、完善产品性能或改进工艺的研究与开发支出；用于提高职工和管理队伍素质的人事培训与发展支出；用于广告宣传、寻找顾客的市场发展支出等。

4. 资产负债预算

资产负债预算是对企业会计年度末期的财务状况进行预测。它通过将各部门和各项目的分预算汇总在一起，表明如果企业的各种业务活动达到预先规定的标准，在财务期末企业资产与负债会呈现何种状况。作为各分预算的汇总，管理人员在编制资产负债预算时虽然不需做出新的计划或决策，但通过对预算表的分析，可以发现某些分预算的问题，从而有助于采取及时的调整措施。比如，通过分析流动资产与流动负债的比率，可能发现企业未来的财务安全性不高，偿债能力不强，可能要求企业在资金的筹措方式、来源及使用计划上作相应的调整。另外，通过将本期预算与上期实际发生的资产负债情况进行对比，还可发现企业财务状况可能会发生哪些不利变化，从而指导事前控制。

（四）预算的功能及局限性

1. 预算的功能

预算的实质是用统一的货币单位为企业各项活动编制计划，具有直观性和同期可比性。预算更是一种标准，是控制、绩效评估的依据，为纠偏活动奠定基础。因此，预算的功能主要体现在以下几个方面：

（1）提高资金使用效率

由于预算的严肃性，而且组织管理者通常把预算的执行情况作为考核下属管理人员的依据，因此，各部门管理者在收支方面会尽可能精打细算，这将有助于提高资金使用效率，杜绝浪费。

（2）掌控组织整体活动

资金财务状况对任何组织来说都具有十分重要的意义。通过预算，组织管理者可以清楚地看到资金将由谁、在什么项目上使用，从而可以通过资金状况来了解和控制组织的整体活动。

（3）合理配置资源

组织中各项活动的开展都离不开资金的支持，资金作为一种重要的杠杆，调节着组织中各项活动的轻重缓急以及规模大小。因此，组织管理者可以通过预算合理配置资源，以确保组织重点活动的开展，同时对非重点活动的规模进行控制。

（4）明确各级管理者职责

根据各部门预算的情况，可以看出各部门资金使用的效率及工作任务的完成情况，从而有助于对各部门工作进行评价。另外，由于预算规定了各项资金的运用范围及资金使用的负责人，因此通过预算可以达到控制各级管理人员的职权，明确各级管理人员职责的目的。

2. 预算的局限性

在预算的编制和执行中，也暴露出一些局限性：

其一，预算只能帮助企业控制那些可以计量的、特别是可以用货币单位计量的业务活动，而不能促使企业对那些不能计量的企业文化、企业形象、企业活力的改善予以足够的重视。

其二，编制预算时通常参照上期的预算项目和标准，从而会忽视本期活动的实际需要，造成预算编制科学依据不足，使预算成为掩盖惰情、效率低下的保护伞。

其三，企业活动的外部环境是在不断变化的，这些变化会改变企业获取资源的支出或销售产品实现的收入，从而使预算变得不合时宜。

其四，预算，特别是项目预算或部门预算，不仅对有关负责人提出了希望他们实现的目标，而且也为他们实现目标而有效开支的费用规定了限度。这种规定可能会使主管部门在活动中精打细算，小心翼翼地遵守不得超过支出预算的准则，而忽视了部门活动的本来目的。

其五，预算过于琐碎会导致控制过严，从而束缚主管人员的手脚，使主管人员丧失管理的自主性和积极性。

（五）预算的编制

一般情况下，预算的编制是由主管人员来负责，预算部门和预算委员会负责提供预算信息及相关技术。预算部门由总会计师负责，设计预算系统和形式，把不同部门的预算整合成组织的总预算，并报告预算的实际绩效；预算委员会的职能是审查预算，协调不同的观点，审核预算的变动。

有效的预算过程是"自上而下"与"自下而上"的结合。单纯的"自上而下"有可能会导致预算脱离实际，从而难以成功；单纯的"自下而上"如果控制不严，就会偏离组织的战略发展目标，因此要想有效实施预算控制，需要注意以下几个方面：

1. 需要得到组织中高层管理部门的支持

要使预算的编制和管理最有效果，就必须得到高层管理部门全心全意的支持。一方面，要给下属编制预算的工作提供在时间、空间、信息及资料等方面的便利条件；另一方面，如果公司的高层管理部门积极地支持预算的编制工作，并将预算建立在牢固的计划基础之上，要求各分公司和各部门编制和维护它们各自的预算，并积极地参与预算审查，那么预算就会促使整个公司的工作完善起来。

2. 需要确定各项控制的标准

提出和制定各项可用的标准，并且能够按照这种标准把各项计划和工作转化为对人工、经营费用、资本支出、厂房场地和其他资源的需求量，这是预算编制的关键。许多预算就是因为缺乏这类标准而失效的。一些管理者在审批下属的预测计划时之所以犹豫不决，就是因为担心下属所提供审查的预算申请额度缺乏合理的依据。如果管理者有了合理的标准和适用的换算系数，就能审核这些预算中的申请，并提出是否批准这些预算申请的依据，而不至于没有把握地盲目削减预算。

3. 需要及时掌握有效信息

要使预算控制发挥作用，管理者需要获得按照预算所完成的实际业绩和预测业绩的信息。这种信息必须及时向管理者表明工作的进展情况，应当尽可能地避免因信息迟缓导致偏离预算的情况发生。

4. 需要具有一定的弹性

有效的预算控制工作即使是在计划发生了变动，出现了未预见到的情况或计划全盘错误的情况下，也应当能发挥它的作用。换言之，如果要使预算控制工作在计划出现失常或预见不到的变动的情况下保持有效，那么所设计的预算控制系统就要有灵活性。

5. 需要持有全局的观点

对于一个合格的主管人员来说，进行控制工作时，不能没有全局的观点，要从整体利益出发来实施控制，使各个局部的目标协调一致。

二、非预算控制

随着社会的发展和科学技术的进步，组织规模日益壮大，劳动分工逐渐细化，管理活动呈现复杂化趋势，控制的技术和方法在传统的基础上也得到了巨大的丰富与发展，预算控制的局限性日益增多，此时，非预算控制的多样性起了很大的补充作用。本书主要介绍比率控制、审计控制、时间控制、质量控制、人员控制和信息控制这几种非预算控制的方法。

（一）比率控制

比率控制是预算控制的延伸。单个去考虑反映经营结果的某个数据，常常不能说明任何问题，只有根据它们之间的内在关系，相互对照分析才能说明问题。比率控制是将资产负债和经营收益上的相关项目进行对比，形成比率，用来衡量、评价组织的业务活动成果和财务状况。通常的比率包括财务比率与经营比率。

1. 财务比率

企业的财务状况反映了企业运行的整体状况，通过对财务状况的分析，可以了解企业资金的利用效果、企业的赢利能力以及企业的支付能力和清偿债务的能力。

（1）企业赢利状况与获利能力比率

①资本金利润率。即企业在一定时期投入资本的获利水平，是衡量企业经营管理状况的标准，只有资本金利润率高于银行存款利率或债券利率，企业的经济效益才是较好的。其计算公式为：

$$资本金利润率=\frac{利润总额}{资本总金额}\times100\%$$

其中，利润总额是指税前利润；资本金总额是指企业在工商管理部门登记的注册资金。

②销售利润率。即营业（销售）收入利润率，是反映企业实现的利润在销售收入（或营业收入）中所占比重的指标。一般来说，比重越大，说明企业获利的能力越强，企业的经济状况就越好。其计算公式为：

$$销售利润率=\frac{利润总额}{产品销售收入（营业收入）}\times100\%$$

③成本费用利润率。即利润总额与营业成本（销售成本）之间的比率。它是衡量企业营业成本、各项费用获利水平的指标，表明企业在降低成本方面取得的经济效益状况。其计算公式为：

$$成本费用利润率=\frac{利润总额}{产品销售成本}\times100\%$$

（2）企业偿还债务能力比率

①流动比率。即企业流动资产与流动负债之比。它反映了企业偿还需要付现的流动债务的能力。一般情况下，企业资产的流动性大，偿债能力就强；反之，偿债能力则弱，会

影响企业的信誉和短期偿债能力。因此，企业资产应具有足够的流动性，但也不能过大或者过小，应以适中为好。其计算公式为：

$$流动比率 = \frac{流动资产}{流动负债} \times 100\%$$

②速动比率。即企业速动资产与流动负债的比率，是衡量企业短期还债能力的指标。一般认为，当速动比率低于 0.6 时，说明企业的经营状态已经很糟糕了，当速动比率低于 0.4 时，企业就已经接近破产的边缘。国外一些学者认为，只有速动比率高于 1 时，企业的还债能力才被看好，企业的经营状态才是好的。其计算公式为：

$$速动比率 = \frac{速动资产}{流动负债} \times 100\%$$

③负债比率。即企业总负债与总资产之比。它是衡量企业利用债权人提供的资金进行经营活动能力的指标，也是企业偿还债务能力的晴雨表。一般来讲，负债总额越低，企业偿还能力越强，债主的风险越小。其计算公式为：

$$负债比率 = \frac{企业总负债}{企业总资产} \times 100\%$$

（3）企业营运能力比率

①应收账款周转率。即企业赊销收入净额与平均应收账款余额的比率，也就是企业在一定时期内销售债权（即应收账款的累计发生数）与期末应收账款平均余额之比，表明企业销售债权的收回速度。它是衡量企业收回应收账款效率的指标，反映企业应收账款的流动速度。一般来说，应收账款周转率越高，说明债券的收回速度越快，资产的利用效率越高。其计算公式为：

$$应收账款周转率 = \frac{赊销收入净额}{平均应收账款余额} \times 100\%$$

其中，赊销收入净额=销售收入-现销收入-（销售退回+折让+折扣）；平均应收账款余额=（期初应收账款+期末应收账款）/2。

②存货周转率。即销货成本与平均存货的比率。它是衡量企业销售能力和管理存货效率的指标。在一定时期内，周转率越高表明资产的利用效率越高。其计算公式为：

$$存货周转率 = \frac{销货成本}{平均存货} \times 100\%$$

其中，平均存货=（期初存货+期末存货）/2。

2. 经营比率

经营比率也称为活力比率，是与资源利用有关的几种比例关系。该比率反映了企业经营效率的高低和各种资源是否得到了充分利用。

①库存周转率。该比率体现销售总额与库存平均价值的比例关系，反映了与销售收入相比，库存数量是否合理，表明了投入库存的流动资金的使用情况，其计算公式为：

$$库存周转率 = \frac{营业收入}{平均存货余额} \times 100\%$$

②固定资产周转率。该比率是销售总额与固定资产之比，反映了单位固定资产能够提供的销售收入，表明了企业固定资产的利用程度，其计算公式为：

$$固定资产周转率=\frac{销货总额}{固定资产}\times100\%$$

③销售收入与销售费用的比率。该比率表明了单位销售费用能够实现的销售收入，在一定程度上反映了企业营销活动的效率。由于销售费用包括人员推销、广告宣传、销售管理费用等，因此还可进行更加具体的分析。比如，测度单位广告费用能够实现的销售收入，或单位推销费用能够增加的销售收入等。

值得注意的是，反映经营状况的库存周转率、固定资产周转率、销售收入与销售费用的比率，通常在不同企业之间或是不同时期之间进行比较才更有意义。

（二）审计控制

审计是对反映企业资金运动过程及其结果的会计记录及财务报表进行审核、鉴定，以判断其真实性和可靠性，从而为控制和决策提供依据。根据审查主体和内容的不同，可将审计划分为如下三种主要类型：

1. 外部审计

外部审计是由外部机构（例如会计师事务所）选派的审计人员对企业财务报表及其反映的财务状况进行独立的评估。为了检查财务报表及其反映的资产与负债的账面情况与企业真实情况是否相符，外部审计人员需要抽查企业的基本财务记录，以验证其真实性和准确性，并分析这些记录是否符合公认的会计准则和记账程序。外部审计实际上是对企业内部虚假、欺骗行为的一个重要而系统的检查，因此起着鼓励诚实的作用。

外部审计的优点：审计人员与管理者不存在行政上的依附关系，不需看企业经理的眼色行事，只需对国家、社会和法律负责，因而可以保证审计的独立性和公正性。

外部审计的不足：由于外来的审计人员不了解内部的组织结构、生产流程和经营特点，在对具体业务的审计过程中可能产生困难。此外，处于被审计地位的内部组织成员可能产生抵触情绪，不愿积极配合，这也可能增加审计工作的难度。

2. 内部审计

内部审计是由企业内部的机构或由财务部门的专职人员来独立地进行。内部审计兼有许多外部审计的内容。内部审计不仅如同外部审计那样审核财务报表的真实性和准确性，还要分析企业的财务结构是否合理；不仅要评估财务资源的利用效率，而且要检查和分析企业控制系统的有效性；不仅要检查目前的经营状况，而且要提供改进这种状况的建议。

内部审计的作用：

（1）内部审计是检查现有程序和方法能否有效达成既定目标和落实政策的手段。比如，制造质量完善、性能全面的产品是企业孜孜以求的目标，这不仅要求利用先进的生产工艺，使工人提供高质量的工作，而且对构成产品的基础——原材料提供了相应的质量要求。这样，内部审计人员在检查物资采购时，就不仅限于分析采购部门的账目是否齐全、准确，而且将力图测定材料质量是否达到要求。

（2）能提供合理对策。根据对现有控制系统有效性的检查，内部审计人员可以提供有关改进公司政策、工作程序和方法的对策建议，以促使公司政策符合实际，工作程序更加合理，作业方法被正确掌握，从而更有效地实现组织目标。

（3）有助于推进分权化管理。内部审计，从表面上来看，作为一种从财务角度评价各部门工作是否符合既定规则和程序的方法，加强了对下属的控制，似乎更倾向于集权化管理。但实际上，企业的控制系统越完善，控制手段越合理，越有利于分权化管理。因为主管们知道，许多重要的权力授予下属后，自己可以很方便地利用有效的控制系统和手段来检查下属对权力的运用状况，从而能及时发现下属工作中的问题，并采取相应措施。内部审计不仅能评估企业财务记录是否健全、正确，而且能为检查和改进现有控制系统的效能提供重要的手段，因此有利于促进分权化管理的发展。

内部审计的局限：

（1）进行内部审计可能需要更多的费用。

（2）需要对审计人员进行充分的技能训练，内部审计不仅要搜集事实，而且需要解释事实，并指出事实与计划的偏差所在，要很好地完成这些工作，就需要对审计人员进行良好的培训。

（3）容易诱发员工的抵触情绪，即使审计人员具有必要的技能，仍然会有许多员工认为审计是一种"密探"性质的工作，从而在心理上产生抵触情绪，如果审计过程中不能进行有效的信息和思想沟通，那么可能会对组织活动带来负激励效应。

3. 管理审计

管理审计是对企业所有管理工作及其绩效进行全面、系统的评价和鉴定。其目的是通过对组织管理工作的检查来评价组织各种资源利用的效果，以提高组织的管理水平。管理审计可以由组织内部的有关部门进行，但为了保证某些敏感领域得到客观评价，企业通常聘请外部专家，利用公开记录的信息，从反映企业管理绩效及其影响因素等方面将企业与同行其他企业或其他行业的优秀企业进行比较，以判断企业经营与管理的健康程度。通常，反映企业管理绩效及其影响因素的主要有：

（1）经济功能。即产品对公众的价值、对 GDP 的贡献。

（2）企业组织结构。即组织结构是否能有效地达到企业经营目标。

（3）收入合理性。即赢利是否稳定。

（4）研究与开发。即新技术、新产品的研发。

（5）财务政策。即财务结构是否健全合理、财务政策和控制能否达到短期和长期目标。

（6）生产效率。即对于维持企业的竞争能力相当重要。

（7）销售能力。即影响企业产品能否在市场上顺利实现。

（8）对管理当局的评估。即对企业主要管理人员的知识、能力、勤奋、正直、诚实等素质进行综合分析和评价。

管理审计对整个组织的管理绩效进行了评价，因此可以为企业在未来改进管理系统方面提供有价值的参考。

（三）时间控制

时间是一种重要的资源，从某种意义上来说，时间是比人、财、物等更加重要的资源。任何组织的活动都是在一定的时间内进行的，对时间进行控制的目的是使组织对实现目标过程中的各项工作作出合理的安排，以求按期实现组织目标。因此，时间控制也是管理控制的一个重要方法。时间控制的关键是确定各项活动的进行是否符合预定进度表中的时间安排。在时间控制中，甘特图和网络图是最常用的工具，它们有助于物资、设备、人力等在指定的时间到达预定的地点，使之紧密地配合以完成任务。

（四）质量控制

为达到质量要求所采取的作业技术和活动称为质量控制。这些技术和活动包括：确定控制对象，如某一工艺过程或检验过程等；制定控制标准，即应达到的质量要求，如公差范围等；制定具体的控制方法，如操作规程等；明确所采用的检验方法，以及检验工具和仪器等。

迄今为止，质量管理和控制已经经历了三个阶段，即质量检查阶段、统计质量管理阶段和全面质量管理阶段：

1. 质量检查阶段

质量检查阶段大约处于 20 世纪 20—40 年代。质量检查是一种事后检测，目的是防止废次产品流入下道工序和顾客手中，以保证产品的质量，常以产品合格率来衡量。

2. 统计质量管理阶段

统计质量管理阶段处于 20 世纪 40—50 年代，管理人员主要以统计方法为工具，对生产过程加强控制，以提高产品质量。

3. 全面质量管理阶段

全面质量管理阶段为从 20 世纪 50 年代至今，其是一种以保证产品质量和工作质量为中心，企业全体员工参与的质量管理体系。如今这种管理体系已风靡全球。

质量控制的目的是控制产品和服务产生、形成或实现过程中的各个环节并使它们达到规定的要求，把缺陷控制在其形成的早期并加以消除。就制造过程的质量控制而言，应该严格执行工艺规程和作业指导书。同时，不仅控制生产制造过程的结果，而且控制影响生产制造过程质量的各种因素，尤其是要控制其中的关键因素。这就是说，质量控制是为了通过监视质量形成过程，消除质量环节中所有阶段引起不合格或不满意效果的因素，以满足质量要求，获取经济效益，而采用的各种质量作业技术和活动。在企业领域，质量控制活动主要是企业内部的生产现场管理，它与有无合同无关，是指为达到和保持质量而进行控制的技术措施和管理措施方面的活动。

（五）人员控制

控制工作从根本上来说就是对人的控制。任何组织活动的开展都有赖于员工的努力，其他几方面的控制也都要靠人来实行和推行。怎样选择员工和怎样使员工的行为更有效地趋向于组织目标涉及对员工行为的控制问题。由于人的行为是由人的价值观、性格、能力、社会背景等多种因素综合作用的结果，而这些因素本身又很难用精确的方法加以描述，这就使得对员工行为的控制成了控制中最复杂、最困难的部分。

在员工行为控制中经常用到的方法主要有如下三种：

1. 理念引导

文化理念表明了一个组织运作过程中所涉及的各个方面的主张和组织的共同价值观，通过明晰和强化企业文化理念，有助于引导员工的思想趋向于组织所希望的方向。

2. 规章约束

规章制度规定了在一个组织中员工必须遵守的行为准则。无论是上班迟到还是工作不尽力，都会给组织目标的实现带来麻烦，正因为如此，绝大多数组织有一整套的规章制度，表明组织可以接受的行为限度和组织倡导与鼓励的行为，并认真地考核员工遵守规章制度的情况，以规范员工的行为。

3. 工作表现鉴定

对员工的工作表现制定评价标准，定期鉴定，并根据鉴定结果进行奖惩，是最重要的组织控制手段之一。常用的绩效评价方法包括：

（1）鉴定式评价法

鉴定式评价法是最简单、最常用的人员绩效评价方法，其是由评价人写出一份针对被评价者长处和短处的鉴定，管理者根据这种鉴定给予被鉴定者一个初步的估计。采用这种方法的基本条件是评价人确切地知道被评价者的优缺点，对其有很好的了解，并能客观撰写鉴定。

（2）指标考核法

通过事先建立一系列评价指标，由管理者列出每一指标的评价标准，然后由评价者在评价标准中选择最适合被评价者的条目并做标记，最后由管理者据此加权评分，根据得分的高低评定员工的表现。这种评价方法，如果评价标准客观，则评价结果相对比较准确、客观。

（六）信息控制

组织的活动在现实中一般表现为三种运动方式：物流、资金流和信息流。掌握和控制了信息，就可以掌握和控制物流和资金流的情况，分析和掌握物流和资金流的运动规律，从而实现对物流和资金流的控制。

常见的信息控制类型有管理控制信息系统、会议和报告制度、合同评审等。这里主要介绍管理控制信息系统。

1. 管理控制信息系统的概念

管理控制信息系统是一种管理控制功能比较突出，以管理控制为主要目的，即面向管理控制的管理信息系统。

因此，管理控制信息系统是一个为组织的管理控制服务的计算机信息系统。它对组织的信息资源进行统一管理；辅助有关管理人员对控制对象的运行状态和运行结果以及组织环境信息进行采集；对信息进行加工、分析和处理，如环境预测、组织运行状态的评价和分析、运行状态与目标的比较、偏差分析、控制方案的辅助决策等；构成一个多回路管理控制系统的信息网络；向管理控制系统各类机构提供机会信息、目标信息、反馈信息、前馈信息、过程信息和控制信息等有关信息，以支持组织各个层次、各个领域的管理工作。

2. 管理控制信息系统的特征

（1）管理控制信息系统是一个人—机系统，即该系统是由"人"和"机"两部分组成，这两个部分缺一不可，相互联系构成一个具有特定功能的有机整体。

（2）管理控制信息系统不仅是一个技术系统，更是一个管理控制系统和社会系统。其不单单是一个技术系统，已经注入了先进的管理控制理论和思想，实际上规定了组织管理控制的新模式、流程和方法，而且管理控制信息系统联系着各类管理人员和被控制人员，实际上也规定了这些人员之间相互作用的组织内部与外部的社会关系。

（3）管理控制信息系统是一个管理控制的集成化系统。这种集成化包括不同管理领域的横向集成、不同管理层次的纵向集成以及不同管理过程的第三维集成。

第四节　管理者的控制

在前面的章节中着重谈到的是管理者对组织中其他员工的控制问题，而在本节，将着重探讨对管理者的控制问题。

组织的发展必然会产生分权，各级管理人员在代表组织行使权力的过程中，都有可能偏离组织的方向和目标，现代企业的公司治理结构是从制度层次上来控制管理者的行为。

一、管理者的监控问题

（一）管理者监控问题的概念

1. 管理者监控问题的产生

管理者监控问题的产生与现代企业的发展密不可分，其是伴随着企业的所有权与经营权的分离而产生的。正如亚当·斯密在《国富论》中所指出的，当企业所有权与经营权分离后，经营者就有可能背离所有者目标，于是，管理者监控问题也就产生了。

总的来说，现代企业出现的经营权与所有权的分离有两个方面的原因：

（1）随着企业经营规模的不断扩大，所有者具有的知识和能力已经不再能够满足企业存在和发展的需要，被迫授权于企业中具有管理能力的并垄断了专门经营信息的管理者来从事企业的经营。

（2）现代企业的发展也导致产业股权高度分散，股东对企业的影响越来越小。因此，股东难以直接参与企业的经营管理，股东对财产经营的控制越来越困难。

在 20 世纪 20 年代末，现代企业的所有权与经营权的分离成为美国企业界的普遍现象。一些学者为此也进行了大量的研究：贝利和米恩斯对 200 家美国大公司进行的实证研究表明，在 20 世纪的头 30 年，44% 的企业中，企业股权高度分散，没有人持股 5% 以上，企业财产的经营实际上摆脱了所有者的控制，企业被经营者所控制；钱德勒的研究表明，1963 年在非金融企业中，管理者控制的企业占比已经达到 84.5%，以两权分离为根本特征的经理式公司已成为现代工商企业的标准形式。

2. 管理者监控问题的含义

所谓管理者监控问题，就是指通过确立标准、绩效衡量和纠正偏差等过程来对管理者本身的行为实施控制。

由于管理者在组织中占有特殊的地位，管理者工作的偏差往往会给组织带来重大的影响。与组织中的其他成员相比，管理者的绩效标准更加难以确定，对管理者偏差的纠正也具有特殊性，至今还没有出现一套行之有效地直接计量经理人员在运用权力时所呈现出的努力程度与效果的工具。而当代管理学关于管理者监控问题的研究主要集中在管理者的绩效行为是否与组织方向和目标相背离的问题上。

（二）代理风险

1. 代理风险产生的根源

在现实中，企业管理者--代理人既有动机，又有条件损害委托人的利益，委托—代理制存在相当大的风险。

（1）委托—代理过程中双方利益不相同

利益双方各自追求的目标有差异，行为的动机或激励不统一。

（2）责任不对等

企业的代理人掌握着企业的经营控制权，但不承担盈亏责任；企业的委托人失去了企业经营控制权，但最终承担盈亏责任。这种责任的不对等，极大地弱化了对代理人的制约，增加了决策失误的危险性。

（3）信息不对称

委托人不直接从事生产经营，他不可能像代理人那样掌握企业生产经营的信息。

（4）契约不完全

企业委托—代理关系是一种契约关系，委托人能不能通过签订一个完善的合同，有效约束代理人的行为，维护自己的利益不受代理人侵犯呢？这是不可能的。因为世界上没有完美无缺、无所不包、无所不能的契约，由于企业经营的不确定性、信息的局限性，合同总会有漏洞，有考虑不周、估计不到的地方，有空子可钻。而且，如果合同把什么都规定死了，代理人也就无法自主经营，实际上也就不是真正的委托—代理制了。

2. 代理风险的含义

公司股东作为所有者是企业活动的委托人，管理人员则是代理人。代理人是自利的经济人，具有不同于公司所有者的目标函数，具有机会主义的倾向。于是，企业管理人员可能会背离所有者目标，产生代理风险。

3. 代理风险的种类

常见的代理风险主要有如下几种：

（1）管理者可能采取私立账户、转移资产、做假账、违反规定报销等手段，挪用公司资金，贪污企业资产。

（2）管理者可能在产品定价、销售、原材料和机器设备采购、选择供应商和销售商、投资和融资等方面损害企业利益，收取回扣，出卖公司经济技术情报，收取贿赂。

（3）代理人挥霍公款，过度职务消费。

（4）代理人工作不努力、决策不负责、盲目冒险投机经营、行为短期化，为了个人收入最大化，不惜运用其掌握的经营决策权力，追求企业短期利润最大化，忽视甚至损害企业的长远利益。

（5）代理人为了提高社会地位，片面追求企业规模扩张。

（三）内部人控制

在现代企业中，代理风险往往只是一种影响企业绩效的潜在可能性因素。但是，当管理人员控制了企业活动时，这些可能性因素就具备了转化的条件。

所谓内部人控制是指公司高层经理人员事实上或依法掌握了公司的剩余控制权，以使其利益在公司决策中得到充分的体现，从而损害所有者利益的行为。

因此可以说，内部人控制是伴随着现代企业发展而滋生的。经济学家青木昌彦将内部人控制分为"法律上的内部人控制"和"事实上的内部人控制"。

1. 法律上的内部人控制

这是指经理人员通过持有股权而掌握对公司的控制权。

2. 事实上的内部人控制

这是指经理人员虽然不持有公司的股权，但在公司的资产使用、处理和收益的分配等方面实际上拥有的控制权。

二、公司治理结构及模式

现代企业的公司治理结构中心任务就是要从制度上解决代理风险，即通过建立起有效的激励约束机制，促使管理者的利益目标与企业的目标相统一，自觉地为股东利益最大化服务。

（一）公司治理结构的概念

公司治理结构是指所有者对公司的经营管理和绩效进行监督和控制的一整套制度安排。在 OECD《公司治理结构原则》中将公司治理结构定义为："公司治理结构是一种据以对工商公司进行管理和控制的体系。公司治理结构明确规定了公司的各个参与者的责任和权利分布，诸如，董事会、经理层、股东和其他利益相关者。并且清楚地说明了决策公司事务时所应遵循的规则和程序。同时，它还提供了一种结构，使之用于设置公司目标，也提供了达到这些目标的监控和运营的手段。"

具体而言，公司治理结构是有关所有者、董事会和高级执行人员即高级经理人员和其他利益相关者之间权利分配和制衡关系的一种制度安排，表现为明确界定股东大会、董事会、监事会和经理人员职责和功能的一种企业组织结构。

从本质上讲，这些安排决定了公司的目标、行为、如何控制风险和收益如何分配等一系列重大问题。有效的或理想的公司治理结构应能够发挥管理者的经营才能；能够保证经营者从股东利益出发，而不是只顾个人利益；能够保证股东自由买卖股票，给投资者以流动性的权利。我国国有企业要重新构建现代企业制度，必须在改制后的公司中建立起有效的内部治理结构，依法规定股东大会、监事会、董事会和经理层的责、权、利，并使其相互协作、相互制衡。

（二）公司治理结构的模式

目前主导的公司治理模式主要有两种。

1. 市场导向型模式

市场导向型模式以美国、英国和加拿大等国家为代表，其存在于非常发达的金融市场；公司的所有权结构较为分散，开放型公司大量存在；公司控制权市场非常活跃，对企业家的行为起到重要的激励约束作用；外部企业家市场和与业绩紧密关联的报酬机制对规范企业家行为发挥着重要作用。

优点：一般认为，市场导向型模式存在一种市场约束机制，能对业绩不良的企业家产生持续的替代威胁，有利于保护股东的利益。

不足：市场导向型模式容易导致企业家过分关注短期有利的财务指标；缺乏内部直接监督和约束，企业家追求企业规模的过度扩张行为得不到有效制约等。

2. 网络导向型模式

网络导向型模式以德国、日本等国家为代表，其公司的股权相对集中，持股集团成员对公司行为具有决定性影响；银行在融资和企业监控方面起到重要作用；董事会对企业家的监督约束作用相对直接和突出；内部经理人员流动具有独特作用。

优点：网络导向型模式可以在不改变所有权结构的前提下将代理矛盾内部化，管理失误可以通过公司治理结构的内部机制加以纠正。

不足：由于缺乏活跃的控制权市场，在网络导向型模式下，无法使某些代理问题从根本上得到解决；金融市场不发达，企业外部筹资条件不利，企业负债率高。

无论哪一种模式都难以绕开内部人的控制。经营活动的风险性特点决定了必须赋予经理人员相当程度的随机处置权，而随机处置权的赋予必然构成对经理人员的控制障碍，因此，在现实中要构建有效的公司治理结构不是一件容易的事情。

此外，企业所有者对管理者有着职位上的依赖，管理人员可以给他们带来经济上的报酬。企业所有者却难以改变管理人员的报酬水平或剥夺其职务，因为这往往取决于企业的规模，经理市场的供求状况、管理人员知识和能力的异质性程度等多种因素。

三、有效实施管理者监控的途径

尽管对管理者的有效监控不是一件容易的事情，但实践表明还是可以通过多种机制的共同作用，在一定程度上完成对管理者的监控工作。在当代企业管理的实践中，已形成了四类对管理者行为进行激励与约束的机制。

（一）控制权机制

控制权对于管理者来说既是激励因素又是约束因素。控制权机制使经营者感到失去经营控制权的威胁，一方面是企业内部所有者通过法人治理机制对经营者的监督约束；另一方面是市场竞争约束和其他企业对本企业的接管、兼并或重组的资本市场行为。如果管理者为了满足权力需要拥有控制权，那么他就不得不约束自己的机会主义行为，将自己的目标与企业的发展方向统一起来。

如果允许管理者拥有部分剩余索取权，在法人治理结构中他不仅是经理，而且还是股东或董事，随着其拥有的剩余索取权的逐渐增大，其行使经营控制权受到的约束会逐渐减弱，权力需要日益得到更高满足，控制权的激励作用日益增强，其积极性日益提高。现实中，管理者的控制权是通过法人治理结构对管理者控制权的授予和约束进行动态调整的，旨在保证控制权机制既对管理者行为有约束作用，又对管理者行为有激励作用。

（二）报酬机制

从管理者监控的角度来说，报酬是调动管理者积极性，激励并约束其行为的一个重要因素，是对其贡献的奖励。

报酬可以满足经营者的生存需要，如果管理者在其他地方得不到满足其生存需要的工资报酬，那么为了这份报酬，管理者就不得不按所有者的要求工作，约束自己的行为，避免出现可能导致结束其职业生涯的渎职行为和失误。

报酬机制主要解决三个方面的问题：

（1）报酬的构成、结构变化对管理者行为的影响及最优的报酬结构确定。

（2）报酬数量与管理者的积极性的关系及最优报酬数量确定。

（3）准确地衡量管理者的能力和努力程度。

（三）声誉机制

从管理学角度来看，追求良好的声誉，是经营者的成就发展需要和自我实现需要。

声誉机制是一种终极的激励手段。现代企业管理者努力经营，并非仅仅为了占有更多的剩余，还期望得到高度评价和尊重，期望通过企业的发展证明自己的经营才能和价值，达到自我实现。高报酬并不能替代良好声誉带给经营者的对自我实现需要的满足。

经济学从追求利益最大化的理性假设出发，认为经营者追求良好声誉是为了获得长期利益，是长期动态重复博弈的结果。由于契约是不完全的，契约各方履行职责是基于相互信任，而相互信任的基础是多次重复交易，长期信任就形成了声誉。对于管理者而言，声誉机制的作用机理在于没有一定的职业声誉会导致其职业生涯的结束，而良好的职业声誉则增加了其在企业家市场上讨价还价的资本。

在现实中，声誉机制受到公平因素和期望因素等多种因素的影响。

（1）如果声誉能准确地反映经营者的努力和能力，则声誉机制能够起到对管理者的监控作用；反之，如果经营者可以通过一些非正常手段"浪得虚名"，声誉的激励约束机制将可能发生扭曲。

（2）如果经营者对未来预期悲观，就有可能不重视声誉，只顾眼前利益。只有当经营者对未来预期乐观时，声誉机制对经营者的激励约束作用才会表现强烈。

（四）市场竞争机制

如果市场竞争充分，市场竞争机制就是一种能有效监控经营者的机制。市场竞争对企业家的监控主要体现在两个方面：一方面是市场竞争能够在一定程度上揭示有关企业家能力和努力程度的信息，而这些信息原本是企业家的私人信息。市场竞争这种信息显示机制为企业家报酬机制、控制权机制和声誉机制发挥作用提供了信息基础。另一方面是市场竞争的优胜劣汰机制对企业家的控制权形成一种威胁，低能力或低努力程度的企业家随时都有可能被淘汰，而战胜对手、寻求自我实现又是企业家激励力量的来源。

对经营者行为的市场竞争约束主要包括以下几个方面：

1. 企业家（经理人）市场

企业家市场能够造成经营者之间的竞争，使经营者始终保持"生存"危机感，能够在很大程度上显示出经营者的能力和努力程度。

2. 资本市场

资本市场的约束机理一方面表现为股票价值对企业家业绩的显示，另一方面则直接表现为兼并、收购和恶意接管等资本市场运作对经营者控制权的威胁。企业资本结构的变化，尤其是以破产程序为依托的负债的增加会在一定程度上有效约束经营者的机会主义行为。

3. 产品市场

产品市场的约束机理在于来自产品市场的利润、市场占有率等指标在一定程度上显示了企业家的经营业绩，产品市场的激烈竞争所带来的破产威胁会制约经营者的偷懒行为。

市场机制的局限是它假设了充分竞争的存在。在垄断的产品市场，企业得不到竞争者的利润等方面的信息。资本市场的存在在一定程度上会产生降低长期投资积极性、破坏经理职位稳定性的结果。

◎ **本章复习思考题：**

1. 什么是控制？为什么要进行管理控制？控制有哪些类型？
2. 控制过程包括哪些阶段的工作？如何进行有效控制？
3. 控制的方法有哪些？
4. 如何进行管理者的监控？

◎ **章末案例：**

星巴克成功的秘密

从一个咖啡店发展成咖啡帝国，星巴克以事实证明关系资产与有形资产一样重要。

1986 年，霍华德·舒尔茨购买并改造星巴克。15 年后，星巴克已经成为全球最大的咖啡零售商、咖啡加工厂及著名咖啡品牌。

星巴克给品牌市场营销的传统理念带来的冲击同星巴克的高速扩张一样引人注目。在各种产品与服务风起云涌的时代，星巴克公司却把一种世界上最古老的商品发展成为与众不同的、持久的、高附加值的品牌。然而，星巴克并没有使用其他品牌市场战略中的传统手段，如铺天盖地的广告宣传和巨额的促销预算。那么，星巴克从一个西雅图小公司发展成为全球的商业帝国，其秘密究竟何在？事实上，"关系理论"作为星巴克的核心价值观，同烤制高品质的咖啡豆一样重要。星巴克的核心价值观贯穿于公司业务的始终，这种核心价值观起源并围绕着人与人之间的"关系"。

当现代企业集中精力做好主营业务的时候，它们越发地依赖同主要股东们的合作关系——使客户们参与产品的开发、与供应商共享信息资源、与合作伙伴建立广泛和持久的沟通桥梁，企业的各个部门必须步调一致。历史证明，许多企业已有了一定的心得并在不断地完善。随着知识经济全球化的发展，企业应该以星巴克公司为榜样，用同样严格的手段，管理自己的"关系"网络。

员工关系资产

星巴克的成功主要得益于对"关系理论"的重视，特别是同员工的关系。后来，舒尔茨写道：知名的品牌和尊重员工使我们挣了很多钱和很具竞争力，两者缺一不可。舒尔茨意识到员工在品牌传播中的重要性，他另辟蹊径开创了自己的品牌管理方法。本来用于广告的支出被用于员工的福利和培训。1988 年，星巴克成为第一家为临时工提供完善的医疗保健政策的公司。1991 年，星巴克成为第一家为员工（包括临时工）提供股东期权的上市公司。通过一系列"员工关系"计划，公司确实收获甚多。在改革福利政策之后，员工的流动率大幅下降。星巴克通过有效的奖励政策，创造环境鼓励员工们自强、交流和合作。因为所有的员工都拥有期权，他们同样被称为"伙伴"。即使星巴克公司的总部，也被命名为"星巴克支持中心"——说明管理中心的职能是提供信息和支持而不是向基层店发号施令。

星巴克公司通过权力下放机制，赋予员工更多的权力。各地分店也可以做出重大决策。为了开发一个新店，员工们团结于公司团队之下，帮助公司选择地点，直到新店正式投入使用。这种方式使新店最大限度地同当地社会接轨。创造"关系"资本，跨越企业内部障碍，实现文化、价值观的交流，是创造企业关系资本的基础。

客户资产

星巴克认为他们的产品不单是咖啡，而且是咖啡店的体验。研究表明，2/3 的成功企业的首要目标就是满足客户的需求和保持长久的客户关系。相比之下，那些业绩较差的公司，这方面做得就很不够，他们更多的精力是放在降低成本和剥离不良资产上。

星巴克一个主要的竞争战略就是在咖啡店中同客户进行交流，尤其重要的是咖啡生同客户之间的沟通。每一个咖啡生都要接受 24 小时的培训——客户服务、基本销售技巧、咖啡基本知识、咖啡的制作技巧。咖啡生要能够预感客户的需求，在耐心解释咖啡的不同口感、香味的时候，大胆地进行眼神接触。

星巴克也通过征求客户的意见，加强客户关系。每个星期总部的项目领导人都当众宣读客户意见反馈卡。当星巴克准备把新产品发展成为一种品牌的时候，客户关系是星巴克考虑的因素之一。他们发现：客户们会建议将新产品改良成为另一品种。客户们能够看到一种新产品或服务与星巴克品牌的核心实质的关系。例如，客户不认可咖啡与冰激凌口味的不一致性。

供应商资产

星巴克的关系模式延伸到了供应商们，包括咖啡种植园的农场、面包厂、纸杯的加工厂等。

企业希望同供应商保持长久的合作关系，这不像从一个价格比较低廉的供应商那里买东西那么简易。星巴克的采购经理 Buck Hendriy 说："质量放在第一位，服务放在第二位，价格放在第三位。我们不会因为低价格而在质量和服务方面放宽标准。"

挑选供应商是一个相对漫长和正规的过程，各部门有关员工都将参与进来，由采购部门牵头，履行程序，提供范围。产品开发、品牌管理和业务部门的员工也会参与其中，这使星巴克公司能够了解整个供应渠道及对今后业务的影响。为达到特殊的质量标准，星巴克从生产能力、包装和运输等多个方面对供应商进行评估，只有具备发展潜力的供应商才能与星巴克荣辱与共。

星巴克已经花费大量人力、物力、财力来开发供应商，所以希望长期稳定的关系，积极配合控制价格而不只是简单地监管价格。星巴克副总裁 John Yamin 说：失去一个供应商就像失去我们的员工——我们花了许多时间和资金培训他们。

双方合作的合约签订后，星巴克公司希望得到特惠待遇——价格、折扣、资源等。作为回报，供应商的营业额将会随着星巴克的壮大而上升。由于星巴克极其严格的质量标准，供应商们也会得益于星巴克良好的品牌。长期的合作提升了供应商的声誉，也会收到更多的订单。

一旦采购程序开始履行，星巴克会积极地同供应商建立良好的工作关系。在开始的第一年合作双方的代表会见面 3~4 次，以后每半年或一年做一次战略业务评估。

战略性的产品或战略性的区域越多，高层人员介入得也越频繁。评估的内容包括供应商的产量、需要改进的地方等。另外，双方还会就生产效率、提高质量、新产品开发进行频繁的接触。星巴克希望供应商了解业务需求——包括产品的发展趋势、成本的理想化、生产效率等诸多因素，以求得牢固的合作关系。在舒尔茨的精心呵护下，星巴克凭借日益强大的品牌，通过各种联盟来销售和开发自己的产品。为使客户在更多的地点感受星巴克的服务，除星巴克分店之外，星巴克还通过机场、书店、酒店、百货店来销售产品。"在星巴克严格的质量管理和特许销售行为之间，产品品质的控制是有风险的。"舒尔茨说："这是一种内在矛盾。"因此，星巴克制定了严格的选择合作者的标准：合作者的声誉、对质量的承诺和是否以星巴克的标准来培训员工。

星巴克的特许业务包括业务联盟、国际零售店许可、商品零售渠道许可、仓储娱乐部项目、直销合资厂等。星巴克的第一张许可证给了 HMS（美国最大的机场特许经营服务商）。如今，星巴克的特许经营店已经发展到 900 多家。

星巴克在许可经营和特许加盟连锁店之间，更倾向于前者，因为前者更容易控制。两者在销售品牌上是最近似的，但因为许可经营者不像后者拥有加盟店的产权，只是付费经营，因此更容易管理。星巴克希望合作者们赢利，对于合作者提供的相关产品（比如运输和仓储等）都不赚取利润，只向合作者收取一定的管理费用。

Bames & Noble 公司是同星巴克合作最成功的公司之一。他们认为书籍和咖啡是天生的一对。Bames & Noble 公司早已经发起一项活动——把书店发展成人们社会生活的中心。为吸引更多的顾客，这里需要一个休闲咖啡店。1993 年 Bames & Noble 公司开始与星巴克合作，星巴克在书店里开展自己的零售业务，双方都从中受益。早晨星巴克已把人流吸引进来小憩而不是急于购书；而书店的人流则增加了咖啡店的销售额。

此后，Bames & Noble 公司在星巴克没有业务的地区或暂没有开店计划的地区，设立了 Bames & Noble 咖啡店。它得到星巴克的许可证经营星巴克咖啡，星巴克的 Hendrix 说：该公司的经营理念与星巴克相近似，使合作得以顺利进行。

当星巴克在美国中西部开始设立自己分店的时候，尽管双方都试图尽量不侵犯对方领地而又确保自己的业务量增长，但是双方的矛盾冲突却不可避免。最终双方坐下来解决矛盾，达成一致。星巴克不在 Bames & Noble 书店设立咖啡专卖店。而在 400 多家 Bames & Noble 图书连锁店内只提供星巴克咖啡，拥有大量不可缺少的客户。Hendrix 说：你可以设想一下在这 400 多家书店里，顾客品尝的是另外品牌的咖啡是什么感觉？

星巴克还同食品公司和消费品公司结成战略联盟。例如，食品服务集团和指南针集团：为公司、学校、医院提供晚餐，在这里人们可以喝到星巴克咖啡。通过同百货公司如 Kraft Peps 和 Dreye 等公司的合作，使星巴克的品牌延续到了百货零售渠道中，充分利用了现有的分销网络，并共同分担了物流费用。星巴克同 Kraft 公司的合作始于 1998 年，它使人们可以在商店里买到星巴克的咖啡豆和咖啡粉。Kraft 公司拥有 3500 名销售人员，食品工业中最大的直销团队，成为星巴克最大的零售商之一。它还为星巴克展开一系列市场推广活动，人们可以从咖啡车上得到星巴克咖啡的样品。

不过，在迅猛的扩张过程中，星巴克在关系资本的管理方面，也面临一系列挑战，比如如何使用先进技术工具提高服务质量，同时又不会破坏咖啡调制生和顾客的亲密关系？如何使新的合作者接受企业文化，理解其在组织机构中的重要地位？如何使更多的供货商保持卓越的质量、合理的价格？

对这些问题，舒尔茨认为，其关键在于星巴克如何在高速发展中保持企业价值观和指导原则的一致性。

（资料来源：东亚经济评论，http://www.e-econoImc.com）

讨论：

1. 从控制理论的角度来看，星巴克的管理活动属于什么类型的控制？
2. 星巴克把握了哪些关键控制点？控制的有效性如何体现？

参考文献

[1] ［美］斯蒂芬·P. 罗宾斯. 组织行为学精要. 郑晓明，译. 北京：电子工业出版社，2005.

[2] ［美］丹尼尔·A. 雷恩. 管理思想的演变. 李柱流，赵睿，等，译. 北京：中国社会科学出版社，2004.

[3] Robert Simons. Levers of Control：How Managers Use Innovative Control Systems to Dive Strategic Renewal. Harvard Business School Press，1995.

[4] 徐艳梅. 管理学原理. 北京：北京工业大学出版社，2006.

[5] 程国平，刁兆峰. 管理学原理. 武汉．武汉理工大学出版社，2006.

[6] 张祎，凌云. 管理学原理. 合肥：合肥工业大学出版社，2007.

[7] 李维刚，白瑷峥. 管理学原理. 北京：清华大学出版社，2007.

[8] 于干千，卢启程. 管理学基础. 北京：北京大学出版社，中国林业出版社，2007.

[9] 陈传明，周小虎. 管理学原理. 北京：机械工业出版社，2007.

[10] ［美］里基·W. 格里芬. 管理学. 刘伟，译. 北京：中国市场出版社，2008.

[11] 陈锐等. 管理学原理. 北京：电子科技大学出版社，2009.

[12] 谭力文，刘林青. 管理学. 北京：科学出版社，2009.

[13] 周三多. 管理学. 北京：高等教育出版社，2010.

[14] 张智光等. 管理学原理——领域、层次与过程. 北京：清华大学出版社，2010.

[15] 秦志华. 管理学. 大连：东北财经大学出版社，2011.

[16] 梅强等. 管理学——创业视角. 北京：化学工业出版社，2011.

[17] 高振峰，于琼. 组织行为学新编. 北京：电子工业出版社，2012.

[18] 刑以群. 管理学. 北京：高等教育出版社，2011.

[19] 周三多，陈传明，鲁明泓. 管理学原理. 上海：复旦大学出版社，2011.

[20] 安景文. 现代企业管理. 北京：北京大学出版社，2012.

[21] 郑煜. 现代企业管理：理念、方法与应用. 北京：清华大学出版社，2011.

[22] 杜娟. 人力资源管理. 北京：中国原子能出版社，2012.

[23] 张钢. 现代企业管理实务. 北京：北京理工大学出版社，2011.

[24] 宁凌，唐楚生. 现代企业管理. 北京：机械工业出版社，2011.

[25] 王卫华，邢俏俏. 现代企业管理教程. 北京：高等教育出版社，2010.

［26］彭加平．新编现代企业管理．北京：北京理工大学出版社，2010.

［27］徐沁．现代企业管理：理论与应用．北京：清华大学出版社，2010.

［28］谢和书，陈君．现代企业管理：理论、案例、技能．北京：北京理工大学出版社，2009.

［29］戴淑芬．管理学教程．北京：北京大学出版社，2009.

［30］高闯．管理学．北京：清华大学出版社，2009.

［31］黄顺春．现代企业管理教程．上海：上海财经大学出版社，2011.

［32］扬文士，张雁．管理学原理．北京：中国人民大学出版社，2000.

［33］纪娇云．管理学——理论与案例．北京：中国电力出版社，2011.

［34］吴亚平．管理学原理教程．武汉：华中科技大学出版社，2008.